WANDERER AN GOTTES HAND

Schutzumschlag von Hans Pape, Münster/Westf.

Gesamtherstellung: Otto Zluhan, Bietigheim (Württ.)

TRUDE WEHE

WANDERER AN GOTTES HAND

Aus der Lebenschronik eines gottverbundenen Menschen

DER LEUCHTER
OTTO REICHL VERLAG REMAGEN

ERSTER TEIL

ZWISCHEN SAAT UND ERNTE

Wer dem Wegweiser seines eigenen Herzens, das heißt, dem Gottwillen in ihm, vertraut, findet unbeirrbar sein Ziel!

Trude Wehe, 1956

GOTT!

Du bist in mir,
und ich bin ganz in Dir.
Ich geh an Deiner Hand
frohgläubig, wie ein Kind.
Ich frage nicht:
Warum? — weshalb? — woher? —
Ich weiß ja, daß Du bist.
Nie sucht' ich Dich,
noch zweifelt' ich an Dir,
denn Dich zu fühlen,
um mich, in mir,
ist nicht Ergebnis höchster Wissenschaft,
nicht einer Kirche zwingender Befehl, —
es ist Gewißheit,
die Du in mich legtest,
als Du dem Körper eine Seele gabst.
Ich steig' aus Dir,
ich wachs' an Deiner Kraft
ich bin so reich,
unendlich reich,
durch DICH!

Das Kind

Warum sucht ihr immer wieder den Himmel über euch und tragt ihn doch selbst in eurer Brust? Das große, unbeschreiblich vielfältige Walten in der Natur, die Saat, die Ernte, die sich aus der Knospe entfaltende Blüte, alles, was vom Hauch Gottes berührt wird, trägt den Himmel in sich. Aber es gibt viele, deren inneres Auge verschlossen oder getrübt ist, die, anstatt in sich selbst zu suchen, sich verirren im Labyrinth unerreichbarer Wünsche.

Es fiel ein Stern in eines Kindes Herz. Da leuchtete es von innen heraus wie eine Morgenwolke, hinter der die aufgehende Sonne steht. Alle waren entzückt von diesem Kind. Wenn Gäste kamen, wollte es jeder an sein Herz drücken. Nicht nur, um sich an seinem Liebreiz zu erfreuen, sondern weil ein Strahlen von ihm ausging, das froh machte.

So kam es, daß der Kaiser und die Kaiserin im Jahre 1890, als sie, jung vermählt, in einer offenen Equipage durch die Straßen von Hamburg fuhren, plötzlich anhalten ließen. Aus den geöffneten Fenstern der Häuser hingen kostbare Teppiche. Im Vorgarten eines der reichen Häuser in Bellevue an der Alster stand die Mutter und trug das etwa zweijährige Kind auf ihren Armen. Vom Haus hinunter bis zur Straße waren bunte Girlanden gespannt.

In überströmender Freude an all dem Schönen um sich herum, streckte die Kleine beide Hände dem Wagen entgegen.

«Dieses Kind muß ich in den Arm nehmen! Es ist hinreißend!»

Eine große Menschenmenge drängte sich näher heran und sah mit Staunen, wie der Kaiser und die Kaiserin abwechselnd das kleine Mädchen küßten und herzten.

«Welch ein Kind! Des Himmels Segen sei über ihm!»

Diese kleine Episode aus meiner ersten Kindheit war eine der Lieblingserinnerungen meiner Mutter aus der Vergangenheit. Sie sprach gern von ihr, wie von einem Märchen, in dem das Schloß versank und keine Zauberformel imstande war, es wieder emporsteigen zu lassen. Ich war drei oder vier Jahre alt, als die Eltern das schöne, große Haus in Hamburg verlassen mußten. Durch einen internationalen Bankkrach verlor mein Vater sein gesamtes Vermögen. Die Familie zog auf ihr Landgut in der Nähe der Ostsee. An der Chaussee, die Schleswig und Eckernförde miteinander verbindet, war damals an einem abzweigenden Weg ein Schild angebracht: «Rittergut Möhlhorst 2 km».

Es schien eine göttliche Fügung zu sein, die mich hinausriß aus dem Trubel des Großstadtlebens, um mich mitten hineinzusetzen in das Paradies aller Kinderträume. Ich wuchs auf unter Tieren, Blumen und Engeln. Keiner sah sie, nur der Mutter erzählte ich beglückt, wie sie spielten, sangen und so wunderschöne Geschichten erzählten. Jedes Kind lebt in den Gesetzen seines eigenen Selbst. Je befestigter es bereits in sich ist, umso schwieriger und gewagter sind die Versuche, es auf gebräuchliche und daher für die meisten Erzieher vorgeschriebene Wege zu leiten.

Naturbedingt kann solcher Zwang leicht zu Fehltritten führen. Eltern sollten nur leiten, ausglätten, verstehen, aber nicht umbiegen. Erst wenn des Lebens Stürme an ihm zu rütteln beginnen, muß ein junger Stamm geschützt werden. Der werdende, noch suchende Mensch erwartet Hilfe und Verstehen, nicht aber ein Ausschalten seiner eigenen Kräfte und Veranlagungen. Oft ruhen im Seelengrund des Kindes viele Edelsteine, die erst im späteren Leben durch Reibungen und Schicksalsschläge geschliffen werden müssen, um die Fähigkeit zu erreichen hell aufzustrahlen.

Der Hang zur Mütterlichkeit ist fast bei jedem kleinen Mädchen vorhanden, jedoch gegen Puppenkinder sowie gekauftes Spielzeug empfand ich völlige Abneigung. Nur meine kleine selbsterdachte und selbstgeschaffene Welt konnte meine Phantasie erfüllen. Vor allem waren es Tiere jeglicher Art, denen mein ganzes Herz gehörte.

Als man die Korngarben zum Dreschen aus der Scheune brachte, wimmelte und krabbelte es auf der Tenne von splitternackten jungen Mäusen. Ich sah es, schrie auf und begann sofort sie einzusammeln. Was ich an noch blinden, zuckenden Körperchen erfassen konnte, kam in die Schürze. Als die Männer mit ihren großen Stiefeln über das Gekrabbel hinwegschritten, weinte ich still vor mich hin. Erst nachdem die Schürze übervoll war, hastete ich über den Hof, lief ins Herrenhaus und schüttete den ganzen Inhalt in einen Puppenwagen.

Natürlich mußte man die kleinen Dinger mit der Flasche großziehen! Emma, die Mamsell, hatte es einmal bei neun kleinen Ferkeln gemacht, weil die Muttersau ihnen nichts zu trinken geben wollte.

Es kam nicht dazu. Der älteste Bruder überraschte mich bei meinem Rettungswerk und schüttete kurzerhand den ganzen Inhalt des Wagens in den Karpfenteich.

Den Schmerz darüber konnte ich lange nicht überwinden.

Neben den Gefühlen der Mütterlichkeit und des Erbarmens, besaß ich schon frühzeitig ein stark ausgeprägtes Pflichtgefühl. Eine übernommene Aufgabe führte ich durch bis zum letzten Punkt. So beobachtete ich einmal das Nest einer Grasmücke. Beide Vogeleltern schienen verunglückt oder getötet zu sein, denn ihre Jungen blieben ohne Fütterung. Da trug ich die kleinen Vogelkinder mitsamt ihrem Nest in eine Kammer und begann sofort mit der Pflege. Unermüdlich wurden Fliegen gefangen und in die offenen Schnäbel hineingesteckt. Es gelang, woran keiner glaubte: Fünf kleine Grasmückenkinder verließen nach wenigen Tagen das Nest und machten sich selbständig.

«Ob sie nun zum Himmel fliegen, um dem lieben Gott zu danken?» dachte ich. «Er hat es sicher gewollt, daß ich helfen sollte, weil ich doch das Nest gefunden habe.»

Es gab immer pflegebedürftige Tierkinder. Einmal waren es drei junge Schleiereulen. Der Jäger hatte sie aus dem Nest geholt und wollte sie töten, aber ich bat ihn so innig, bis er sie mir in die Arme drückte. Später brachte er mir häufig elternlose oder kranke Tierkinder zum Großziehen: Hase, Reh, Fuchs. Es war ein richtiges Lazarett.

«Alle meine Tiere werden gesund; manchmal brauche ich sie nur zu streicheln», erklärte ich dem Jäger.

«Das habe ich schon gemerkt», lachte er, «in dir steckt ein Wunderdoktor.»

«Ach was, sie wissen einfach, daß ich sie lieb habe. Man muß nur gut zu ihnen sein, auch zu den ekligen Ratten. Das ist das Schwerste.»

Aber das Tiefste und Unbeirrbarste an mir war meine aus sich selbst hervorbrechende Liebe und mein Vertrauen zu Gott.

«ER sieht mir immer zu», sagte ich häufig zur Mutter. «ER hat ganz große Augen, viel größer, als die von den Menschen. Überall sehe ich seine Augen, und wenn ich im Bett liege, dann stehen sie über mir.»

«Vielleicht ist es dein Schutzengel», meinte die Mutter.

«Nein, es ist der liebe Gott. Er wartet dann darauf, daß ich bete.»

Später meinte ich: «Es sind wohl doch die Augen von meinem Schutzengel, denn der liebe Gott hat nur ein einziges Auge, das ist so groß wie der Himmel. Daher kann er alles sehen, was auf der Erde geschieht.»

Ich vertraute ihm bis ins Kleinste. Als es während eines Sommers zu einer großen Dürre kam, so daß der Vater um die Ernte bangte, versuchte ich zu helfen.

Heimlich schrieb ich einen Brief an den «lieben Gott» und bat flehentlich um Regen. Lange überlegte ich, wie das Schreiben nun zum Himmel hinauf zu schaffen sei. Und dann faßte ich einen Entschluß. Brief und Zündhölzer im Kleid verborgen, stieg ich hinauf auf den höchsten Berg. Dort oben kniete ich nieder und entzündete den Brief. Kerzengerade stieg die Flamme empor. Mit einem Geheimnis im Herzen wartete ich auf die Antwort. Diese blieb nicht aus; am nächsten Morgen regnete es.

In jedes abendliche Gebet wurden alle Leiden und Gebrechen der mir am Tage begegneten Tiere hineingeflochten und der Hilfe des himmlischen Vaters anempfohlen. Selbst vom Unwetter geknickte Blumen und das arme, durch den Gärtner ausgerissene Unkraut bekam eine Fürsprache.

Aber über allem stand meine Dankbarkeit. Jedes kleine beglückende Erlebnis ließ mein Herz überfließen vor Zärtlichkeit für den himmlischen Vater.

Mit nackten Beinen, das Kleid hochgeschürzt, patschte ich durch das niedrige Wasser der Osterbek, einer Aue, die sich in Windungen durch die Wiesen zog. An beiden Ufern blühten Vergißmeinnicht und Kuckucksnelken zwischen Sauerampfer und Zittergras. An einigen Stellen sah man viele Krebslöcher. Wenn man einen blanken Knopf davorhielt, krabbelten die Krebse heraus. Abends kamen oft die Knechte mit Laternen. Dann ging es schneller; im Nu war ein Eimer voll. Wie viel besser hatten es da die Flohkrebse, Neunaugen oder gar die Blutegel. Sie saßen versteckt unter Steinen, wo keiner sie suchte. An tieferen Stellen gab es auch Fische.

Oh, ich wußte genau, wohin ich wollte. Dort, wo der breite Graben in die Aue floß, lag ein Balken quer über dem Wasser. Darauf mußte man sich ganz still hinsetzen — so hatte es der Jäger erklärt — dann konnte es geschehen, daß ein Fischotter aus dem Graben kam, um sich in der Aue zu belustigen.

So saß ich unbeweglich, ich hatte mir ein Ziel gesetzt und das mußte erreicht werden. Es konnte geschehen, daß eine Libelle sich auf dem Balken niederließ, oder eine Eidechse wünschte ein Sonnenbad darauf zu nehmen. Aber ich rührte mich nicht. Als dann der Otter plötzlich durch den Graben patschte, vorsichtig nach rechts und links äugte, ohne Witterung von mir zu nehmen, glaubte ich, das Herz müsse still stehen vor freudigem Schreck.

Als ich noch kleiner war, lief ich einmal heimlich hinunter ans Moor, wo der Teich lag, eingerahmt von Schilf, gelben Iris und Dotterblumen. Hier gab es Frösche. Im Lenz saßen sie in Gruppen zusammen und quakten schrecklich.

Aber nachher konnte man Laich herausfischen und in ein Glas tun. War das lustig, wenn sich aus der gallertartigen Masse die kleinen Kaulquappen lösten. Der Leib wuchs, wurde immer dikker, und dann kamen am hinteren Teil die Beine heraus. Endlich hüpften sie als richtige kleine Frösche herum.

Aber diesmal ging es nicht darum, Laich zu holen. Ich kauerte mich vorsichtig ins Rohr und wartete, denn der Storch sollte aus diesem Teich die Babys holen.

Aber es war nichts zu sehen. Nicht eine einzige winzige Hand streckte sich hervor. Die kleinen Kinder konnten doch nicht immer unter der Wasseroberfläche sitzen, da mußten sie ja ertrinken! Oder saßen sie vielleicht in einer Blase, so wie ein Küken im Ei?

Jetzt begann ich zu grübeln. Vielleicht stimmte es gar nicht, was man mir vom Storch erzählt hatte, denn ein Babyteich konnte auch nicht so schmutzig sein, wie dieser. Die kleinen Wesen müßten zum mindesten auf Wasserrosen sitzen und singen, damit der Storch sie hören konnte.

Ich betrachtete den Storch als einen guten Freund. Er hatte sein Nest auf dem First der alten Roggenscheune. Der Jäger meinte, deshalb schlüge dort nie der Blitz ein, denn ein Storch baue nur, wo keine Wasserader ist, und der Einschlag eines Blitzes erfolge nur dort, wo unterirdische Wasseradern sich kreuzen. Damals verstand ich das noch nicht. Man hatte oben ein altes Wagenrad für ihn befestigt. Der Storch trug Stöcke und Reisig herbei, bis es ein breites schönes Nest wurde. Zum Dank für das Wagenrad warf er jedes Jahr ein Geschenk hinunter. Ein Ei, eine Feder oder ein Junges. Immer abwechselnd. Emma hatte gesagt, daß es ohne Storch keine Kinder gäbe.

Da, — was war das?

Ein Rauschen — Plätschern — der Storch?

Wie groß er in der Nähe war! — So war es doch richtig!

Jetzt, jetzt mußte ein kleiner Kopf auftauchen! Da geschah es: der lange rote Schnabel fuhr ins Wasser, und — der Storch gab sich einen Stoß und erhob sich. In seinem Schnabel hing ein zappelnder Frosch.

Am liebsten hätte ich geweint. Aber dann stieg ich enttäuscht aus meinem Versteck hervor.

Babys und Frösche leben überhaupt nicht zusammen in einem Teich, überlegte ich. Babys können auch nicht schwimmen, sondern sie liegen im Arm der Mutter und schreien. Mag Emma erzählen, was sie will! Das ist doch alles nicht wahr!

Langsam entwickelte sich in meinem kindlichen Denken der Keim für ein späteres klares, eigenes Urteil, das sich nicht verblüffen ließ und dem eigenen Verstand mehr vertraute, als fremden Erklärungen.

Märchen und Abenteuer

Geht nicht gedankenlos durch die Natur, Nutznießer all der Schönheit, die nicht für euch erschaffen wurde, sondern wo Ring auf Ring ineinandergreift, um schöpferischen Willen zu erfüllen. Alles lebt, vollendet sich bis zu seinem höchsten Können, löst sich und wird Glied einer neuen Kette. Alles wird erfaßt; nichts vergeht, ohne Zweck und Weiterentwicklung erfüllt zu haben. Es ist nur das Kind, das, noch umfangen von Verträumtheit, heimliches Leben und Weben in der Natur erkennt, ahnt, fühlt und häufig sogar sieht. Man spricht schnell abschließend von «Märchen» und weiß nicht, über wieviel Wunderbares und wirklich Bestehendes der Fuß hinwegschreitet. Seht her auf den blühenden Anger, wie sich eine Pflanze an die andere reiht.

Glaubt nicht, daß es nur Schmetterlinge und Bienen sind, die von Blüte zu Blüte eilen, um Nektar zu sammeln. Zwischen ihnen sucht das Vorwärtsstrebende neue Erfüllung, und die Schar der Naturlebensgeister schaut aus nach einem Platz zur weiteren Entwicklung. Im Guten, wie im Bösen. Sie sind mächtiger als ihr ahnt.

Bietet eine Pflanze einem guten Geist ein Obdach, erfüllt er sie aus Dank mit heilenden Kräften; anders wirkt ein böser. Er gibt das, was in ihm ruht: Böses — und die Pflanze trägt das Gift in sich.

So wuchs ich wahrlich zwischen Tieren und Blumen auf. Ich lebte in einer Welt, die niemals einstürzen konnte, weil sie aus naturgewollten Kräften und aus geheimnisvollen Gründen des eigenen Selbst emporgestiegen war. Ich empfand das Gute als Selbstverständlichkeit und wehrte mich intensiv gegen das Böse. Warum warnte die Mutter immer wieder vor den hübschen Maiglöckchen? «Sie sind sehr giftig», sagte sie. Kann Schönes giftig sein? Warum? Warum war Mutter nicht bange, die roten Äpfel zu essen, die der Vater aus Hamburg mitgebracht hatte? Er nannte sie Tomaten, hielt sie aber für Giftkraut. Warum konnte man süßen Nektar aus der Taubnessel heraussaugen, aber vor den Maiglöckchen ängstlich sein?

Der ganze Wald duftete. Vor vielen hundert Jahren sollte hier ein Kloster gestanden haben. Mönche hatten damals Maiglöckchen mit ganz besonders großen Blüten angepflanzt. So erzählte es die Mutter.

Ich lag unter hängenden Birkenzweigen und mußte über vieles nachdenken.

Hier, in dieser stillen Abgeschiedenheit war ich nie allein. Elfen und Gnomen huschten umher, sie lachten und kicherten. Einmal setzte sich eine Elfe auf meine Hand. Sie war so zart und fein wie Spinngewebe. — Da hustete jemand. Nein, es war nicht der Igel, der seinen unförmigen Körper durchs welke Laub drängte, sondern der Waldkobold. Alles lachte und jubelte, selbst der Ameisenlöwe, von dem der Jäger erzählte, er säße unten in seinem Loch und zöge die vorbeihastenden Ameisen hinunter, um sie zu verspeisen, kroch hervor und ließ sich von der Sonne bescheinen. Winzige kleine Elfen schaukelten auf Glockenblumen oder saßen auf den Kissen, den Blütenkörben der Skabiosen. Andere tanzten und sangen mit leisen Stimmen. Maiglöckchen dufteten. Dieses geheimnisvolle Leben um mich entstieg nicht meiner Phantasie. Ich sah alles greifbar vor mir, ja ich sprach mit den kleinen Wesen. Aber keiner hätte mir das geglaubt. Auch meine Schwester Luise nicht, der ich doch allerlei Erlebnisse erzählen konnte, denn als ich einmal vorsichtig von meinen nächtlichen ‚Traumflügen', wie ich es nannte, berichten wollte, fuhr sie mich hart an, ich solle nicht anfangen zu spinnen. So etwas gebe es nicht.

Für mich blieb es Tatsache, daß ich nachts fliegen konnte. Ganz plötzlich schwebte ich über Wiesen und Felder. Es war schöner als alles, was ich erlebte. Ich flog, ohne Flügel zu besitzen, es war nur ein Schweben. Und wenn ich wieder im Bett lag, wußte ich genau, daß ich es wirklich erlebt hatte.

Märchenzauber! Wie ein kostbarer Schatz senkte er sich in mein Herz, erfüllte meine Seele und wurde erst Jahrzehnte später gehoben und zum Entzücken unzähliger Kinder ausgewertet.

Darum mußte ich alle Gedanken in mir verschließen. Die Geschwister hätten auch nur über meine Märchenträume gelacht. Es war der Anfang einer späteren, inneren Einsamkeit. Aber ich wußte es: Gott liebte mich und ER hatte viele Gaben in mein Herz gelegt, die mich bald ganz ausfüllen sollten. Mit acht Jahren schrieb ich mein erstes Gedicht:

Kannst du ein Gott des Zornes sein,
Du Gott der Mild' und Güte?
Schau' an den goldnen Sonnenschein,
blick' in die Rosenblüte!
Der Vögel süßer Morgensang,
des Baches leiser Wellenklang,
der Schmetterling, der Blütentau,
das schlanke Reh auf grüner Au,
die Lerche hoch am Himmelszelt,
die ganze, lichte weite Welt
lobt Dich im reinsten Triebe:
Du bist der Gott der Liebe!

Freude, immer wieder Freude an Wald, Feld und allem Lebenden! Aber der Pol, um den sich von Anfang an alles drehte, blieb Gott.

Bald begann ich eigene kleine Märchenspiele zu formen und zu schreiben. Sie entstanden hoch oben im Geäst einer uralten Buche und wurden im Schulzimmer aufgeführt. Eimerweise mußten Erde, Moos, ja selbst kleine Bäume hineingeschleppt werden, um einen Waldfleck anzudeuten.

Es kamen viele Zuschauer, sogar von den Nachbargütern. «Das Kind wird einmal eine große Märchendichterin», sagten sie. —

Sie sollten recht behalten. Die Märchenschlösser voll Duft und Schönheit waren so fest im Urgrund meiner Gedankenwelt errichtet, daß sie ein Fundament bildeten für den geistigen Aufbau späterer Werke als Märchendichterin. —

Da war der romantisch gelegene Badeteich, das Revier des blauschimmernden Eisvogels. Er lag verborgen hinter Tannen und Birken. Ein großer Teil der Wasserfläche war bedeckt mit

Wasserrosen. Zwar war es dort etwas sumpfig, aber man konnte doch hineinwaten und Nixe spielen. Oft legten sich die Stengel so fest um die Beine, als hielte der Wassermann sie umschlossen. Das Schwimmen war schnell gelernt: ein Tau um die Brust, von des Vaters Hand gehalten — und hinein ins Wasser. Wie bald das Zappeln und Schreien aufhörte! Hier war Mutter «Natur» die Lehrmeisterin. —

So verträumt mein inneres Denken sein konnte, so stand ich andererseits mit offenen Augen in der Wirklichkeit. Es gab immer viel zu sehen, zu erleben.

Zwischen dem Hof und dem weiten Gelände vor dem Herrenhaus, der einstigen Wasserburg, (schon Wallenstein sollte in ihr sein Quartier aufgeschlagen haben; so stand es in der alten Chronik) befand sich die große, uralte Linde. In einer Gabelung hing die Glocke, die Leuteglocke. Wenn Mamsell sie mittags läutete, kamen die Knechte zum Essen.

Unter der Baumrinde saßen immer noch Bleikugeln, Auch das Gebälk des Hauses war bespickt mit Kugeln. Man brauchte nur mit dem Messer etwas zu kratzen, dann stieß man schon auf Metallstücke.

Dieses alte Haus stak voller Geheimnisse. Da war im Keller der unterirdische Gang. Modergeruch, die Wände feucht und von Schimmel überzogen. Der Vater benutzte den ersten Teil als Weinkeller. Die Folterkammer lag außerhalb des Kellers. Dort standen noch Foltergeräte, darunter eine Daumenschraube und Streckeisen. An den Wänden hingen verrostete Ketten. Alle diese Dinge kamen später ins Museum.

Über der Folterkammer befand sich ein Gefängnis, mit Eisenstangen vor der kleinen Klappe. Wahrscheinlich wurde durch sie das Essen, Trockenbrot und Wasser hineingereicht. Vielleicht, dachte ich, ließ man die armen Menschen auch manchmal verhungern. Es war traurig, daran zu denken. Oben, im Dachgebälk eingeklemmt, steckte eine Kanonenkugel. Beim Abreißen eines längst überflüssigen Schornsteins stießen die Männer auf einen zugemauerten Raum. Er barg die Überreste eines menschlichen Skeletts. Um dieses herum lagen aufgeschichtet alte Chroniken und Papiere. Sie zerfielen in Staub, sobald man sie berührte.

Freilich, die alte Burg war ein Dorado für Entdeckungsfahrten. Als der Vater mit seiner Familie nach Möhlhorst zog, bestand noch der alte Burggraben. Er wurde später zugeschüttet und mit Bäumen bepflanzt. Nur ein kleiner Teil blieb für die Karpfenzucht. Im Winter diente er als Schlittschuhbahn. Es gab dort auch Hechte und Aale. Die Aale stiegen im Sommer an Land und tummelten sich in den Erdbeeren.

«Nicht anfassen», sagte der Gärtner, «sonst bekommt man einen elektrischen Schlag.»

Was war das nun wieder? Es gab so viele Dinge, über die man nachdenken mußte und die man am liebsten gleich ergründete. —

Aber das Unvergeßlichste mit Grauen verbundene, war der Anblick eines ‚Rattenkönigs'. — Knechte waren dem laufenden Spuk in der Wagenremise nachgegangen und hatten ihn entlarvt. — Das grauenhafte Gebilde, das da an einer Deichsel hing, war der Rattenkönig. So nannten sie es. Die fünf oder sechs noch jungen Ratten waren mit ihren Schwänzen aneinandergewachsen. Der Anblick war so widerlich, daß ich ihn bis heute nicht vergessen habe. — Jedoch, wem ich es auch bisher erzählt habe, geglaubt hat es mir keiner.

Nun fand ich im großen Brockhaus, dem alles wissenden Nachschlagewerk, eine Bestätigung dieser Tatsache; da steht:

„‚Rattenkönig', junge Ratten, deren Schwänze vom Nestleben her verschlungen und verklebt sind. Diese Verklebung und Verwicklung, die die Tiere selbst nicht wieder lösen können, kommen bei Wanderratten, Hausratten und Feldmaus vor."

Mit dem Heranwachsen verwickelte ich mich auch in manche dummen Streiche. An einem heißen Sommertag beredete ich die Schwester, mit mir in den Keller hinunterzusteigen, um einen Becher Braunbier zu trinken. Da lag das große Faß mit dem Hahn im Spundloch. Es war herrlich, den Becher immer wieder vollaufen zu lassen. Wie das schmeckte! Am Ende erreichten wir mit taumelnden Schritten nur noch die alte, ausgetretene Steintreppe, auf der man uns später fest schlafend fand.

Nur ein einziges Mal beging ich eine unüberlegte Roheit.

Der Gärtner fing jeden Morgen eine Anzahl Maulwürfe. Die

ausgedehnte Sippschaft durchwühlte den ganzen Garten und ruinierte die Saat. Ich wußte also, daß Maulwürfe Schädlinge sind und getötet werden mußten.

Auf einer meiner Entdeckungsfahrten im Wald gewahrte ich einen Maulwurf. Gemächlich bahnte er sich einen Weg durch das Gras. Im nächsten Augenblick hatte ich ihn mit meinen Füßen totgetreten. Erstarrt vor Schreck über diese Tat begann ich laut zu weinen. Hier draußen im Wald konnte der schwarze Bursche keine Saat zerstören, warum also hatte ich ihn getötet?

Die Schuld drückte schwer auf mein Herz. Ich grub mit den Händen ein Loch, füllte es aus mit Blättern und Blumen und legte den toten Maulwurf hinein.

Dieses unüberlegte Töten eines Tieres lag wie ein Alpdruck auf mir. Wie konnte ich das jemals wieder gutmachen? Und wie traurig mußte der liebe Gott über mich sein! Ich saß neben dem kleinen Grab und weinte jämmerlich.

Nein, ich durfte es keinem Menschen erzählen! So blieb der Druck in meinem Herzen, ein ganzes Leben hindurch.

Demgegenüber erfüllte mein Frohsinn das ganze Haus.

«Gott erhalte dir dein glückliches Herz», pflegte meine Mutter zu sagen. Oft standen ihr bei diesen Worten Tränen in den Augen. Die Gute, sie ahnte nichts von meinen innersten Gedanken, sie blieben nach wie vor ein Geheimnis zwischen mir und dem Vater im Himmel.

An die Tapete hinter meinem Bett kritzelte ich damals die Worte:

Wie sehr beklag' ich die Menschen,
die Gottes Lieb' nicht verstehn,
die Seine Wunder verlachen
und Seine Größe nicht sehn.
Ich fühle im Herzen ein Klingen
und möchte nur jubeln und singen:
Hab' Dank, lieber Vater, hab' Dank!»

Und daneben schrieb ich:

Gewissen, du bist ein arger Geselle,
wenn ich dich nicht lieb, gleich bist du zur Stelle

und drohest und drängest, bist du es vollbracht,
das Herz mir in Ordnung und Regel gemacht.

Aus Spiel wird Ernst

Bittet nicht Gott um Kraft! Man kann nicht um etwas bitten, das man längst besitzt, das im eigenen Selbst ruht. Eure Aufgabe sei, sie zu erwecken, aus euch herausströmen zu lassen, ihren Schwingungen zu folgen. Wer seine eigenen Kräfte erkennt, erkennt auch Gott. Der Geist Gottes durchdringt alles. Nichts ist ohne Ihn. Alles Lebende lebt nur in Ihm.

Meine Mutter war nicht nur eine schöne, vornehme Frau, sondern auch ein warmherziger, gütiger Mensch. Sie entstammte dem alten Senatorengeschlecht der *Eiffe* in Hamburg. Ich erinnere mich genau des Tages, da sie die Geschichte unserer Ahnfrau erzählte.

Zusammen mit Ludwig XVI., König von Frankreich, wurde sein Vetter, ein Marquis de Belançon, auf dem Schafott enthauptet. Frau und Tochter konnten nach England gerettet werden. Auf welche Weise die Tochter dann nach Hamburg gekommen ist, bleibt unbekannt. Auf jeden Fall wurde sei dort, als sie im Begriff stand, von der Lombardsbrücke hinabzustürzen, von einem Eiffe gerettet, der sie heiratete.

Bei späterer Ahnenforschung ergab es sich, daß ihre Herkunft in der Hamburger Stadtchronik Bestätigung fand.

Als wir in der Schule die französische Revolution durchnahmen, (ich wußte damals noch nichts von dem Schicksal meiner Urgroßmutter) durchschüttelten mich bei der Erzählung der Hinrichtungen auf dem Schafott Weinkrämpfe. Während des ganzen Tages jammerte ich «Die Guillotine! die Guillotine! Sie kommen!»

Diese seelische Erschütterung stand auf keinen Fall im Zusammenhang mit meiner durchaus nicht sensiblen, sondern recht starken, frohen Naturveranlagung. Erst viel später erahnte ich einen unverschütteten Kontakt, der nur seelisch bedingt sein konnte.

An meinem zehnten Geburtstag erhielt ich, wie alle anderen Geschwister, ein Pflegekind. Für dieses Kind mußte man immer da sein. Sei es, um Spielsachen zu basteln, Schürzen zu nähen, Söckchen zu stricken oder was sonst nötig war. Mancher Groschen mußte aus dem Sparschwein herausgeholt werden, um dem Pflegekind etwas Hübsches zu kaufen.

Mit dieser Maßnahme legte die Mutter in die Seele ihres kleinen Mädchens den Grundstein, auf dem sich selbstlose Nächstenliebe aufbaute. Wie war man besorgt um sein Kind! Natürlich konnte man es jederzeit besuchen, mit ihm spielen oder der Mutter der Kleinen hilfreich zur Hand gehen. Besonders in der Vorweihnachtszeit blieb wenig Gelegenheit, an sich selbst zu denken. In Reihen standen die von den älteren Geschwistern genähten rosa Flanellferkel, Hunde, Katzen und Elefanten im großen Speisesaal auf den Tischen. Strahlende Kinderaugen, oft sich in Tränen auflösende Freude der Eltern, die ganze Atmosphäre ließ manchen heimlichen Seufzer vergessen. Auf dem ausgezogenen Tisch standen zwei Tannenbäume. Schon lange vorher war das Vergolden der Nüsse, sowie das Kettenaufziehen eine feststehende, abendliche Beschäftigung.

Jedes Kind aus dem Dorf mußte ein Gedicht aufsagen. Gemeinsam sang man Weihnachtslieder. Die Ungeduld vor der eigenen Bescherung wuchs, bis der Abend kam.

Auch hier ging ich meinen eigenen Weg. Während die älteren Geschwister — ich war das siebente in der Reihe — herumalberten, saß ich still in einer Ecke der großen Diele und las die Weihnachtsgeschichte, die Geburt Jesu.

Oft hatte ich das Gefühl, als ob Engel neben mir knieten und zuhörten. Jetzt konnte ich sie nicht mehr sehen. Der Schleier irdischer Unvollkommenheit lag bereits über dem Blick meiner Augen.

Wenn dann endlich die Glocke ertönte, ging es im feierlichen Zug, dem sich das ganze Hauspersonal anschloß, dem Weihnachtsmann entgegen. Er stand auf einem Podest vor der Tür des Weihnachtszimmers. Ein Licht erhellte von innen her das rosaleuchtende Wachsgesicht.

Wenn an den Feiertagen Schnee lag, wurde eine Schlittenpartie gemacht. Warm eingepackt saß man dicht aneinandergedrängt. Die Pferde schnaubten, schüttelten die mit blauweißen Federbüscheln geschmückten Mähnen. Bei jedem Schritt klangen und sangen die vielen, vielen Glöckchen am Geschirr.

Mein Freund, der Jäger, hatte immer wieder Verdruß mit den Wilderern, die in den großen Tannenwäldern ihr Unwesen trieben. Er warnte mich davor, allein dorthin zu gehen.

Furcht? — Nein! Wie konnte man sich fürchten, wenn Gottes Augen über einem stehen!

Nur einmal habe ich mich wirklich gefürchtet. Ich war in der Nacht erwacht von einem Alpdruck, unter denen ich häufig litt. Etwas Unheimliches, Drohendes stand vor mir. Es war Furcht! Obwohl ich noch so sehr betete, das Grauen blieb. Aber ich wollte und wollte nicht bange sein! Jetzt gerade nicht! Man mußte es beweisen; dem lieben Gott beweisen. — So biß ich die Zähne aufeinander und schlich mich leise aus dem Zimmer.

Oh fürchte dich nicht in dunkler Nacht,
geh' ohne Sorg' im Freien,
dein Gott, der über alles wacht,
wird Seinen Schutz dir leihen —

Jetzt die Treppe hinunter, durch den langen Gang ins Wirtschaftsgebäude. —

ER hat die frommen Kinder gern,
verläßt sie bei Nacht auch nimmer ...

Nun stand ich draußen. Der Himmel war mit Sternen übersät. Ein schwacher Lichtschein geisterte durch die Kastanienallee. ‚Heute Nacht tanzen die Elfen auf der Waldwiese', dachte ich. Diese Vorstellung erfüllte mich mit Fröhlichkeit. Was war denn schon dabei, durch die Allee bis zur Einfahrt zu gehen und dann zurückzulaufen? Freilich, das Herz klopfte stark. Es war so unheimlich still. Als ich aber wieder im Bett lag, schien es wie von Licht umflossen. Ich hatte keine Angst mehr, nur gläubiges Vertrauen und den festen Vorsatz, mich nie wieder zu fürchten.

Und nun sollte ich nicht in den Wald gehen? So etwas gab es nicht. Es begegnete mir auch kein Mensch. Goldhähnchen zirpten geschäftig in den Zweigen. Ein Kreuzschnabel hing wie eine rote Frucht am Kieferzapfen. In der Ferne schrien Häher.

Aber dann, auf dem Rückweg, was war das? Ein Mann schlich geduckt durch die Tannenschonung. Er lief, war plötzlich verschwunden. Ein Wilderer? Sicher! Aber darum brauchte ich mich nicht zu fürchten. Und umkehren wollte ich erst recht nicht. So griff ich zu einem längst bewährten Mittel, ich begann zu singen. Auch wenn man einem Rudel Rehe begegnete, mußte man singen; dann verhofften sie und äugten dem Näherkommenden ruhig entgegen.

Da, unter der großen, breitausladenden Tanne, unmittelbar am Weg, lag der Mann. Der Lauf des Gewehrs war genau auf mich gerichtet. Ich sah es, ging aber singend weiter, dem Gewehrlauf entgegen.

«Wer nur den lieben Gott läßt walten
und hoffet auf Ihn alle Zeit,
den wird er wunderbar erhalten
in aller Not und Traurigkeit.
Wer Gott, dem Allerhöchsten, traut,
der hat auf keinen Sand gebaut.»

Dieses feste Vertrauen auf Gott ließ auch bei den schweren, oft tagelangen Gewittern keine Furcht aufkommen. Wenn Blitz und Donner während der Nacht das alte Haus in eine Gespensterburg verwandelten, mußten sich alle Familienmitglieder und Angestellten unten im Erdgeschoß in der großen Halle versammeln.

Viele weinten und jammerten oder kreischten laut, wenn ein Donnerschlag die Wände erbeben ließ. Die Lehrerin las immer wieder mit eintöniger Stimme den 1. Psalm: «Wohl dem, der nicht wandelt im Rat der Gottlosen, noch tritt auf den Weg der Sünder, noch sitzt, da die Spötter sitzen . . .» Keiner vermochte ihr das Gemurmel zu verbieten, selbst der Vater nicht. Der Inspektor mußte bei den Knechten bleiben. Unter dem vorspringenden Dach einer Scheune hingen in langen Reihen die geteerten Eimer, Leitern und Feuerhaken.

Hatte sich dann solch ein schweres Gewitter ausgetobt, ging der Vater mit seiner Schar hinauf auf den hohen Berg. In allen Himmelsrichtungen sah man Feuerschein.

Einmal erstieg ich mit noch zwei Schwestern den hohen Berg, um Ausschau zu halten nach Soldaten. Es war um die Zeit der großen Kaisermanöver. Die ganze Gegend schien überflutet von Militär.

Am Fuß des Berges erstreckte sich das Moorgelände. Plötzlich geschah etwas Seltsames. Wo sich noch soeben das Moor befand, war weithin Wasser zu erblicken. Das Meer! Ein Fischerboot, vertaut an einem Brückengeländer, schaukelte auf den Wogen. Aufschäumend umspülte das Wasser schneeweiße Felsen.

Nur langsam löste sich alles in Nebel auf und verschwand, wie es gekommen war.

Eine «Fata Morgana». Wahrscheinlich eine Luftspiegelung von der Insel Rügen mit ihren Kreidefelsen.

Wir hatten schon häufig ganze Städte umgekehrt am Himmel erblickt. Aber noch niemals eine ähnliche Naturerscheinung, die sich direkt in die Landschaft hineinfügte.

Als ich aus dem Zauber meiner Märchenträume hinausgetreten war, galt das größte Interesse meinen Steinsammlungen und Versteinerungen. Die Äxte, Beile, Schleudern sprangen mir förmlich aus dem Ackerboden entgegen. Ich konnte blindlings auf etwas zulaufen. Später entwickelte sich diese Gabe zu einem sehr nützlichen Finder- und Sehertalent. Hatte jemand etwas verloren, ging ich zielsicher, von einem inneren Zwang getrieben, dorthin, wo sich der verlorene Gegenstand befand. Diese Gabe blieb mir bis ins Alter erhalten.

Noch eine andere Fähigkeit entwickelte sich in den späteren Jahren in mir: der Geruchssinn. Ich roch einen Fuchs, der in weiter Entfernung vorbeischnürte, den Dachs, das Wiesel, den Maulwurf, so daß ich genau nach den Ausdünstungen sagen konnte, um welches Tier es sich handelte.

In jedem Jahr fanden Dachsausgrabungen statt. Auf Grund meiner besonderen Fähigkeit erhielt ich die Aufgabe, vor einer Anzahl Ausgänge dieser Dachsburgen aufzupassen, ob sich ein Meister Grimmbart nähere. Ich witterte ihn mit der Sicherheit eines Dachshundes.

Jedoch vor den großen Treibjagden im Herst verkroch ich mich. Ich fühlte die Angst der vielen zusammengetriebenen Tiere wie einen körperlichen Schmerz.

In unserer Umgebung gab es viele Hünengräber. Der Kustos des Kieler Museums beredete den Vater, sie schleifen zu lassen.

Das war für mich der Höhepunkt in meiner Begeisterung für Altertümer. Nachdem zwei Urnengräber freigelegt waren, fand man im dritten, eingebettet in einen ausgehöhlten Baumstamm, obgleich in Staub und Asche zerfallen, noch deutlich erkennbar die Umrisse eines menschlichen Körpers. Ketten, Waffen und Schmuck bildeten auch in dieser Grabstätte das einzig Greifbare aus längst vergangenen Zeiten.

Ein plötzlich aufkommender Wind trug Staub und Asche über das Feld. Die Urnengräber hatten mich nicht erschüttert, jedoch diese von Menschenhänden auseinandergerissene einsame Ruhestätte brachte mich in große Erregung. Ich kniete nieder und schluchzte haltlos. «Warum weinst du?» fragte der Kustos.

«Ich muß doch weinen! Er war noch so jung. Hier haben sie alle gestanden. Er war ein König», jammerte ich.

Trotz meines sonnigen, fröhlichen Wesens, sonderte ich mich immer mehr von den andern ab. Ein Buch nach dem andern füllte sich mit Gedichten. Mit vierzehn Jahren schrieb ich mein erstes historisches Drama in vollendetem Versmaß.

Damals erbot sich ein Freund meiner Eltern, mich zu sich nach Hamburg zu nehmen. Er wollte mich später auf seine Kosten studieren lassen, aber mein Vater lehnte dieses Angebot schroff ab.

Als Ausgleich für eine schnelle geistige Entwicklung blieb immer wieder die Freude am Reiten und Fahren. Die Stute Fanny und ein hübscher kleiner Viersitzer standen stets zu unserer Verfügung, um Ausflüge in die Umgebung zu machen.

Da war vor allem Luisenlund, der alte Sitz der schleswig-holsteinischen Herzöge, idyllisch an der Schlei gelegen, mit jahrhundertealtem Waldbestand. Luisenlund bot immer neue Überraschungen, beispielsweise die alte Eremitage, zusammengestellt aus Baumrinde und Pfählen. Sie stand unter Denkmalschutz. Das Innere durfte nur in Begleitung eines Wärters betreten werden. Unvergeßlich bleibt der Augenblick, wenn sich beim Eintritt in die Hütte die hagere Gestalt des angeblichen Eremiten von seinem Lager erhob, mit einem Kopfneigen den Fremdling begrüßte, um dann polternd wieder zurückzusinken. Dieser immer wieder aufregende Anblick wurde durch einen einfachen Mechanismus hervorgerufen; beim Betreten des ersten Brettes hinter der Tür senkte es sich und riß den mit ihm verbundenen Körper des Eremiten in die Höhe.

Damals gab es auch noch den alten Turm, in dem ein Magier gehaust haben sollte, einer von den vielen Goldmachern und Beratern der Herzöge. Schaute man durch das Schlüsselloch in sein angebliches Reich, sah man sich in einen fast endlosen Saal versetzt, in dem alles prunkte und glänzte. Sobald aber die Tür geöffnet wurde, fiel der Blick auf die Wände einer dunklen, armseligen Behausung. Der Trick lag im Schlüsselloch. Das Bild des Prunksaales hing ihm in Miniatur gerade gegenüber an der Wand. Eine eingebaute, stark vergrößernde Linse rief die Täuschung hervor. Unheimlich wirkte im großen Sitzungssaal die Flüsterecke. Was in der einen Ecke geflüstert wurde, vernahm man klar und deutlich in der gegenüberliegenden, ohne daß es die Sprecher bemerkten. Manche Intrige mag sich dort abgespielt haben.

In der näheren und weiteren Umgebung gab es hübsche Malmotive. Ich besaß auch eine Naturbegabung für Malen. Viele Aquarelle erinnerten mich später an jene glückliche Zeit.

Immer wieder überwältigte mich die Liebe zu Gott.

Ich such, mein Gott, nach Worten,
und finde sie doch nicht,
obgleich an allen Orten
man Dir ein Loblied spricht.
Doch wenn sie laut Dich preisen,
voll Dank und Jubel sind,
dann, lieber Gott und Vater,
bin ich nur still ‚Dein Kind'.
Es liegt vielleicht im Schweigen
die allergrößte Macht.
Was and'ren spät zu eigen,
ich hab es längst gedacht.

oder:

Herr, gib Kraft, mich zu entringen
allem Bösen.
Meinem Geist verleihe Schwingen
mich zu lösen
von Gedanken, die mich binden

an des Lebens dunkle Sünden.
Keiner kann mich von Dir trennen.
Laß die Wahrheit
und die Klarheit
Deiner Wege mich erkennen.

Eines Nachts hatte ich ein seltsames Erlebnis. Mir war's, als läge ich auf einer Berghöhe. Über mir am Firmament zog ein großes Schiff mit schneeweißen Segeln vorüber. Das ist mein Lebensschiff, dachte ich, während mein Blick das langsame Vorübergleiten mit den Augen verfolgte. «Ob ich die Segel immer so weiß halten werde?» — In diesem Augenblick sah ich, wie sich eine helle Gestalt hinabbeugte und mich auf die Stirn küßte. Klar und deutlich vernahm ich die Worte «Sei gesegnet».

Ich schlief während dieser Zeit zusammen mit meiner hellseherisch veranlagten Schwester Luise. Noch bevor ich mein seltsames Erlebnis erzählen konnte, sagte sie: «Ich sah eine Lichtgestalt an dein Bett treten. Sie trug in den ausgestreckten Händen einen Kranz und hielt ihn über dich. Dann beugte sie sich hinab und küßte dich auf die Stirn.»

In einer Zeitschrift fanden wir einen Artikel über die magischen Kräfte des Spiegels. Zurück bis in uralte Zeiten spielte er eine große Rolle, zu der auch das ‚Spieglein an der Wand' im ‚Schneewittchen' gehörte. In den Märchen von ‚Tausendundeine Nacht' wird häufig die Magie des Spiegels erwähnt, oder die unberührte Fläche eines Wassers. Ein medial veranlagter Mensch, so hieß es in dem Artikel, ist befähigt, im Spiegel zu lesen. Das mußte ausprobiert werden!

Der breite Kristallspiegel der Mutter ging von Hand zu Hand. Zu meinem Kummer wurde ich nicht in den Kreis mit aufgenommen, man hielt mich für noch nicht reif genug für solche Experimente. Daher beobachtete ich nur und sah, wie bei Luise plötzlich die Iris im Auge verschwand. Es war nur noch ein tiefer schwarzer Trichter zu sehen.

«Frag jetzt, was Mutter macht», riefen alle, «dann können wir gleich feststellen, ob du richtig siehst.»

Mit eintöniger Stimme beschrieb Luise genau den augenblicklichen Aufenthaltsort, sowie die Beschäftigung der Mutter. Als wir das Gesagte nachprüften, stimmte beides.

In heller Begeisterung wollte man jetzt wissen, was Oberleutnant von Berken machte. Er hatte während des Manövers auf Möhlhorst in Quartier gelegen.

Abermals erhob sich diese seltsame Stimme:

«Ich sehe ein Wasser, über das Pioniere eine Pontonbrücke schlagen. Am Ufer stehen Husaren. Sie sind abgesessen, halten die Pferde am Zügel. Jetzt sehe ich Berken. Er betritt die Brücke, prüft ihre Haltbarkeit. Da, — in der Mitte der Brücke — er verliert das Gleichgewicht — gleitet aus — er fällt — stürzt ins Wasser!»

Meine Schwestern saßen wie erstarrt. Ihr Idol! Ihr vergötterter Liebling! Wie kommt er wieder heraus? — Haben sie ihn gerettet? — Ungefähr acht Tage später kam Besuch vom Nachbargut.

«Das hättet ihr sehen sollen! Pioniere schlugen bei Missunde eine Brücke über die Schlei. Wir kamen gerade in dem Augenblick angefahren, als Oberleutnant von Berken in der Mitte der Brücke ins Wasser stürzte. Natürlich wurde er sofort gerettet.»

Es stand also fest: Luise war eine richtige Hellseherin. Jetzt wurden häufiger Sitzungen abgehalten, jedoch nur hinter verschlossenen Türen.

In mir brannte der Wunsch, auch einmal in den Spiegel zu sehen. Im Schlafzimmer der Mutter hielt ich ihn so, wie es Luise gemacht hatte, waagerecht, kein Gegenstand durfte sich auf der Fläche spiegeln. Anfangs sah ich nichts. Vielleicht war ich auch innerlich zu erregt. Ich wollte eine Frage aussprechen, wagte es aber nicht. Plötzlich begannen sich Schleier zu bilden. Sie wogten hin und her, ballten sich zusammen und formten einen Kopf mit einem unbeschreiblich schönen Gesicht auf der Spiegelfläche. Blaue Augen lächelten mich gütig an. Gleich darauf hatte sich die wundersame Erscheinung wieder aufgelöst.

Fast wäre der Spiegel meinen Händen entglitten. Aufschluchzend warf ich mich über das Bett der Mutter. Hatte ich mir das nur eingebildet?

Nein, es war zu klar und deutlich sichtbar gewesen. Aber wen hatte ich im Spiegel gesehen? Meinen Schutzengel? — So mußte es wohl sein! Er hatte neben mir gestanden. Es waren auch, so schien es mir, dieselben Augen gewesen, die mir schon so oft zugelächelt hatten.

Dieses kleine Erlebnis betrachtete ich als mein strenges, heiliges Geheimnis, das ich keinem anvertraute, aber auch nicht wiederholte, um es nicht zu entweihen.

Zusammenbruch und Abschied

Der Vater hatte sich finanziell völlig festgefahren. Er war der erste deutsche Exporteur gewesen, der das Kommissionsgeschäft von Hamburg nach Südamerika aufnahm und zu hoher wirtschaftlicher Blüte entwickelte. Er besaß seine eigene Dampferlinie. Siebenmal war er selbst über den Ozean nach Brasilien und Argentinien gefahren und hatte den gefahrvollen Ritt über die Cordilleren nach Chile gemacht. Sein reger Unternehmergeist plante immer neue Projekte.

So baute er nach Freilegung eines umfangreichen Tonlagers eine große Ziegelei auf. Die Anschaffung der Maschinen, insbesondere der großen Presse, verschlangen Unsummen. Als man bei Bohrungen auf ein Kreidelager stieß, wurden auch dort alle Hebel in Bewegung gesetzt, es auszuwerten. Eine Torfpresse sollte den im Moor gewonnenen Torf verarbeiten. Ein Unternehmen jagte das andere, aber auf keinem lag Segen. Es gab Einbrüche, Überschwemmungen, Waldbrände.

Bei einem der schwersten Stollenbrüche konnte ich die größte Katastrophe abwenden.

Ich saß in meiner geliebten Gartenlaube und schrieb. Plötzlich empfand ich ein seltsames Schwindelgefühl. Die Augen schließend sah ich deutlich vor mir den Stollen Nummer drei.

Die schweren Seitenbohlen schienen einzuknicken, das Erdreich kam ins Rutschen; dann war Finsternis.

So schnell es meine Beine erlaubten, lief ich ins Haus. Eine telefonische Verbindung mit der Fabrik war sofort hergestellt. Durch einen Nebenstollen konnten die Schachtarbeiter rechtzeitig gerettet werden, bevor ihnen der Rückweg abgeschnitten war.

An diesem Abend fühlte ich zum ersten Mal das Hellsehen, dem ich bisher ratlos gegenüber gestanden hatte, als eine große Gnade.

Kurze Zeit später wurde in der Knechtstube eingebrochen und Garderobe sowie Wäsche der jungen Leute entwendet. Der Dieb mußte seinen heimlichen Weg durch die Häckselkammer genommen haben, das bewiesen einige Fußspuren.

Am Nachmittag machte ich zusammen mit meiner jüngeren Schwester einen Spaziergang durch den Wald. Plötzlich blieb ich vor einer dichten Tannenschonung stehen. «Hier hat sich der Dieb umgezogen. Vielleicht hat er sein altes Zeug liegenlassen.»

Tatsächlich lagen in dem Dickicht schmutzige Wäsche und ein Paar alte Stiefel.

«Siehst du es? An den Stiefeln klebt Häcksel!»

An zwei Stöcken trugen wir die Beute in die Knechtstube, wo man gerade um den Abendbrottisch saß. Es gab ein großes Hallo. Einer der beiden Stiefel war mit Bindfaden zusammengeschnürt, und alle wußten sofort, daß der Stiefel einem fremden Hilfsarbeiter gehörte, der unten im Dorf wohnte.

Inzwischen entwarf der Vater weitere Projekte. Das größte bestand in einem bis ins Kleinste durchdachten und durchgearbeiteten Kanalprojekt. Es umschloß die Eröffnung eines Binnensees zur Ostsee und damit eines Verbindungsweges zum Nord-Ostsee-Kanal.

Jahrelang dauerte bereits der Kampf um dieses Projekt. Prinz Heinrich von Preußen interessierte sich damals sehr für den genialen Plan; er kam häufig von seinem Gut Hemmelmark herüber, oder er schickte einen Adjudanten, der eine Einladung nach Hemmelmark überbrachte. Das Kanalprojekt verschlang alle aus der Landwirtschaft gewonnenen Einkünfte. Drei Monate vor Ausbruch des ersten Weltkrieges wurde es endlich vom Reichstag angenommen — zu spät.

Ich wurde gerade sechzehn Jahre alt, als mein geliebtes Möhlhorst versteigert wurde.

Es war die Zeit der dunklen Schatten.

Ich hab' den ganzen Tag geweint
und glaubt' das Herz müßt' brechen.

Ich konnt' vor Leid und bitt'rem Weh
nicht denken mehr noch sprechen.
Und nun bin ich so sterbensmüd,
Gott Vater, hör mein Flehen,
laß mich mit aller meiner Not
bei Dir zu Ruhe gehen.

Die Eltern zogen nach dem Badeort Borby bei Eckernförde. Wie groß der Abschiedsschmerz war, geht daraus hervor, daß ich mich später an nichts mehr erinnerte, weder an den Abschied und die Fahrt nach Borby, noch an die erste Zeit in der neuen Umgebung. Es scheint alles in mir erstarrt gewesen zu sein, selbst die Aufnahmefähigkeit für die Geschehnisse, bis zu dem Tag, da ich zum ersten Mal im Leben meine Mutter weinen sah.

In diesem Augenblick erkannte ich, wie töricht es ist und wie engherzig, sich ganz in sein Leid einzuhüllen, nur dem eigenen Schmerz sich hingebend, ohne der anderen Mitmenschen zu gedenken.

Ich klagte und seufzte in meinem Schmerz,
ich glaubt', es ertrüge ihn nicht mein Herz.
Doch als ich in Deiner Seele las,
ward stiller es in mir und reiner,
so daß ich das eigene Leid vergaß.
Dein Schmerz ist noch größer als meiner!

Die blaue Ostsee — der Strand — die Wälder.

Wie einen lästigen Mantel warf ich das Leid von mir und öffnete mich ganz einer starken frohen Lebensbejahung.

Gott gab mir die Kraft, meiner Mutter helfend zur Seite zu stehen, und damit hatte ich jetzt eine große Aufgabe bekommen.

Die Sehnsucht nach Möhlhorst jedoch blieb und verließ mich nie, mein ganzes Leben hindurch nicht.

Ich hör' die Linde rauschen
und lausch' der Amsel Schlag:
ich wandle still verträumet
am Wiesenbach entlang.

Seh', wie am Gartenzaune
die Heckenrosen blühn
und über'm stillen Weiher
die wilden Enten zieh'n.
Du Tal mit deinem Frieden,
dem menschenfernen Glück,
in dir ließ ich mein Sehnen,
der Jugend Lust, zurück.
Ich öffne bang die Augen
und wag' nicht aufzuschau'n,
rings um mich öde Dächer . . .
Es schüttelt mich ein Grau'n!

Unsere Verwandten in Hamburg halfen, daß ich noch ein Jahr die Höhere Töchterschule in Eckernförde besuchen konnte.

Nach einem Jahr bestand ich glänzend meine Reifeprüfung. Kurz zuvor besuchte die Vorsteherin meinen Vater. Sie wußte um die Armut des ehemaligen Rittergutsbesitzers und gerade dieser Umstand trieb sie zu einer offenen Frage.

«Ihre Tochter ist mir sehr ans Herz gewachsen. Sie ist außerordentlich begabt. Würden Sie darin einwilligen, wenn ich sie auf meine Kosten studieren lasse? Ich bin alleinstehend! Ihr ‚Ja' bedeutet für mich ein großes Glück.»

Aber der Vater entschied: «Nein, meine Tochter soll heiraten, Kinder in die Welt setzen und eine gute Hausfrau werden. Ich habe nichts übrig für studierende Frauen.»

Fräulein Baltasar ging, und ich trug still meine Enttäuschung hinaus an den Strand der Ostsee.

Die Not war groß. Der Vater saß von morgens bis abends über sein Kanalprojekt gebeugt. Die Mutter war froh, wenn sie eine Grießwassersuppe auf den Mittagstisch stellen konnte.

«Ich muß helfen», dachte ich, «es geht nicht, daß meine Mutter darbt. Ich glaube, wenn ich es ganz fest will, wird Gott mir den Weg zeigen.»

Noch am gleichen Tage wandte ich mich an eine Buchhandlung in Eckernförde.

«Hier sind ein paar Proben meiner Malkunst. Ich möchte Briefpapier und Karten mit kleinen Bildern versehen. Wollen Sie mir helfen?»

Mit einem Kasten Briefpapier im Arm konnte ich überglücklich heimkehren. «Er» hatte mir geholfen. Bald kamen größere Aufträge und mit ihnen der Reinverdienst.

«Oh Mutter», jubelte ich, «deine Wirtschaftskasse wird noch überlaufen!»

Jetzt begann sich der Unternehmungsgeist des Vaters auch bei mir zu regen. Was bei ihm jedoch immer wieder in ein Versagen auslief, führte bei mir zum Erfolg. Ich konnte anfassen, was ich wollte, Gott half.

Eines Tages erschienen zwei Klassenkameradinnen.

«Überall spricht man von deinen bezaubernden Briefpapierkästen. Wie fängst du das an? Könntest du uns Malunterricht geben!?»

Nach einer Woche hatte ich bereits fünf Schülerinnen. Jede zahlte freiwillig zwei Mark pro Stunde.

Die schlimmste Not war nun gebannt.

Als ich siebzehn Jahre alt war, starb meine geliebte Mutter. Es war der zweite unfaßbare Schmerz in meinem Leben. Wie eine Ertrinkende flüchtete ich zu Gott, versuchte den Sinn des Sterbens zu begreifen. In dieser Not wurde ich zu einer Frau geführt, mit der ich bisher nur hin und wieder ein Wort gewechselt hatte. Sie wohnte einsam am Stadtrand, lebte nur ihren Blumen und dem inneren Drang, Unglückliche aufzurichten.

Die Frau nahm meine Hände in die ihren und sprach liebe, gütige Worte. Sie hafteten in meinem jungen Herzen wie immer wieder aufstrahlende Edelsteine.

«Deine Mutter, mein Kind, geht jetzt auf Wegen, die bereits verklärt sind vom Licht der Ewigkeit, aber noch von Schatten der Erdenschwere begleitet werden. Hilf ihr, bete für sie, schicke ihr starke, gläubige Gedanken, aber keine Tränen, die ihr Lichtgewand beflecken. Sie wird es dir danken!

Was wir zu Grabe tragen, ist nur der vergängliche Körper, aus dem sich die Seele gelöst hat. Sie schreitet durch das Tor des Todes ins ewige Licht. Sie läßt ihr irdisches Gewand zurück, um im geistigen neu geboren zu werden.

Sei tapfer! Empfinde nicht die Leere, die plötzlich um dich ist, wie etwas Erschreckendes, sondern als ein gnadenreiches Gefäß, das du nun ganz ausfüllen darfst und sollst mit Gedanken der nie endenden Liebe des Verstehens, des Helfenwollens. Nur wer die Brücke erkennt, die zwischen dem irdischen und dem himmlischen Leben gespannt ist, trägt das Wort auf den Lippen, das göttlicher Liebe entsprang: ‚Auf Wiedersehen'.

Der schwerste Fortgang von dieser Erde bleibt immer der einer Mutter, die ihre noch unmündigen Kinder zurücklassen muß. Erleichtere ihn durch deine selbstlose Liebe. Halte sie nicht zurück auf dem Weg zum Licht durch Klagen deiner Sehnsucht. Laß sie fühlen, wie heilig dir Gottes Wille ist. Nicht deine Tränen, sondern der Wunsch, ihr das Fortgehen zu erleichtern, sichert das Band, das Tote und Lebende miteinander verbindet.»

Zum ersten Mal vernahm ich Worte der Erkenntnis, die wie eine verkapselte Sehnsucht längst in mir geruht hatten: das Fortleben nach dem Tode.

An meinem ersten Geburtstag nach ihrem Fortgang hatte ich ein erschütterndes Erlebnis. Es war kein Traum, ich empfand es vollbewußt: Ich stand an einem tiefen Abgrund. Sehnsüchtig streckte ich die Arme aus. Drüben, für mich unerreichbar, sah ich meine Mutter stehen; sie trug das Kleid, in dem ich sie so gerne sah.

«Komm doch herüber», flehte ich, «komm doch!»

«Siehst du denn nicht, wie unmöglich das ist?»

«Aber ich bin so allein! Keiner hat daran gedacht, daß ich heute Geburtstag habe.»

«Mein Kind, ich bin immer bei dir.»

«Ja, in deinen himmlischen Gedanken.»

«Nicht nur in meinen Gedanken.»

Ganz plötzlich war der Abgrund verschwunden, etwas Helles, Lichtes stand neben mir, hüllte mich ein in eine Woge von Glück und Geborgenheit.

«Mutter!»

Erst von diesem Augenblick an zerrann mein Leid. Jetzt trug ich in mir ein wundersames, mir selbst unverständliches Geheimnis.

Entwurzelt

Das Schicksal wird uns nicht zugetragen, es wächst aus uns heraus. Wir selbst formen es mit den guten oder bösen Kräften, die aus dem geistigen Grund unseres Denkens und Wollens emporsteigen. Jedes Eingreifen von außenher gleicht da der Beschießung einer Feste. Die Kugeln prallen ab oder sie vernichten.
Der Mensch ruht in den Lebensgesetzen seines eigenen Wesens. Bei zwei sehr ähnlichen Schicksalen, trägt es den einen in die Höhe, den anderen stürzt es in die Tiefe.

Die wirtschaftlichen Verhältnisse des Vaters hatten sich vorübergehend gebessert, wenn auch nur durch Aufnahme neuer Anleihen. In Anbetracht der Möglichkeit einer Realisierung des Kanalprojektes fanden sich immer wieder neue Geldgeber. Man hatte ein sinkendes Schiff wieder zusammengeflickt.

«Ich muß etwas Richtiges lernen!», dachte ich verzweifelt, «ich will einen Beruf haben. Studieren kann ich nicht, aber auch alles andere kostet Geld. Am besten gehe ich irgendwo in Stellung und fange sofort an zu sparen.» — Schneller als ich es ahnen konnte, sollte sich dieser Gedanke verwirklichen.

Ein knappes Jahr nach dem Tode seiner treuen Lebensgefährtin nahm sich der sechzigjährige Vater eine junge Frau ins Haus. Ich fühlte es instinktiv, daß ich damit mein Elternhaus verlieren würde, denn die Kontraste waren zu groß. Es bestand kein Kontakt zwischen uns. Man rieb sich gegenseitig auf.

So kam es, wie es kommen mußte. Fast fluchtartig war mein Fortgang in die Fremde. Vielleicht wäre ich an seelischer Not zusammengebrochen, hätte mir nicht immer das eine Ziel vor Augen gestanden: du mußt einen Beruf ergreifen, um selbständig zu werden. Also: Geld verdienen, sparen, auf alles verzichten! — Kärglich war der Lohn, den ich erhielt, als Kinderfräulein, Stütze der Hausfrau oder Gesellschafterin. Andere standesgemäße Posten gab es damals nicht für ein junges Mädchen aus gutem Hause, das mittellos dastand.

In den folgenden Jahren wechselten tiefste Verzweiflung mit Selbsterziehung und Selbstverleugnung. Das Elternhaus war für mich verloren, die geringste Hilfe ausgeschlossen.

In meinem Tagebuch standen in dieser Zeit Worte tiefster Verzweiflung und innerlicher Einsamkeit. Es waren Jahre des Kampfes, des Leides, aber auch einer sich geistig bahnbrechenden Entwicklung.

«Das tägliche pedantische Leben hier, sich stets gleich in Unwichtigkeiten, in engstirnigen Kleinigkeiten, tötet meine Seele. Es ist etwas in mir, das sich Bahn brechen will und muß. Aber in dieser Umgebung einfach nicht kann —»

Gott half. Er hatte mir die Liebe ins Herz gelegt, nicht um sie zu verkapseln, sondern aus sich herausstrahlen zu lassen.

Worten der Verzweiflung wie:

Ich sitz in meinem Kämmerlein,
Erbarmen, Gott, Erbarmen.
Bin so verlassen und allein,
Oh, helfe Du mir Armen.
In mir ist alles öd und leer,
kein treuer Retter, keiner!
Hab weder Trost noch Hoffnung mehr,
Oh Gott, erbarm Dich meiner!
Ich schau hinab ins tiefe Tal
und könnte tot mich härmen.
Nur einen einz'gen Sonnenstrahl,
das Herz mir zu erwärmen!
Jetzt kommt die Nacht und bringt mir Ruh. —
Daß auch das Leid entschwinde,
deck es mit Deiner Liebe zu,
damit ich Frieden finde.

folgte das erste Erkennen göttlichen Willens, durch Leid gehen zu müssen, um in sich selbst zu wachsen:

Ich glaub', es steht an meiner Seit'
ein Engel, der mir lächelnd winkt,
da mir in meiner Einsamkeit
ins Herz solch tiefer Friede dringt.
Wenn meine Seele aufwärtsstrebt,

erlischt der schwere Druck in mir.
Du Engel, der mich leis' umschwebt,
ermahnt und hilft — ich danke Dir!

Es war ein Hineinhorchen in sich selbst — oft im tiefsten Erschrecken — wie weit man noch entfernt war von dem völligen Verstehen göttlicher Fügung.

Mit dem einundzwanzigsten Lebensjahr erreichte ich ein selbstgesetztes Ziel: den Besitz eines kleinen Sparkassenkontos. Der schönste Teil meiner Jugend war verstrichen, ohne daß er mir den Blütenkranz ins Haar gesetzt hätte. Kein Vergnügen, kein fröhliches Zusammensein mit jungen Menschen. Nicht die geringste Möglichkeit, sich geistig weiter auszubilden, den Tempel der Kunst zu betreten, und sei es nur durch eine bescheidene Hintertür. Nichts als Arbeit und Pflichterfüllung. Und gab es einmal eine kleine Geselligkeit, an der ich teilnehmen durfte, fühlte ich mich fremd und verlassen.

Nicht wenn ich einsam geh im dunklen Hain,
nicht wenn am Meer ich steh im Abendschein,
bin ich allein.
Ich sitz im frohen Kreis der Menschen hier,
doch in der Brust brennt heiß die Sehnsucht mir:
Ich bin allein! —

Ich war mir völlig darüber klar, daß ich mit meinen geringen Ersparnissen keinen Doktorhut erringen konnte. So überwog einzig der Wunsch zu helfen, Liebe zu geben, alle anderen Erwägungen. «Ich will Krankenschwester werden», dachte ich, «das Geld für die Anschaffung zur Einkleidung besitze ich. Nur eine feste Summe für die Prüfung muß zurückgelegt werden. Dann schaffe ich es.»

So meldete ich mich bei Professor Zimmermann in Berlin-Zehlendorf und trat ein in die ‚Schwesternschaft deutscher Frauendienst'. Der Weg führte nach Oberhausen im Rheinland.

Ein Wille — ein Ziel

Jesus spricht im Evangelium: Der Glaube ohne Barmherzigkeit ist tot. Liebe ist die Erfüllung des Gesetzes.

Mit dem Gefühl tiefster Dankbarkeit im Herzen schlüpfte ich in das Schwesternkleid. Alle Tore zum Himmel schienen mir offen zu stehen. Jetzt hatte ich wieder eine irdische Heimat, ein Zuhause, in dem ich nicht gehetzt und herumgestoßen wurde. Ich war das Glied einer nützlichen Kette geworden.

Die ‚Schwesternschaft deutscher Frauendienst' hatte einen sehr guten Namen, aber es wurde auch viel von ihr verlangt. Da beständig ein Mangel an Ärzten herrschte, mußten die Schwestern in allen Lagen ‚ihren Mann' stehen. Besonders für die Stationsschwestern gab es keine Möglichkeit, sich der jungen Schwestern anzunehmen. Hier konnte nur die eigene Intelligenz helfen. Man kaufte sich das vorgeschriebene Lehrbuch und schöpfte daraus sein Wissen.

Ich weilte erst vierzehn Tage im Krankenhaus, als ich bereits als Nachtschwester auf der Chirurgischen Männerstation eingesetzt wurde. Eine Laterne in der Hand, Filzpantoffeln an den Füßen, übernahm ich meine Pflichten. Unter den Schwerkranken befanden sich zum größten Teil Bergknappen.

Unvergeßlich blieb der erste Abend auf dieser Station. Ein alter Knappe hatte bei einem Stolleneinbruch beide Beine verloren. Sobald die Schmerzen unerträglich für ihn wurden, sollte er eine Spritze bekommen.

Schon bald begann er zu jammern, zu schreien; die Patienten im Saal erregten sich. Eine Spritze! Aber wie? Eiskalt legte es sich auf meine Brust. Ich hatte noch niemals gesehen, wie eine Spritze verabfolgt wurde. Auf meine diesbezügliche Andeutung der Stationsschwester gegenüber, meinte diese: «Dann wird es die höchste Zeit, daß Sie es lernen!»

In meiner Herzensangst, etwas falsch zu machen, klopfte ich bei dem Arzt an die Tür. Sein Zimmer befand sich am äußersten Ende der Station.

«Was gibt es?»

«Der Mann, dem beide Beine abgenommen wurden, muß eine Spritze haben!»

Er achtete nicht der verängstigten Stimme. «Na, und? dann geben Sie sie ihm!»

Mit diesen Worten war für ihn meine Anfrage erledigt.

Jetzt blieb nur noch das Lehrbuch. Ja, es stand alles genau beschrieben; es gab kein Zögern mehr. Mit zusammengebissenen Zähnen stieß ich die Spritze in den Arm des Mannes. Wenn der Stich nun anschwoll, weil vielleicht doch Luft in der Nadel geblieben und diese zu tief oder zu flach hineingestoßen war? — Im Buch wurde davor gewarnt: lebensgefährlich! —

Schon nach kurzer Zeit schwoll die Einstichstelle an. In heller Angst, in verzweifelter Qual, einen Menschen töten zu können, hastete ich immer wieder ins Stationszimmer, kniete nieder und flehte Gott um Hilfe an. Aber die Luftblase wuchs weiter. Plötzlich kam mir der Gedanke, die Hand fest auf die Einstichstelle zu pressen und inbrünstig zu beten.

War ein Wunder geschehen? Schon nach kurzer Zeit verschwand die Blase. Der Patient schlief ruhig ein.

Es war durchaus keine leichte Aufgabe für mich, Ordnung unter den Patienten zu halten.

Eines Nachts betrat ich gerade in dem Augenblick den großen Saal, als zwei Männer mit offenen Taschenmessern aufeinander losgingen. Ohne mich zu besinnen, lief ich hinüber, stellte mich zwischen die Rasenden und schlug den völlig Verdutzten die Messer aus den Händen.

«Ich sah rot», sagte der eine der Knappen später, «Sie haben mich und meine Familie gerettet. Das vergesse ich Ihnen nie. Ohne Sie hätte ich zugestoßen!»

Von diesem Augenblick an begegnete man mir mit größter Hochachtung.

Kurze Zeit darauf arbeitete ich in der Frauenklinik. Auf der Chirurgischen Station lag eine Frau, der man den Blinddarm entfernt hatte. Die Patientin litt außerdem seit vielen Jahren an offenen Beinen. Als ich sie am Abend bettete, meinte ich beiläufig:

«Wenn ich Ihnen die Salbe direkt mit den Händen aufstreiche, sind Sie in drei Tagen gesund.»

«Unmöglich!»

«Doch, doch! Ich besitze Heilkräfte! Schon als Kind machte ich viele kranke Tiere gesund.»

Nach drei Tagen waren die Beine der Frau völlig in Ordnung. Die Frau war fassungslos. Aber nun ging es wie ein Lauffeuer durch die Krankenanstalt. «Sie braucht nur die Hände aufzulegen, dann ist man gesund.» Natürlich erfuhren es auch die Ärzte. Es gab sogar eine Konferenz darüber. Nach langem Hin und Her erteilte man mir den direkten Auftrag, nach Schweroperationen den Kranken die Hände aufzulegen. Zuvor müßte ich jedoch meine beruhigenden Kräfte beweisen, hätte aber von jedem Versuch, selbständig heilen zu wollen, Abstand zu nehmen, andernfalls es für mich unangenehme Folgen haben könnte.

So wurde ich geprüft. Im Einzelzimmer lag ein Frischoperierter noch in Narkose. Kaum erwacht, schrie er vor Schmerzen. Die Spritze lag bereit ...

Aber ohne einen Augenblick zu zögern, legte ich ihm die eine Hand auf seine Stirn, mit der anderen umschloß ich seine Hand. Dabei bat ich Gott um Kraft, auch hier helfen zu können.

Das furchtbare Schreien verstummte. Der Kranke schloß die noch soeben wildflackernden Augen, atmete tief und ruhig. Er schlief ein.

Nach diesem Vorgang ließ man mich fortan bei allen schweren Fällen rufen.

Es lag wahrscheinlich Segen auf meiner Arbeit. Der Chefarzt der Abteilung für innere Krankheiten ließ mich eines Tages mit Stethoskop und Abklopfen eines Patienten die Diagnose stellen. Sie stimmte bis ins Kleinste.

«An Ihnen ist ein Arzt verloren gegangen», meinte er staunend.

Von diesem Tage an rief er mich immer wieder bei schwierigen Fällen an seine Seite.

Häufig wurde ich nach entfernten Stationen geholt, um Sterbenden die Hand zu halten. Ich fühlte es selbst, wie Ruhe von mir ausstrahlte, die alle Anwesenden erschütterte.

«Tod, Zerstörer und doch Vollender. Nur mit Schaudern empfand ich dich, weil ich dich nicht begriff. Jetzt fühle ich die ganze Größe göttlicher Liebe und Weisheit, die dir das Siegel in die Hand gab, um den letzten Aufschrei irdischen Verlangens in ein Lächeln zu verwandeln. Sei still, kämpfende Seele, löse dich gleich einem Schmetterling aus dunkler Hülle und laß dich tragen von der Sehnsucht nach Erfüllung. Sie kommen dir zu helfen! Himmelsleuchten umfließt sie. Ich sehe es, wie sie sich über dich neigen. Wehre dich nicht! Sprenge alle Fesseln, damit du hinaussteigst aus der sterblichen Hülle, dem Licht deiner Vollendung entgegen. Sieh, es ist nur dein Körper, der sich noch in Qualen windet, die Seele hat sich bereits gelöst! Möge sie unbelastet sein von Erdenschuld. Aber auch dann laß keine Furcht aufkommen, es liegt an dir selbst, dein Gewand aufleuchten zu lassen. Es gibt keine Schuld, die größer ist als die Liebe Gottes, Sein Erbarmen, Sein Verstehen. Tritt näher, Tod, drücke dein Siegel auf die verstummten Lippen. — Selig sind, die in dem Herrn sterben. Amen.»

Aber nicht nur mit den heilkräftigen Händen, auch durch die Kraft meines Willens vermochte ich die Kranken zur Ruhe zu zwingen. Oft in grotesker Weise. Eine Frau mit einem Oberschenkelhalsbruch jammerte, zur Verzweiflung aller Patienten, stundenlang vor sich hin. Entschlossen trat ich an das Bett. Es hatte an allen vier Ecken blankgeputzte Metallkugeln.

«Sie werden jetzt aufhören, meine Liebe. Sehen Sie, ich drehe an einer dieser Kugeln, dann werden Sie sofort einschlafen. Legen Sie sich ruhig hin, Augen zu — los!»

Tiefernst drehte ich an der Kugel. Die Frau schlief ein, wie auf Kommando.

Die große Liebe

Es bestand unter den Schwestern eine prächtige Kameradschaft. Ich hatte noch nie eine Freundin besessen und mich immer einsam gefühlt, hier fand ich sofort froh und ungezwungen Kontakt und Verständnis. Seit dem Abschied von Möhlhorst fühlte ich mich zum ersten Mal wieder froh und glücklich. Nur in einem Punkt blieb ich völlig anders geartet als die größte Zahl der Schwestern: nichts stand mir ferner als Flirt und Liebelei, weder mit den jungen Ärzten, noch mit den Patienten. Das Gefühl dafür schien mir völlig zu fehlen. Und doch sollte ich in dieser Zeit die große, nie vergessene Liebe erleben.

An einem freien Nachmittag fuhr ich nach Düsseldorf. Ich stand an der Treppe des Bahnsteigs und wartete auf das Eintreffen des Zuges. Ein Herr stürmte herauf, stockte mitten im Lauf und schaute starr auf mich. Unsere Blicke hingen ineinander, weltvergessen.

«Bitte einsteigen! Türen schließen!»

Wir saßen uns im vollbesetzten Abteil gegenüber. Keiner sprach ein Wort. Das Gefühl einer untrennbaren Verbundenheit, eines tiefinnerlichen Wissens um die Zusammengehörigkeit unserer Seelen band uns aneinander.

Stumm verließ ich den Zug, ging die Treppe hinunter und wußte doch genau, daß er mir folgte. Auf dem großen freien Bahnhofsplatz trat er an meine Seite.

«Nicht wahr, Sie wollen die Stadt ansehen? Darf ich Ihr Führer sein?» Wie konnte ich nein sagen? Es schien alles so selbstverständlich, als wäre ich nur seinetwegen nach Düsseldorf gefahren. Es gab nichts Wissens- und Sehenswertes in der Stadt, das er mir nicht zeigte, aber das Beglückendste schien mir zu sein, Seite an Seite mit diesem schönen, liebenswerten Menschen zu gehen. Wir sprachen nicht viel miteinander. Wir gingen Hand in Hand, wie zwei Kinder, blieben stehen, sahen uns in die Augen — lächelten und fanden keine Worte für das Glück unseres Beisammenseins.

Um sechs Uhr abends mußten wir beide zurückfaren; er hatte nur noch eine geschäftliche Angelegenheit zu erledigen, deretwegen er nach Düsseldorf gefahren war. So stand ich wartend, klopfenden Herzens vor dem Bahnhofsgebäude, beseligt wie noch nie in meinem Leben. Hätte ich nicht seine Hand in der meinen gefühlt, wahrlich, ich stand dem Glauben nah, er sei als ein Lichtbote aus dem Jenseits gekommen, um mich zu holen. Oh, ich wäre mit ihm gegangen, gemeinsam dem ewigen Glück entgegen, dorthin, wo es meine Sehnsucht hinzog, seit ich auf Erden war.

Der Zeiger der Bahnhofsuhr sprang von Minute zu Minute. Die Wartezeit verstrich, doch kein Schritt nahte, keine Hand legte sich in die meine. Als ich endlich allein nach Oberhausen zurückgefahren war, brach eine Welt in mir zusammen.

Erst als ich im Bett lag, wurde mir klar, daß ich ihn nie wiedersehen konnte, denn keiner wußte von dem anderen den Namen.

Alle Qualen einer himmelstürmenden, jedoch aussichtslosen Liebe brannten in meinem Herzen.

Drei Tage darauf verließ ich Oberhausen, um meine Ferien bei einer befreundeten Krankenschwester zu verleben.

Obwohl der Zug bereits eingelaufen war, konnte ich mich nicht entschließen einzusteigen. Es war mir, als hielten unsichtbare Hände mich zurück. Und dann war es wieder wie in einem Märchen: die Treppe herauf stürmte der junge Prinz. Ich lief ihm entgegen. Er faßte meine beiden Hände, stumm blickten wir uns in die Augen. «Einsteigen!»

Das Loslösen war wie ein körperlicher Schmerz. Ich taumelte ins Abteil hinein, stürzte ans Fenster. Abermals ergriff er meine Hand, als müsse er mich zurückhalten.

«Schreib mir!»

«Aber wohin?»

«Karl Ibel. Hauptpostlagernd Düsseldorf.»

Der Zug setzte sich in Bewegung.

Ich schrieb ihm täglich. Alles, was mein Herz bewegte, jahrelang darin geschlummert hatte, ließ ich hinausströmen. Meine Liebe zu Gott, die tiefe Verbundenheit mit Ihm, Zweifel, Hoffnungen, Glauben. Ich legte alles in meine Briefe, so wie man Kostbarkeiten in eine Truhe legt und sie dann sorgsam verschließt. Nur er allein durfte sie öffnen, er besaß den Schlüssel, vor ihm gab es kein Geheimnis, denn wir gehörten zusammen, waren eins für ewig.

Als aber keine Antwort von ihm einging, war es mir, als müsse ich für immer in Dunkelheit versinken.

In der siebenten Nacht nach dem seltsamen Abschied in Oberhausen erwachte ich jäh von einem Lichtschein im Zimmer. Er ging aus von einer schwarzumrandeten Trauerkarte, die sekundenlang vor mir im Zimmer aufleuchtete. Deutlich las ich den Namen

KARL IBEL

Er war tot!

Es war wie ein innerliches Erstarren. Wer hatte mir diese Mitteilung gemacht? Ich hatte doch fest geschlafen und war ganz plötzlich erwacht von dem Lichtschein. Es war kein Traum!

«Nur wer die Brücke erkennt, die zwischen dem diesseitigen und dem jenseitigen Leben gespannt ist, trägt das Wort auf den Lippen, das göttlicher Liebe entsprang: ‚auf Wiedersehen'».

Wo hatte ich diese Worte schon einmal gehört?

Auf Wiedersehen. — Bedurfte es eines größeren Trostes? — Karl Ibel, du bist mir vorangegangen. Mein ganzes Leben wird erfüllt sein von dem Gedanken und der Hoffnung, dich wiederzusehen. Keinen anderen Mann werde ich jemals so lieben können, wie ich dich liebe. In dir ist alles verankert, was es an Wünschen und Hoffnungen im irdischen Leben für mich hätte geben können. Um das zu wissen, mußte ich dich sehen und wieder verlieren, um dennoch ganz in dir zu leben. Ich weiß nicht, wann ich die Schwelle überschreiten werde, nur eines steht leuchtend in mir:

«Unsere Liebe findet erst dort droben ihre Vereinigung. Hilf mir, die Trennung zu ertragen!»

Und plötzlich das starke Empfinden: ‚Er steht neben dir! Auch er wird dich nicht vergessen. Er wartet auf dich —'

Wie lange? —

Der Ruf aus Mexiko

Man sollte nie sagen, daß man etwas nicht kann. Damit ist bereits der Wille untergraben und die Kraftquelle verschüttet, die in jedem ruht. Der Glaube an sich selbst und sein Können ist die Brücke vom Willen zur Tat. Wer sie furchtlos beschreitet, findet unsichtbare Helfer, die ihn sicher hinüberleiten.

Nach Abschluß meines Staatsexamens, das ich mit ‚sehr gut' und mit einer persönlichen Anerkennung des Geheimrats bestand, ging ich zur weiteren Ausbildung, gemeinsam mit einigen anderen Schwestern, nach Neu-Kölln bei Berlin.

Beim Abschied aus Oberhausen nahm mich die Oberin in die Arme. «Eines sollen Sie wissen. Wenn unser Herrgott Sie jetzt zu sich ruft, können Sie frohen Herzens gehen, denn Sie haben Ihre Aufgabe im Leben bereits voll erfüllt. Keiner von uns allen hat so viel Liebe ausgestrahlt und gegeben, wie Sie es getan haben. Mag noch kommen, was da will, das ist nicht auszulöschen.»

In Neu-Kölln blieb es ein kurzer Aufenthalt. Ein Brief meines Schwagers aus Chihuahua, einer Gebirgsstadt im Norden Mexikos, änderte schlagartig den Kurs meines Lebensschiffes. Er schrieb, daß meine Schwester erkrankt sei, zwei kleine Mädchen der Pflege bedürften, und ob ich kommen wollte. Sein in Deutschland weilender Einkäufer werde in vierzehn Tagen zurückfahren nach Mexiko. Ich könne mich ruhig seiner Führung anvertrauen.

Da gab es kein Überlegen für mich!

Am 7. Juni 1913 lag ich zum ersten Mal im Langstuhl an Deck der «Chemnitz». So weit das Auge reichte, sah man nichts als Wasser und Horizont. Ein körperlich zu hochgewachsener Norddeutscher, von sämtlichen Reisenden als ‚der Lange' bezeichnet, fütterte mich mit Orangen.

«Sie gehen großen Gefahren entgegen», sagte er, «kennen Sie die politische Lage in Mexiko? Seit 1910 reiht sich eine Revolution an die andere. Damals mußte der Präsident Porferio Diaz flüchten. Er starb in Paris. Sein Nachfolger Madero wurde nach einem

Festmahl im Auto erdrosselt. Jetzt ist alles zersplittert. Den Süden beherrscht Venustiano Caranza, ein ehemaliger Advokat. Sein General, Alvaro Obregon, versucht den Norden in die Hände zu bekommen, der sich in der Gewalt von Banditen befindet. Vor allem sind es Franzisco Villa und Emilio Zapato, die mit Mord und Brand das Land durchziehen, Städte verwüsten und, da selbst der Armut entstiegen, gelobt haben, alle Reichen zu vernichten. — Muß ich da nicht Angst um Sie haben?»

«Aber ich bitte Sie, meine Geschwister haben mich gebeten, zu ihnen zu kommen. Das hätten sie niemals getan, wenn mein Leben dort gefährdet wäre. Woher haben Sie überhaupt Ihre Weisheit?»

«Mir hat einer der Reisenden erzählt, es gibt keine Bahnverbindung mehr nach Mexiko. In El Paso, der Grenzstadt zwischen den Staaten und Mexiko, sitzen Sie fest.»

«Finden Sie es richtig, einem Wandersmann Steine in den Rucksack zu packen? Sie können unmöglich glauben, daß ich in Galveston wieder umkehre, nur weil man mich mit Schauergeschichten zu belasten versucht. Wer so bewußt an Gottes Hand geht, wie ich es von jeher getan habe, kennt keine Furcht. Niemals darf ein Zweifel in mir aufsteigen, daß es nicht Sein Wille ist, der mich nach Chihuahua führt. Irgendeinen Zweck werde ich zu erfüllen haben.»

Seine Augen weiteten sich. «So fest glauben Sie an Gott?»

«Ja. Sie etwa nicht?»

«Ich habe mein Tiefseenetz mit heraufgebracht», sagte er hastig, bestrebt dem Gespräch eine andere Wendung zu geben. «Wollen Sie wieder dabei sein, wenn ich Plankton fische?»

«Wie gern!»

Ich war begeistert von der Wunderwelt der mikroskopisch kleinen Lebewelt im Wasser, den Strahlen und Linien der Kieselalgen, den bizarren Pflanzenarten und Quallen. Er hatte mir bereits alles erklärt. Viele Planktontiere besitzen Leuchtvermögen.

Blaues Meerwasser ist arm an Plankton, jedoch grünes ist überreich durchzogen von diesen seltsamen Lebewesen.

Ich war froh, auf dem Dampfer einen Menschen gefunden zu haben, mit dem ich über andere Dinge sprechen konnte, als über den sonst an Bord üblichen Flirt und Klatsch.

Alles in mir war geöffnet, die Schönheiten einer dreiwöchigen Seereise in mich aufzunehmen.

Als einzige unter den Passagieren blieb ich von der Seekrankheit verschont. Als kurz nach der Abfahrt ins offene Meer Windstärke elf einsetzte, die aus den Tiefen des Meeres emporsteigenden Wellenberge das Schiff wie einen Ball hin und her warfen, und die Passagiere mit grünen Gesichtern in ihren Kojen lagen, war ich sofort bereit, helfend einzuspringen. Das Schiffspersonal reichte nicht aus, um die Kranken zu versorgen.

Es waren insbesondere die schlecht umsorgten Auswanderer im Zwischendeck, zu denen es mich hinzog, um zu helfen und zu trösten. Während das Schiff von einer Seite auf die andere geworfen wurde, lag eine Frau in Geburtswehen. Dazwischen Schreien, Jammern, Kinderweinen. Kisten wurden durcheinandergerissen, während Männer versuchten, ihr weniges Hab und Gut zusammenzuhalten. Es herrschte ein Chaos.

Als die verzweifelten Menschen erkannten, daß ich nichts anderes wollte als helfen, streckten sich mir viele Hände entgegen. Aber die kreissende Frau hatte meine Hilfe am nötigsten. Es war nicht mehr möglich, sie in den kleinen Raum, in dem der Schiffsarzt die Kranken behandelte, zu bringen.

Kurz nachdem ein Junge geboren war, kam der Arzt, höchst erstaunt über meine Hilfe.

«Alles, außer dem Personal, liegt flach», sagte er, «sind Sie etwa im Besitz von Antiseekrankheitspillen? Zitronen lutschen nützt hier wohl nichts mehr.»

«Erstens will ich nicht krank werden, weil ich helfen muß. Zweitens stellen Sie mich bitte an, wo Sie mich gebrauchen können. Ich bin geprüfte Krankenschwester.»

Er tat es ausgiebig.

Von diesem Tage an verbrachte ich täglich ein bis zwei Stunden im Zwischendeck. Jedesmal aufs neue erschüttert von der menschenunwürdigen Verfrachtung der Auswanderer. «Man wird geführt», schrieb ich in mein Tagebuch, «sobald man ganz von dem Wunsch und Willen durchdrungen ist, denen zu helfen, die nicht aus eigener Kraft, sei es körperlicher oder geistiger, den rechten Weg finden können. Die Stimme ist stark in mir, man kann sich ihr nicht verschließen, obgleich es manchmal nicht ganz leicht ist, den Weg zu gehen, den man gehen muß.

Aber dann fühlt man sich durchflutet von der göttlichen Liebe. Man sieht nicht den Schmutz um sich, sondern das Leid, das unter ihm stöhnt. Oft braucht man nur die Hand auszustrecken, um die Möglichkeit freizulegen, alles Niederdrückende abzuschütteln. Lieber Gott, ich will nie an mein eigenes Wohlbefinden denken, solange es Menschen gibt, die so leiden müssen.»

Wir hatten den Golfstrom erreicht. Wie funkelnde, riesige Traubenbündel hingen die Sterne am Himmel. Delphine begleiteten unser Schiff. Sprunghaft, in großer Hast, und immer in Schwärmen, sah man fliegende Fische über die Wellenberge schnellen. Das Meer schien zu leben. Im Kielwasser des Dampfers leuchtete es wie ein Sprühregen von Brillanten.

Der Dampfer blieb für kurze Zeit im Hafen von Baltimore, um Kohlen aufzunehmen.

Ausgerüstet mit einem Besuchsvisum fuhr ich mit dem ‚Langen‘ nach Washington. Wir standen vor dem ‚White House‘, fütterten die zu Hunderten in den Anlagen umherspringenden Eichhörnchen und besuchten das Kapitol.

Man fuhr jetzt dicht der Küste entlang. Palmenbewachsene Inseln tauchten auf, glitten vorüber wie in einem Kaleidoskop. In Schwärmen ließen sich kleine bunte Vögel im Tauwerk nieder. Die Passagiere begannen englisch zu sprechen.

Galvestone brachte den ersten Zwischenfall. Ich erhielt nicht die Erlaubnis, amerikanischen Boden zu betreten, denn ich fuhr als alleinstehendes junges Mädchen in Begleitung eines unverheirateten Herrn (dem Einkäufer meines Schwagers), der auch für mich alle geschäftlichen Angelegenheiten regelte. Erst nach einer an Bord des Dampfers vollzogenen Trauung hätte ich das Land betreten dürfen, andernfalls bestand der Zwang, nach Deutschland zurückzukehren.

Man packte uns beide in eine Barkasse und brachte uns in das Lager für Ein- und Auswanderer aller Nationen.

Männer leerten unzählige Blechbüchsen mit Ölsardinen, Frauen und Kinder saßen verängstigt auf ihren Habseligkeiten. Ein Bild des Jammers und des Elends, denn der größte Teil dieser Menschen, die in der Heimat ihr letztes Hab und Gut verkauft hatten, um in den Staaten ein neues Leben aufzubauen, erhielten aus Mangel an genügend Einreisegeld keine Einfahrtserlaubnis.

Unser Abstecher endete mit einem Wortschwall an Entschuldigungen. Man hatte im Lloydbüro den Brief meines Schwagers, der mir alle Türen öffnen sollte, verlegt.

Eine Stunde später betrat ich amerikanischen Boden. Mein Reiseführer verabschiedete sich. Er hatte noch Einkäufe in den Staaten zu machen. So war ich froh, mich mit dem langen Schiffskameraden verabredet zu haben, denn wir hatten bis Houston eine gemeinsame Wegstrecke. Er war seltsam bedrückt, fast ohne Hoffnung auf die vor ihm liegende Zeit.

«Könnte man doch einen Blick in die Zukunft tun», jammerte er, «ich kenne in Houston einen guten Astrologen, wenn Sie sich entschließen können ...»

«Nein. Ich glaube nicht, daß es unser Leben erleichtert, wenn wir unsere Zukunft vorauswissen. Entschlüsse, dem eigenen Selbst entstiegen, können dadurch ins Schwanken geraten oder völlig ausgeschaltet werden, sobald das vermutliche ‚Wissen' über unsere Zukunft seine bedrängenden Schatten vorauswirft. Ich bin mehr dafür, Gott zu vertrauen und für innere Ordnung zu sorgen. Wer um seine Zukunft besorgt ist, beweist seinen Mangel an Vertrauen in die göttliche Vorsehung. Ich habe immer das Gefühl, beschützt zu werden.»

«Sind Sie daher, trotz Ihrer Jugend, so zielsicher und unbeirrt im Denken und Handeln?»

«Vielleicht weil ich es bereits als Kind begriff, mich dem göttlichen Willen zu fügen, ohne dabei mein eigenes Selbst auszuschalten. Ich meine, wer Gottes Liebe und Weisheit so recht erkannt hat und begreift, welchen Weg er zu gehen hat, sollte sich auch der eigenen Kraftquelle bewußt sein, die in jedem ruht, und seinen ganzen Willen einsetzen, um das gesteckte Ziel zu erreichen.»

«Ich wollte, ich hätte diese Willenskraft. Vielleicht würde ich dann jetzt doch anders handeln.»

Er gab mir die Anschrift eines Maklers in El Paso, bei dem er Briefe an mich hinterlegen würde. «Lassen Sie uns in Verbindung bleiben!» Ich nickte ihm tröstend zu.

Auf Umwegen durchs Gebirge

Selig sind, die in Vertrauen auf die Gnade des Unendlichen ihren Weg gehen, ohne sich dem Gedanken hinzugeben, es möchte ihnen ein anderer Weg gelingen, der wohl auch zum Ziele führt, aber durchaus bequemer und angenehmer zu gehen ist als der ihnen unangenehme Umweg. ‚Mut' ist immer eine Sache des Herzens nicht des Verstandes.

Chihuahua war tatsächlich im Süden wie im Norden von Banditen eingeschlossen. Jede Eisenbahnverbindung war zerstört. Es gab keine Möglichkeit, über die Grenze zu kommen.

Zwei Tage saß ich tatenlos in El Paso, der Grenzstadt, dann entschloß ich mich zu handeln. Im Vorübergehen las ich den Namen eines deutschen Arztes, betrat sein office und bat ihn, mir bei der Ausführung meines Berufes behilflich zu sein. Er war begeistert und bewog mich, während der Zeit meines Aufenthaltes in El Paso Gast seines Hauses zu sein.

Eine deutsche ‚trained nurse' hatte damals in den Staaten die größte Aussicht, beruflich vorwärts zu kommen. Mein Plan stand sofort fest. Gelänge es mir nicht, die Grenze zu überschreiten, wollte ich in den Staaten bleiben, um mir durch Privatpflege ein kleines Vermögen zu verdienen. Damit wollte ich dann nach Deutschland zurückkehren und dort ein Kinderheim gründen.

Es sollte aber anders kommen.

Im Hotel erwartete man mich bereits ungeduldig. Die Wirtin, eine Deutsche, stürzte mir entgegen und umklammerte meinen Arm.

«Ein Herr wünscht Sie zu sprechen! Er will Sie im Auto nach Mexiko bringen! Machen Sie keine Geschichten! Sie werden niemals Chihuahua erreichen! Das ist ja Mord!»

Ich hielt die Augen geschlossen. Ein seltsamer Schauer lief mir durch den Körper. Deutlich empfand ich mich sitzend auf dem Rücken eines Schimmels, vom Arm eines hinter mir sitzenden

Mannes umschlungen. Es war nur der Bruchteil einer Sekunde, aber diese Vision löste eine große Freude in mir aus.

Dann stand er vor mir. Groß, männlich, sonnenverbrannt.

‚Karl Ibel', dachte ich erschrocken, ‚es könnte Karl Ibel sein.' Der Name des Deutsch-Amerikaners war Fred Doland. Er überreichte mir einen Brief meiner Schwester, in dem sie von der Unmöglichkeit schrieb, Chihuahua zu erreichen. «Fred Doland, ein Freund unseres Hauses, will Lebensmittel herbeischaffen und ist bereit, dich auf der Rückfahrt mitzunehmen. Du kannst ihm vertrauen.»

Stumm reichte ich ihm die Hand.

«Sie müssen sich auf große Strapazen vorbereiten. Sie werden zwischen Kisten und Fässern eingeklemmt sitzen. Unter Umständen gehen wir großen Gefahren entgegen. Überlegen Sie es sich gründlich.»

«Wissen meine Geschwister davon?»

«Ja.»

«Dann fahre ich.»

Auf der Brücke, die über den Rio Grande führt, wurde vor der Zollstation haltgemacht. Dann ging es in rasender Fahrt weiter durch Juarez, der ersten mexikanischen Stadt. Der Unterschied zwischen Texas und Mexiko war damals für mich überwältigend. Drüben Leben, das sich geschäftstüchtig ausbreitete. Hier Verkommenheit, Erschlaffung, Gleichgültigkeit. Wozu die Häuser aufbauen, die doch morgen wieder eingeäschert würden? Man stieg über die Trümmer hinweg und war froh, das nackte Leben gerettet zu haben. Elende, verwahrloste Lehmhütten, schmutzige, halbverhungerte Menschen und unzählige, widerliche, herrenlose Hunde — das war der erste Eindruck, den ich von Mexiko bekam.

Gebirgsketten, endlos und kahl, lagen vor uns. Wir ließen die Straße, auf der wir bisher fuhren, links liegen und lenkten mitten in die Wildnis hinein. Halb entblätterte, verstaubte mesquites, kleine weidenartige Sträucher, unförmige Kakteen und Agaven ließen die Öde noch trostloser erscheinen.

Im rasenden Tempo ging es durch Staub und sengende Hitze, über Geröll, Steine und Sandhügel hinaus in die Hochebene. Heuschrecken und Käfer wurden in den offenen Wagen geschleudert.

Der Hals war trocken, die Lippen rissig. Trotzdem ich mich mit beiden Händen an eine Stange klammerte, wurde ich vom Sitz in die Höhe geschleudert, um irgendwie auf Koffern und Kisten zu landen.

Es mußten viele, viele Stunden vergangen sein. Die Kräfte verließen mich; lautlos sackte ich zusammen. — Der Wagen hielt. Doland beugte sich über mich und preßte mir den Wassersack gegen die Lippen. — Als ich die Augen aufschlug, hob er mich aus dem Wagen und legte mich in den spärlichen Schattenfleck, den das Auto warf.

«Ich konnte Ihnen diese Jagd nicht ersparen, wir mußten einen Vorsprug gewinnen. Die Nachricht, daß wir Ware nach Chihuahua bringen, fliegt uns sicher wie ein Vogel voraus.»

Weiter ging es durch endlose Sandwüsten und Labyrinthe hoher Klippen, in den blauen Dunst hinein, der über ihnen lagerte. Sie schossen unmittelbar aus dem Boden hervor, wie Denkmäler einer längst vergangenen Zeitepoche. Das klagende Schreien der Wildesel und das dumpfe Grollen der Stiere begleitete uns.

Gewehrschüsse durchrissen die Stille der Nacht. Pferde jagten heran. Im nächsten Augenblick waren wir von Reitern umringt.

«Keine Angst, es sind Regierungstruppen», flüsterte Doland mir zu.

Wilde Gestalten mit braunen Gesichtern und schwarzen Haaren unter hohen, aus Stroh geflochtenen Hüten, grellfarbige, über die Schulter geworfene Serape, oder verwahrloste, baumwollene Anzüge waren die Uniformen dieser ‚Regierungstruppen'. Wie würden dann erst die ‚Banditen' aussehen? Nur die breiten, über Brust und Hüften geschlungenen Patronengürtel und die schußbereiten Gewehre unterstrichen ihr kriegerisches Handwerk.

War es nicht doch Angst, die mein Herz so rasend klopfen ließ? — ‚Oh fürchte dich nicht in dunkler Nacht — lieber Vater im Himmel, ich schäme mich, aber ich habe, ja, ich glaube, daß ich Angst habe.' —

Doland verhandelte noch immer mit dem Anführer der Horde. Als der Motor endlich ansprang, sagte er leise: «Wir müssen in Villa Ahumada, dem nächsten Ort, bleiben, die Kerle lassen uns nicht durch. Hoffentlich finden wir ein Unterkommen.»

Schon während er sprach, verflog meine Angst. Und dann geschah das Seltsame, für mich Unfaßbare: auf meinem Schoß lag ein lichtgrünes Blatt. In der weitesten Umgebung gab es nicht einen einzigen Baum! Erschüttert begriff ich es als Hinweis, tapfer zu bleiben, mich ganz Gottes Willen zu fügen und an Seine Liebe und Sein Erbarmen zu glauben. Mochte kommen, was da wollte.

Plötzlich empfand ich unsere Lage, dieses Erleben, wie ein tolles Märchen aus Tausendundeiner Nacht. Von den Reitern begleitet, fuhren wir in die schweigende Nacht. Der Mond stand klar am Himmel. Ein Rudel Hunde stürzte uns kläffend entgegen. Schattenhaft tauchten die Umrisse einiger Lehmhütten auf. ‚Quien vive!' Der Schrei stieg aus der Dunkelheit. Licht flammte auf. Gewehrschüsse knatterten.

Das also war das Lager der Regierungstruppen. Es hätte eher eine Zigeunerniederlassung vorstellen können. Doland verhandelte mit dem ‚Capitano'. Und dann die Schreckensnachricht: Wir müssen aussteigen und uns ein Nachtlager suchen. Nur ein Stück Handgepäck ist bewilligt.

Während sein Arm sich schützend um mich legte, hob er mich aus dem Wagen heraus.

«Una Señora!»

Der Ruf sprang auf, lief wie ein Echo durch die Reiterbande. Una Señora? Obgleich ich mir des Ernstes der Lage völlig bewußt war, fühlte ich abermals ein Lachen in mir aufsteigen. Doland drückte mich leicht an sich.

«Man hält Sie für meine Frau. Kommen Sie, meine kleine Señora.»

Von den meisten noch bestehenden Lehmhütten waren Fenster und Türen mit Brettern zugenagelt. Nichts regte sich. Erst in einer entfernter liegenden Behausung näherten sich Schritte der Tür. Ein Balken wurde beseitigt, und in einer Spalte zeigte sich das runzlige Gesicht eines alten Mannes. Im Lichtschein der qualmenden Öllampe schien es seltsam verzerrt.

«Quien vive?» («Wer da?»)

Fred Doland bat um ein Nachtlager, aber erst nach langem Zögern folgte das «Pase ustedes» (tretet ein).

Der schwache Lichtschein flackerte über schlafende Männer, die zusammengekauert auf dem Boden lagen. Der Alte führte uns abseits in eine kleine Kammer. Die rohbeworfenen Wände, von Kugeln durchlöchert und an größeren Einschlagslöchern mit Maisstroh zugestopft, erweckten durchaus kein Gefühl der Sicherheit. Auf dem zerstampften und ausgehöhlten, mit Lumpen und Unrat bedeckten Lehmboden lagen leere Patronenhülsen. Sonst nichts als eine flache Kiste, anscheinend eine Schlafstätte und ein roh zusammengeschlagener Tisch, auf den der Mexikaner schweigend die Lampe stellte und verschwand.

Ich blickte auf Doland und mußte lachen.

«Hoffentlich wird es nicht schlimmer», sagte er aufmunternd, aber ich sah den Ernst in seinen Augen, «wenn es nur nicht nachts so verteufelt kalt im Gebirge wäre.»

Damit warf er einige der reichlich vorhandenen Decken und Lumpen in eine Ecke auf den Fußboden. Ich glaube, mir fielen die Augenlider zu, bevor ich mich noch auf der Kiste ausgestreckt hatte. Behutsam schob er mir ein Taschentuch unter den Kopf. Es knisterte von Wanzen.

Mac Mason, der Fahrer, hatte die Nacht im Wagen zugebracht. Fünfmal versuchten die Banditen einzudringen, fünfmal schlug er sie mit der Faust zurück. Die Waren blieben unangetastet.

Der Warnung des Capitano vor einer Weiterfahrt, die direkt dem Rebellenlager entgegenführen mußte, nicht achtend, bestand Doland auf freie Fahrt. Er hatte sich in Juarez einen Freibrief des augenblicklichen Generalkommandos verschafft, so daß weder Recht noch Berechtigung für eine Festnahme bestand. Außerdem wußte er zu gut, den Männern ging es um die Waren, nicht um ihn.

Inzwischen wartete ich in einem winzigen Coral (Innenhof) der Lehmhütte. Das Märchen aus Tausendundeiner Nacht schien sich fortzusetzen.

Schmetterlinge und Kolibris umschwirrten ein mit unzähligen rosa Blüten bedecktes Bäumchen. Fast unwirklich schien es sich aus einem Durcheinander von Kisten, Fässern und Unrat emporzuringen. An der Mauer lehnte ein schmutziges altes Weib, das schwarze Haar bedeckt von einem schwarzen Schal. Unbeweglich starrte es auf den verdeckten Proviantkorb an meiner Seite. Ich hockte auf einer Kiste und wagte nicht, ihn zu öffnen, obgleich mir der Gedanke, ihr etwas Gutes, wahrscheinlich längst Entbehrtes, in die Hand zu drücken, nahe lag, denn mehrere verwahrloste Hunde umstrichen mich, jede meiner Bewegungen aus triefenden, rotunterlaufenen Augen beobachtend.

«Kleine Señora! Es geht weiter!»

Schon die Stimme schien mir wie eine Erlösung.

«Es war ein Vabanquespiel, sich durchzusetzen, aber es ist geschafft! Natürlich fahren wir auf eigene Verantwortung. Kommen Sie, unser Handgepäck ist schon im Wagen.»

Wie am Abend vorher legte er den Arm um meine Schultern, packte den Korb und führte mich vorsichtig durch das Gerümpel.

Kaum, daß wir die Hütte verlassen hatten, waren wir schon von Reitern umringt. Mein Blick umfaßte das Lager: Verlotterte Weiber, nackte Kinder, schwelende Feuer, Steppensand und Hitze. Aber alles fesselnd; man mußte nur erst den Sprung über die Zivilisation hinweg gewagt haben. Als ich den Wagen bestieg, packte mich ein Gefühl übermütiger Freude. Ich hob die Hand und rief eines der wenigen spanischen Worte, die ich bisher aufgepickt hatte, den Abschiedsgruß «Adios!»

«Adios!» schrien die Burschen. Sie schlugen sich vor Begeisterung auf die Schenkel.

Doland blickte entsetzt auf seinen Schützling.

«Nerven haben Sie! Ich glaube, Sie kann nichts erschüttern!»

Ein Trupp Reiter begleitete den Wagen aus dem Lager hinaus. Man wies uns die Fahrtrichtung.

Nur ein schmaler Reitweg führte durch ein weitausgedehntes Feld hoher, blühender Sonnenblumen, dann begann sich abermals die weite Steppe auszubreiten.

Es lag Gefahr in der Luft; wir fühlten es alle drei.

War es nicht anzunehmen, daß man uns aus dem Lager hinausgelassen hatte, um uns draußen zu überfallen? Natürlich konnte der Capitano dafür keine Bürgschaft übernehmen! Sehr bald bogen wir ab und lenkten in die Wildnis. Der Wagen hielt hinter einer der vielen, plötzlich aufsteigenden Klippen.

Der Fahrer stieg aus und ging den Weg zurück, den wir soeben gekommen waren.

«Haben Sie Angst?»

«Nein. Nur Unruhe. Ich glaube, wer sich fürchtet, öffnet dem Bösen die Tür. Aber sorgen Sie sich nicht meinetwegen; es geht alles gut.»

Er wandte sich um und sah mich ernst an, dann lächelte er.

«Tapfere kleine Señora.»

Mac Mason kam zurück. «Der Steppenwind fegt hinter uns her. Es ist keine Spur mehr zu erkennen. Ich habe einen prächtigen Ausguck gefunden.» Er warf einen Wassersack über die Schulter und verschwand abermals. Fred Doland legte eine Decke über einen langgestreckten Felsblock.

«Kommen Sie, wir wissen nicht, was uns die nächsten Stunden bringen. Hier ist Schatten, Sie dürfen sich lang ausstrecken, und ich kann mir endlich eine Pfeife anzünden. Nun, wie fühlen Sie sich hier in der mexikanischen Sandwüste, mutterseelenallein an der Seite eines tollen Draufgängers?»

Ich lachte. «Natürlich geborgen, denn Sie sind der Freund meiner Geschwister. Außerdem —»

«Ja», nickte er, «ich weiß, was Sie meinen. Das Gottvertrauen strahlt aus Ihren Augen.»

«Ich fühle eine Hand, die uns leitet. Oder sagen wir, ich empfinde immer die Nähe meines Schutzengels. Warum lachen Sie?»

«Ich empfinde ihn ebenfalls— vielmehr, ich sehe ihn greifbar vor mir.»

Jetzt stieg mir doch das Blut in die Stirn, denn sein Blick umfing mich mit großer Zärtlichkeit.

«Ziehen Sie das nicht hinab ins Menschliche», sagte ich schnell, «obgleich ich auch der Meinung bin, daß sich göttliche Hilfe im Einzelfall personifizieren kann. Oft wird uns ein Vogellied, ein Stein im Weg, eine geöffnete Tür undsoweiter zur Warnung vor Gefahr.»

«Vielleicht haben Sie recht. Ich möchte nur wissen, was Sie jetzt empfinden.»

«Freude.»

«Freude am Abenteuer?»

«Vielleicht.»

Er seufzte laut. «Oh, du unschuldiges Kind des Himmels!» Dann lachte er. «Nur, daß im Augenblick ich, nicht Sie, die Rolle eines Schutzengels übernehmen soll. Meinen Sie, daß ich dieser Aufgabe gewachsen bin?»

«Sofern Sie Ihre Rolle im Glauben an Gott übernehmen, ja.»

In großer Hast, mit hochrotem Gesicht, trat Mac Mason zu uns.

«Sie sind vorbeigeritten. Acht Mann.»

«Also doch, aber sie werden zurückkommen und die Gegend absuchen.»

In demselben Augenblick durchrissen Gewehrschüsse die Stille. Doland blickte auf seine Schutzbefohlene.

«Können Sie ganz tapfer sein — auch wenn —?»

«Ja.»

«Kommen Sie.»

Stumm spähten wir durch eine Felsspalte. Graue Staubmassen in nicht allzuweiter Ferne. Ein Trupp Reiter jagte heran. Plötzlich schien die ganze Steppe von Reitern und Pferden übersät zu sein. Sie brachen aus einem Talkessel hervor und sprengten im rasenden Lauf die Ebene hinunter. Schüsse krachten.

«Unsere acht Mann sind nicht mehr. Was wohl die Kerle vorhaben?»

Mac Mason schob ein Stück Kaugummi zwischen die Zähne. «Wahrscheinlich einen Überfall auf das Lager.»

Buntfarbige Serape leuchteten grell in der Sonne. Gewehrläufe blitzten. Sie verfolgten die Richtung dem Lager zu. Erst als der letzte Reiter verschwunden war, wagten wir aufzuatmen.

«So wären wir tatsächlich dieser Horde in die Arme gefahren», grinste der Fahrer. «Den acht Mann, die uns nachgeritten sind, um uns auszuplündern, verdanken wir unsere Rettung.»

Doland sah mich an. «Also auch dort ‚Schutzengel'.»

Mit einem heimlichen Lächeln steckte ich das grüne Blatt zurück in die Tasche meines Staubmantels.

Acht Stunden — neun Stunden rasender Fahrt, über Klippen und Geröll, ohne Weg oder Fahrtrichtung, nur dem Kompaß folgend. Ich biß die Zähne zusammen und umklammerte die Stange, an die mich die Männer festgebunden hatten. Jetzt war ich doch am Rande meiner Kräfte. — Hatte ich gestöhnt? — Fred Doland wandte den Kopf und sah mich an. Dann fuhren wir langsamer.

Schrille langgezogene Schreie.

«Es sind Geier», rief er aufmunternd, «wir nähern uns einer Ebene, auf der anscheinend vor kurzem ein schweres Zusammentreffen stattfand. Sehen Sie dort das Rudel Präriewölfe?»

Aber ich schloß die Augen vor diesem Anblick des Grauens. — Weiter — weiter.

Ein schwarzer, undurchsichtiger Schleier hatte sich um die Berge gelegt. Kaum war das letzte Schutzleder befestigt, ging ein Wolkenbruch ungeheuren Ausmaßes hernieder. In wenigen Augenblicken schien die ganze Steppe unter Wasser zu stehen. Wir fuhren bis über die Achse durch die Flut. Aber so schnell die Wassermassen sich angesammelt hatten, ebenso schnell sog das ausgetrocknete Land die willkommene Gabe ein. Es war der Beginn der Regenzeit. Das Wunder der Steppe erwachte.

Die Hitze war jetzt schwül und fast unerträglich. Als der Wagen endlich hielt, um zu tanken, brannte die Sonne wieder hernieder.

«Wir sind abseits geraten», erklärte Mac Mason, «ich werde die Gegend etwas abpeilen müssen.»

In einem durch hohe Agaven geschützten Schattenfleck breiteten wir die Decken aus und holten Proviant hervor.

«Aus dem Saft der Agave wird das Nationalgetränk Mexikos gewonnen», sagte Doland und deutete auf das saftige Grün. «Ein tolles Getränk. In alter Zeit war das Trinken von Pulque eine religiöse Handlung, sie wurde von der Göttin Mayauel eingeführt. Wer mehr als vier Becher trank, entweihte die Gabe. Er verfiel in einen Rausch und erregte den Zorn der Göttin. Daher war es nur Männern über siebzig gestattet, Pulque zu trinken. Wahrscheinlich handelte es sich um Priester. Die Göttin Mayauel lebt nicht mehr, aber der Agavensaft brennt im Blut der Mexikaner. Nicht wahr, wir halten uns mehr an Orangensaft und Sprudel?»

Wir schwiegen, jeder mit seinen eigenen Gedanken beschäftigt. Plötzlich sagte er: «Es liegt eine Ruhe auf Ihrem Gesicht, ein Vertrauen, als wüßten Sie nichts von Gefahren oder vielmehr, als könnte Ihnen das Wissen um Gefahren, in denen wir uns ständig befinden, nicht das geringste bedeuten. Was sind Sie für ein wunderbarer Mensch.»

Ich lauschte seinen Worten nach. Waren es nicht fast dieselben, die Karl Ibel aussprach, damals, als wir Hand in Hand am Ufer des Rheins standen? —

Karl Ibel — Fred Doland. Immer häufiger schien es mir, als müßten die beiden miteinander verschmelzen. Und das Seltsame war, ich wehrte mich nicht mehr dagegen. Ich fühlte mich hineingezogen in ein beglückendes Gefühl des Geborgenseins.

«Liegt es nicht an uns selbst», erwiderte ich nachdenklich, «durch Gedanken der Furcht das Unheil an uns heranzuziehen? Unsere Gedanken besitzen aufbauende oder zerstörende Kräfte, sie können hinabreißen oder emporziehen. Ich fühle es in mir, daß wir Chihuahua sicher erreichen werden. Warum soll ich mich da belasten? Ich weiß, alles, was von Gott kommt, entspringt dem Urquell der Liebe. Man muß nur versuchen, es zu begreifen.»

Er streckte sich lang aus und verschränkte die Hände hinter dem Nacken. «Wenn man die abgrundtiefen Greuel sieht, die hier geschehen, immer geschehen sind, möchte man den Glauben an Gott verlieren.»

Ich sah ihn erschrocken an. «Kann man etwas verlieren, das fest in einem verschlossen liegt? Warum wollen Sie Gott die Schuld an diesen furchtbaren Mordtaten zuschreiben, warum nicht Seinem Gegenspieler, dem Satan, oder denjenigen, die sich in dessen Gewalt befinden?»

«Fließt nicht alles aus derselben Quelle?»

«Vielleicht war es so im Anfang. Aber dann trennten sich Licht und Schatten, Gut und Böse, und der Mensch mußte selbst entscheiden, auf welche Seite er sich stellte.»

«Aber Gott sieht doch diese entsetzlichen Abmetzelungen und läßt es ruhig geschehen?»

«Er ließ auch Jesus ans Kreuz schlagen, ohne ihn vor diesem furchtbaren Martertod zu bewahren.»

«Sie glauben also, auch dieses Gemetzel hätte einen höheren Sinn?»

«Ich glaube an Gottes Gesetze, die dem Wechsel von Sein und Nichtsein, von Werden und Vergehen überlegen sind. Damit, daß der Mensch, als der Ausdruck schöpferischen Willens, abgeglitten ist, hinabgestiegen vom Podest göttlich erhabener Vollendung, bedeutet das noch längst nicht ein Zerreißen jeder Bindung mit seinem

Schöpfer. Der Mensch wurde nicht erschaffen als ein Kunstwerk, sondern als ein Beweis der ewigen Liebe. Das ist eine Tatsache, die den verkommensten Menschen herauszureißen vermag aus dem Sumpf, jedem höhnischen Gelächter ein ‚Wer bist du' entgegenhält, den Zynismus erlahmen läßt vor einem einzigen Lächeln des Wissens.

Mag auch der Mensch seine arme geknechtete Seele hinabsinken lassen in das Grauen der Selbstvernichtung — die Hand seines Schöpfers ruht über ihm. Gott kann warten.»

Doland wurde einer Antwort enthoben; Mac Mason eilte herbei.

«Wir haben offensichtlich Glück», rief er. «Vor einer knappen Stunde ist hier eine Bande von mindestens vierzig Reitern vorbeigaloppiert. Die gen Norden führenden Spuren der Pferdehufe sind kurz nach dem Regen eingedrückt. Wir werden die Richtung jenseits der Klippen aufnehmen. Wahrscheinlich läuft hier ein Richtweg. Hauptsache ist, wir streifen Terrassas, dann fahren wir richtig.»

Die Männer verpackten das Eßgeschirr, während ich eifrig bemüht war, vom Regen blankgewaschene Steine in einen leeren Kasten zu sammeln. Es waren Opale.

Blauer Dunst lag über der Steppe. Zerklüftete Steinmassen türmten sich auf. Plötzlich empfand ich das mir wohlbekannte Ziehen in Händen und Füßen. Ohne mich lange zu besinnen, schaltete ich meinen Willen aus und ließ mich führen. Neben einer flachen Steinplatte blieb ich stehen, bückte mich und hielt gleich darauf die tadellos erhaltene Pfeilspitze eines Indianers in der Hand. Es war mein Wunsch gewesen, seit ich das Reich der Azteken betreten hatte. Jedoch im gleichen Augenblick fühlte ich mich wie von einer Hand zurückgerissen.

Auf der Steinplatte, die ich soeben besteigen wollte, lag zusammengerollt eine Schlange. Das steil erhobene Schwanzende bewegte sich blitzschnell hin und her und verursachte ein Geräusch, ähnlich dem schnarrenden Ton einer Grille. Ein gut gezielter Steinwurf Mac Masons — die Schlange stellte sich kerzengerade, verschwand dann jedoch lautlos im Gestein.

«Eine Klapperschlange! Ihr Biß ist tödlich!» Doland legte den Arm um meine Schultern. «Sie haben wahrlich einen Schutzengel.»

Nächtlicher Überfall

Gegen Abend begann der Regen abermals einzusetzen. Nur dem Kompaß vertrauend, fuhren wir hinein in den grauen Dunst. Jeder Lichtschein im Wagen war zu vermeiden.

Doland wandte sich mir zu: «Es bleibt uns keine Wahl, wir müssen in Terrassas, einem größeren Ort am Rande des Gebirges, übernachten. Ich habe dort gute Bekannte, Regen und Dunkelheit begünstigen unsere Einfahrt. Kleine Señora, beten Sie, daß der Ort nicht von Rebellen besetzt ist.»

«Die Maschine braucht Öl!» Mac Mason fluchte. «Wir halten nicht durch!»

«Wir müssen und wir werden!»

Langsam rollte der Wagen weiter.

Rechts und links sah man Lichter aufblitzen. Alles war still. Nur der Regen rauschte hernieder. Das Vorhandensein von Banditen schien ausgeschlossen. Der Wagen tastete sich durch niedrige Häuserreihen, dann hielt er.

Doland wickelte mich in einen Ölmantel und trug mich durch die Regenwand ins Haus. Der Patio, ein viereckiger Gartenraum in der Mitte des im maurischen Stil erbauten Hauses, stand völlig unter Wasser.

Als ich mit Bestimmtheit erklärte, keinen Hunger zu verspüren, brachte man mich sofort in das Zimmer der Tochter. Körperlich völlig erschlagen, sank ich auf ein bereitstehendes Lager.

Die Tochter, ein hübsches blondes Mädchen, schien meinem Erlebnis gegenüber völlig fassungslos.

«Fred Doland ist der reichste Minenbesitzer hier im Norden. Daher der Name ‚Silberkönig'. Werden Sie ihn heiraten?»

«Wie kommen Sie darauf?»

«Ach — ich dachte —»

Sie erhielt keine Antwort mehr.

Schreien, Kreischen, das Aufschlagen vieler Pferdehufe, Knattern von Gewehrschüssen.

«Ein Überfall der Banditen», flüsterte Miß Stephenson. «Als Ausländer brauchen wir nichts zu befürchten!»

Im gleichen Augenblick dröhnten Gewehrkolben gegen die Haustür. Gröhlende Stimmen — Fluchen —.

Miß Stephanson stürzte sich in die Wasserflut auf dem Patio. Eine Männerstimme rief: «Wenn sie einige Dutzend Kugeln in die Köpfe wollen, sollen sie die Tür einschlagen.» Und dann im Befehlston Worte auf Spanisch.

Auf den Straßen verringerte sich der Lärm, das Wehklagen und Triumphgeschrei. Pferdehufe entfernten sich, das Knattern der Gewehre verklang in der Ferne.

Ich lag still, die Augen geschlossen, die Hände auf der Brust gefaltet und betete mit halblauter Stimme:

«Lieber Vater im Himmel, ich fühle es so stark in mir, daß wir Chihuahua erreichen. Ich fühle die Hand, die mich führt, und es ist eine große Dankbarkeit in mir. Beschütze die armen Menschen, über die das Leid hereinbrach wie Dunkelheit. Laß ihnen einen Hoffnungsstrahl und sei es nur die Gewißheit, ihre Toten wiederzusehen. Amen».

«Amen», wiederholte eine Stimme. Fred Doland stand neben dem Bett. Seine Augen waren feucht.

«Meine kleine Señora.» Und dann im alten frohen Ton: «Ich muß mich doch nach meinem Schützling umsehen. Hier ist ein Teller mit Sandwiches. Mrs. Stephanson bringt Ihnen sofort eine Tasse Tee.»

Die Garage war erbrochen, der Wagen und sämtliche Waren fort. Es blieb uns nichts anderes übrig, als auf Mauleseln weiterzureiten, denn Doland wollte Terrassas sofort verlassen.

Auf dem Straßenpflaster lagen verstümmelte Leichen. Draußen vor der Stadt, wo die Lehmhütten in Schutt und Asche lagen, hing fast an jedem Baum ein Opfer der letzten Nacht.

Schweigend lenkten wir in die Wildnis hinein. Damit sollte ein großer Umweg vermieden werden, um die Landstraße von Terrassas nach Chihuahua zu erreichen. Erst als das wilde Chaos der Stechpalmen, Kakteen und Gebüsch uns ganz umschloß, begann

Fred Doland zu sprechen. Er erzählte von Don Louis Terrassas, dem reichsten Großgrundbesitzer im Norden Mexikos. Villa, der Banditengeneral, hatte bei ihm als Kuhhirte gearbeitet. Alles Land im Staate Chihuahua, das ungefähr ein Flächenmaß von Deutschland hat, gehörte ihm. Bei Ausbruch der Revolution flüchtete er sofort nach den Staaten.

Mac Mason hielt die Vorwacht. Plötzlich kehrte er im Trab zurück.

«Ich möchte nur Ihre Gesichter sehen, wenn wir jetzt gleich — oh!«

Dicht neben der Landstraße stand der Wagen.

«Sie haben nicht verstanden aufzutanken und mußten ihn im Stich lassen!»

«Und die Waren?»

«Haben sie mitgenommen.»

Der Motor war in Ordnung. Die Männer beeilten sich, ihn flott zu machen.

Inzwischen ging ich auf und ab. Diese Unruhe in den Füßen! Es durchströmte den ganzen Körper. Immer größer wurde der Kreis, den ich abschritt. Vor einem Mesquitogestrüpp blieb ich stehen. Und nun wußte ich auch, worum es ging. — Die Waren! Die Fässer, Tonnen, Pakete — sie mußten an dieser Stelle versteckt liegen. Hier — wo das hohe Büffelgras niedergetreten war — im Dschungel der Wildnis.

In einer Glutwelle der Freude erkannte ich meine Aufgabe. Das Gefühl, einem inneren Drang Folge leisten zu müssen, war zweifellos berechtigt und keine Einbildung. In großer Hast lief ich zu den Männern, riß sie mit mir.

«Hier! Hier!»

Da lag es, das gestohlene Gut. Nichts schien zu fehlen. — Der Wagen war in Ordnung, die Waren wurden in ihm verstaut, den Mauleseln wurde die Freiheit gegeben. Sie schienen nicht recht etwas damit anfangen zu können, denn als wir fortfuhren, standen sie noch auf derselben Stelle. Hoffentlich haben sie sich aus dem Staube gemacht, bevor die Bande zurückkehrt, um den kostbaren Raub in Sicherheit zu bringen!

Wir verfolgten jetzt mit unerhörter Geschwindigkeit den breiten Fahrweg, der nach Chihuahua führte. Stunde auf Stunde verging. Ganz plötzlich traten die Gebirgsketten zurück und ermöglichten den Blick in eine weite Hochebene. Wie ein Silberstreifen zog sich ein Fluß durch die Niederung. Kuppeln und Türme blitzten im Sonnenlicht.

Chihuahua.

Gartenanlagen und Pflanzungen, weitausgedehnte Gemüsekultur. Wir fuhren langsamer.

«Das alles ist ein Werk der Chinesen», erklärte Doland. «Sie spielen in Mexiko gleichzeitig die Rolle des Unternehmers und die einer tüchtigen Hausfrau. Der Chinese hat die Wäschereien angelegt, er ist Feinplätter, Koch, Kinderhüter. Jedes bessere Gasthaus wird von Chinesen geleitet.»

Kurz darauf hielt der Wagen vor einem hölzernen Tor. Ein alter Mexikaner fragte nach dem Wohin und Woher und verlangte den Wegzoll. Während Mac Mason mit ihm verhandelte, beugte sich Fred Doland weit über die Lehne.

«Wir haben es geschafft. Wissen Sie, daß diese letzte Strecke die gefährlichste war?»

«Ich habe es gefühlt.»

«Der Überfall gestern Nacht war nur ein Vorgeschmack. Vielleicht wird der Ort schon heute vollständig verwüstet.»

«Und Stephansons?»

«Man wird sie nicht mehr verschonen. Ich riet ihnen dringend, mit uns zu fliehen, obgleich diese letzte Strecke ein großes Wagnis bedeutete. Sie haben uns Glück gebracht, kleine Señora, ich glaube auch nicht, daß die Bande in Villa Ahumada ohne Ihre Anwesenheit so sanft mit uns umgegangen wäre. Der verkommenste Mexikaner ist einer Dame gegenüber immer der Ritter.

In einer halben Stunde sind Sie bei Ihren Geschwistern. Ich werde Sie vorerst nicht wiedersehen, denn ich muß morgen sofort nach meinen Silberminen hinausfahren. Sobald wie möglich kehre ich zurück, und dann müssen Sie mich begleiten. Ich möchte Ihnen meine Besitztümer zeigen. Werden Sie mitkommen?»

Er streckte mir die Rechte hin, ich legte beide Hände hinein.

«Ja.»

«Meine kleine Señora.» Sein Blick umfaßte mich zärtlich.

«Ich werde auf Sie warten, Fred Doland.»

Der alte Mexikaner öffnete die Holzpforte. Wir fuhren langsam hindurch.

Gegensätze

Wer sein eigentliches Ich erkannt hat, es ganz unter Gottes Kontrolle stellt, das heißt, auf die Stimme seines Gewissens achtet, kann niemals untertauchen in der Gemeinschaftsansicht der gedankenlos dahinlebenden breiten Masse.

Das Haus des Schwagers war allen Geselligkeiten geöffnet. Es bildete den Mittelpunkt vieler Zusammenkünfte der deutschen Kolonie. Natürlich blieb Dolands Fahrt durchs Gebirge, dazu noch mit einem jungen Mädchen, lange das Tagesgespräch. Die erste Zeit war anregend und fesselnd durch die vielen neuen Eindrücke. Allein das bunte Straßenbild beeindruckte mich stark. Da hasteten Chinesen, lange Stangen auf den Schultern, an denen Körbe mit Gemüse, Gebäck oder Wäsche schaukelten. Dunkelhäutige Treiber führten ihre Esel in die Stadt; am häufigsten brachten sie Steine. Früher, so sagte man mir, waren es Milchkannen, die in Körben an jeder Seite der Packesel hinunterhingen. Milch gab es nicht mehr. Pancho Villa hatte im Norden 50 000 Milchkühe zusammentreiben 'assen und gegen Munition in den Staaten eingetauscht.

In den ärmeren Stadtteilen herrschte dieselbe Verwahrlosung, der gleiche Schmutz wie in Juarez, nur daß hier noch das Leben pulsierte.

Schreiende schmutzige Kinder balgten sich zusammen mit Hunden und Schweinen im Staub. An den Straßenecken saßen Männer und Frauen um kleine pfannenartige Öfen und buken Tortillas (Maisfladen). Wasserträger, Tonkrüge auf dem Kopf oder durch ein Stirnband auf dem Rücken befestigt, riefen ihr beständiges ‚agua' (Wasser) durch die Gassen. Jetzt, während der Regenzeit, floß es in schmalen Rinnsalen an den Häuserreihen entlang. Da hockten die Frauen, füllten ihre Tongefäße mit dem schmutzigen

Naß und schienen außer sich vor Freude, endlich imstande zu sein, Kaffee zu kochen.

Dazwischen sah man Soldaten der alten Regierungstruppen. Sie trugen enganliegende, dicht mit Silberknöpfen besetze Hosen, hohe, spitze Sammethüte mit breiten Krempen und kurze, silberbesetzte Lederjacken.

Welch ein Gegensatz zu den Regierungstruppen draußen in der Sierra! Welch ein Gegensatz des Lebensstandards unter der Bevölkerung!

Da lagen in anderen Vierteln der Stadt die Marmorpaläste der reichen Mexikaner, sowie die prächtigen Villen der Ausländer an breiten schönen Straßen und weiten Plätzen.

Kontraste, überall Kontraste! Das war es, was mich am stärksten beeindruckte. Da ich die spanische Sprache sehr schnell beherrschte, zog es mich immer wieder in die Stadtteile der armen Bevölkerung. Erst hier bestätigte sich die Behauptung, Chihuahua stände vor einer Hungersnot. Das ‚Nicht-helfen-können' nagte an mir. Auf den Türschwellen ihrer armseligen Lehmhäuser hockten Frauen und Mädchen, gebeugt über die feinsten Stickereien. Ich ließ mir später erzählen, man habe bei Ausgrabungen Nähnadeln aus Kupfer und Gold gefunden, mit denen schon die Frauen aus dem alten Aztekenreich ihre wunderbaren Stickereien anfertigten. Aber damals, als noch keine Ausländer alles an sich gerissen hatten, gab es sicher nicht solche Elendsbehausungen. Damals herrschte noch die große Erdmutter Tlazoteotl. Sie trug in ihrem Kopfputz eine Spindel und in den Händen ein Webholz. Der somit von den Göttern selbst überbrachte Kunstsinn blieb unverändert, aber er diente jetzt der Armut zum Broterwerb, nicht dem Ausschmücken des eigenen Heimes.

Das Leben im Hause meiner Schwester wurde mir bald zur tiefsten inneren Qual. Man machte Besuche, wurde eingeladen zu Festen und Tanztees. Alles erschien mir oberflächlich und leer. Es gab kein Ziel, keine sich lohnende Aufgabe. Die Stätten der Kunst waren geschlossen, was blieb, war dieser nicht abreißende gesellschaftliche Zwang. Auf einem Ball zu Ehren des amerikanischen Konsuls überkam es mich wie Verzweiflung.

Hatte Gott mich sicher hergeleitet, um hier zu verflachen, geistig zu verkümmern? Wie groß waren meine Aufgaben in Deutschland gewesen! Und wie fern stand ich hier der Ausnützung meiner Gaben.

Hans Paulsen, ein Deutscher und Freund von Fred Doland, trat an meine Seite.

«Sie tanzen nicht gern?»

«Es ist das erste Mal in meinem Leben. Ich hatte bisher keine Gelegenheit. Natürlich fühle ich mich unsicher. Lieber machte ich eine Fahrt ins Gebirge.»

«Mir geht es genau so. Wollen wir?»

«Was?»

«Nun, eine Fahrt ins Gebirge unternehmen. Ich wette, wir finden noch zwei Herren, die mitmachen, um auf die Entenjagd zu gehen. Ich bringe Sie zuerst in die Wohnung Ihrer Schwester, damit Sie sich umkleiden und warmes Zeug anziehen. Es ist frühmorgens kalt in der Sierra.»

Es wurde ein herrlicher Tag. Eine Oase der Freude in der Trostlosigkeit innerer Einsamkeit. Froh und unbeschwert sangen wir alte Wanderlieder. Es schien fast so, als sei die ganze Sierra bemüht, nur Freude in uns auszulösen. Die Berge waren nicht wiederzuerkennen. Aus dem grauen Gestein brach jetzt, während der Regenzeit, ein unvorstellbarer Reichtum an Blüten hervor. Aus bisher unförmigen Staubmassen entrangen sich plötzlich über Nacht die tausendfältigen Wunder der Kakteenblüten.

In einer Talmulde schlugen wir ein Lager auf. Es wurde gefrühstückt. Die Herren versuchten an einem naheliegenden Wassertümpel Enten zu schießen. Selig-beglückt von der Einsamkeit, dem Frieden, des Sich-selbst-Wiederfindens, ruhte ich im Schatten einer Agave.

Ich versuchte an Fred Doland zu denken, aber es war immer wieder Karl Ibel, der neben mir stand, dessen Hand ich in der meinen verspürte. Oh, daß er von mir gegangen war — wir gehörten zusammen. Ich würde niemals aufhören ihn zu lieben.

Und dann war es wieder ein unvergeßlicher Augenblick, als die Jäger zurückkehrten. Sofort wurde ein Lagerfeuer entfacht, um die Beute an Spießen zu braten. Es gab keinen kultivierten Zwang, man aß aus der Hand und war unbekümmert froh.

Als wir abends heimkehrten, wurde bereits wieder getanzt. «Wie schade, daß du nicht anwesend warst», rief mir meine Schwester entgegen, «Herr Doland war hier! Stelle dir vor, wahrscheinlich um uns zu imponieren, ritt dieser unwahrscheinliche Mensch auf seinem Pferd die hohe Treppe hinauf und ins Haus hinein! Er mußte in der Sala umkehren, sonst wäre er nicht zurückgekommen. Ein tolles Stück! Er war übrigens enttäuscht, dich nicht anzutreffen.»

Alles Blut schien dem Herzen zuzuströmen. Schweigend ging ich in mein Zimmer. Fred Doland! — Er ist in Chihuahua — er wird wiederkommen ... Spätabends brachte ein Mozo einen Strauß roter Nelken. Nur wenige Zeilen begleiteten ihn.

«Meine kleine Señora, ich hatte, was unmöglich schien, möglich gemacht, nach Chihuahua zu kommen. Nun muß ich sofort wieder zurück. Ich komme wieder! F.D.»

Die Wölfe heulen

Warum stellte uns Gott in eine Welt, in welcher das Böse eine so große Macht hat? – Stellte uns Gott in eine Welt, in welcher das Böse keine Macht hat, dann könnte unser Ich weder kämpfen noch ringen, noch sich üben und festigen, noch zuletzt die Wonne des Sieges im Göttlich-Guten genießen. – (Lorber-Kalender 1960)

Trotz Rebellen und Banditen gelangte der erste Eisenbahnzug aus El Paso unversehrt in die Stadt. Auf einer Plattform vor der Lokomotive stand eine Kanone. Er brachte mir meine Koffer, sowie Briefe von dem ‚Langen', dem Schiffskameraden. Sie waren ein Durcheinander von Sehnsucht, Fehlschlägen und neuen Hoffnungen, sodaß ich beschloß, ihm einen Gruß zu schicken. Jedoch schon der nächste Zug wurde von Banditen überfallen, die Waren geraubt und sämtliche Reisende ermordet.

‚Im Sande verscharrt' — Seltsam, ich konnte nicht freikommen von den grausamen Worten.

Pancho Villa rückte mit einer großen Streitmacht gegen Chihuahua vor. Man erwartete täglich einen Angriff auf die Stadt. Es hieß, er warte bereits mit seinen Mordgesellen hinter den Bergen.

Der erste Schuß fiel an dem Tage, da ich mich bei einer Deutsch-Amerikanerin befand. Ihre kleine Tochter war erkrankt, und ich hatte versprochen, mit meinen heilenden Händen zu helfen. Unvermutet hörte man gleich darauf das gleichmäßige Tacken der Maschinengewehre.

«Unser Haus liegt gerade in der Richtung der Gebirgskette, aus der das Feuer kommt», jammerte die junge Frau. «Mein Mann telefonierte, wir sollen sofort in den Keller flüchten. Er kommt so schnell wie möglich.»

«Gut, ich helfe Ihnen Betten und Lebensmittel hinunterbringen. Dann muß ich laufen, um die Straßenbahn zu bekommen. Hoffentlich fährt sie noch.»

«Ich habe eine grenzenlose Angst! Bleiben Sie! Bleiben Sie!»

«Unmöglich. Meine Schwester ist auch allein mit den kleinen Kindern.»

Anhaltender Kanonendonner ließ alle Fensterscheiben klirren. Einem zischenden Ton über dem Dach folgte ein donnerartiger Aufschlag. Eine Granate war über das Haus geflogen und explodierte auf der Straße. Gleich darauf setzte ununterbrochenes Geschützfeuer ein. In großer Hast, ein Gebet im Herzen, verließ ich das Haus. Die Straße war menschenleer. Vor mir, hinter mir, dröhnten Geschütze. Als ich die Haltestelle erreichte, fuhr die Straßenbahn ohne zu halten an mir vorbei. —

Welch ein Glück, eine Droschke. Ich klatschte nach Landessitte in die Hände. Der Fahrer ratterte weiter.

Also zu Fuß! —

Dicht hinter mir explodierte eine Granate. Schwere Brocken schlugen auf das Pflaster.

Lieber Gott, hilf mir! Soll ich vorwärtsgehen oder zurücklaufen? Gib mir einen Fingerzeig!

Da, aus einer Nebenstraße galoppierte ein Schimmel. Der Reiter hob die Hand.

«Fred Doland!»

«Meine kleine Señora!»

Im nächsten Augenblick saß ich vor ihm im Sattel. Im gestreckten Lauf ging es die geschützt liegende Avenida hinunter.

Erst jetzt konnte ich fragen, woher er so plötzlich gekommen war. In abgestoßenen Sätzen erklärte er mir die Sachlage.

«Meine sämtlichen Minen, alles, alles ist von den Villistas besetzt. Es war eine tolle Flucht. Wir hatten gerade noch Zeit, die Pferde aus dem Stall zu reißen. Die Hälfte meiner Angestellten wurde erschossen. Den achtjährigen Sohn meines Werkmeisters nahm ich mit aufs Pferd. Er bekam noch einen Durchschuß am Fuß. Keine ernste Sache, aber großer Blutverlust. Ich mußte ihn ins Hospital bringen. In der Stadt herrscht Panik. Ich nahm ein neues Pferd, fand deine Schwester in erklärlicher Angst um dich, jagte dir entgegen. — Und jetzt wollte ich, dieser Ritt nehme niemals ein Ende! —»

Wir hatten das Haus erreicht.

«Leb wohl, ich muß sofort zurück. Warum, erkläre ich dir später. Sobald als möglich, komme ich wieder. Ich weiß, meine kleine Señora kennt keine Angst.» Er riß mich an sich, dann warf er sich in den Sattel.

Fort, er reitet fort — in das Granatfeuer hinein — Vater im Himmel beschütze ihn! —

Drei Nächte hausten wir in Gemeinschaft von Cucarachas (riesige Küchenschaben) im Keller; dann schwieg das Feuer der Geschütze. Wahrscheinlich war den Belagerern sowie den Verteidigern die Munition ausgegangen. Es ging das Gerücht, Villa habe geschworen, die Stadt dem Erdboden gleich zu machen.

Ein Gruß von Fred Doland. Ich löste den Brief aus dem Blütengewirr des Korbes.

«Meine kleine Señora, ich kann mein Versprechen noch nicht halten. Eine Verletzung bannt mich ans Bett. Ich träume von dir und der Zukunft. Wie mag es dem kleinen José im Hospital ergehen?»

Ich empfand die Frage als eine unausgesprochene Bitte. In großer Hast schloß ich mich dem Schwager an, der versprach, mich sofort ins Hospital zu bringen, damit ich mich nach dem Befinden des kleinen José erkundigen konnte.

Das Haus war bis ans Dach vollgestopft mit Verwundeten. Selbst in der Vorhalle lagen Verletzte zwischen Sterbenden.

«Sieh nicht hin, warte draußen, das ist nichts für dich», meinte der Schwager. Aber ich protestierte. «Laß mich hier. Du kannst mich abholen, wenn du vom Geschäft zurückfährst.»

In mir glühte bereits, neben dem Pflichtgefühl der Krankenschwester, der Wunsch und Wille zu helfen. Das Pflegepersonal stand vor dem Zusammenbruch.

Wo war José? Erst nach Stunden schwerster Arbeit fühlte ich mich von unsichtbaren Händen geleitet, so daß ich plötzlich vor ihm stand. Auf Lumpen gebettet lag der kleine Junge Seite an Seite mit einer alten Mexikanerin. Ein Granatsplitter hatte ihren Oberarm zersplittert. Sie stöhnte in Bewußtlosigkeit, und José jammerte vor sich hin.

Ein lieber kleiner Bursche. Sofort stand mein Entschluß fest: wir wollen ihn mitnehmen. Er kann bei mir im Zimmer liegen. Ich will ihn pflegen.

Die Regierungstruppen mußten die Stadt räumen. Der Mangel an Munition zwang sie, ins Gebirge zu fliehen, denn Villa rückte abermals vor gegen Chihuahua. Eine schutz- und wehrlose Stadt fiel ihm in die Hände.

Unabsehbar war der Zug der einziehenden Truppen. Einige trugen amerikanische Khakiuniformen, der größte Teil bestand aus zerlumpten, verwahrlosten Gestalten. Unter ihnen, in stolzer Haltung, die jedem ins Auge fallen mußte, ritt ein Trupp Yasquis-Indianer. Sie hatten sich Villa angeschlossen, weil sie glaubten, in ihm den Mann zu sehen, der gekommen war, Wegbereiter zu sein für Quetzalcoatl, den großen Gott der Indianer.

Auf Munitions- und Gepäckwagen hockten die Weiber. Sie saßen zu dreien und vieren auf Mauleseln oder liefen barfuß hinterher. Jede einzelne trug auf dem Rücken ihre Kochtöpfe, Säcke und Lumpenbündel. Vorne im Brusttuch hingen die Kinder.

Jetzt war ich doch froh, der Schwester zur Seite stehen zu können. Die Wucht der auf alle, arm und reich, einstürmenden Ereignisse ließ sich gemeinsam leichter ertragen.

In dem Höllenchaos der Stadt Chihuahua saß ich am Bett Josés und erzählte ihm und den zwei kleinen Nichten Märchen von einem Ritter, der steile Bergtreppen hinaufreitet, um seine Prinzessin zu holen, die so sehr auf ihn wartet.

«Und wann kommt der Ritter?» fragten die Kleinen.

«Einmal wird er kommen, denn er ist sehr stark und tapfer. Er hat ein goldenes Schwert von der Sonnenkönigin bekommen, damit vernichtet er die Feinde.»

«Die bösen Villistas?»

«Alles was schlecht und böse ist. Der liebe Gott will nicht, daß wir töten, darum heißt das Schwert des Ritters ‚Liebe'».

Die Erzählerin verlor sich in Gedanken, denen die Kleinen nicht mehr folgen konnten.

‚Ich sah' dachte sie, ‚wie die Mutter draußen im Armenviertel ihr Kind verzweifelt an die Brust legte, die keine Milch mehr hergeben konnte. Sie dachte nicht an sich selbst, an ihren vor Hunger ausgemergelten Körper, nur das Kind — heilige Madonna, das Kind durfte nicht sterben!'

Der Schwager trat ins Zimmer. Sein Gesicht war verfallen. Er schickte die Kleinen hinaus zur Mutter.

«Villa verlangt abermals fünfhundert Pesos. Ich kann es nicht aufbringen. Mein ganzes Warenlager wurde ausgeplündert und verbrannt. In Toreon, wo ich eine Zweigniederlassung hatte, geschah dasselbe. Und jetzt, entweder innerhalb von zwei Stunden das Geld, oder — es geht um mein Leben, nicht um die Ausplünderung.»

Ich legte ihm die Hand auf die Schulter. «Auf keinen Fall den Mut verlieren, es muß einen Weg geben. Alles kann der Mordgeselle ausrichten, aber unserem Herrgott ein Bein stellen, das kann er nicht! Ist Fred Doland nicht zu erreichen? Der läßt dich nicht im Stich.»

«Du weißt wohl nicht, daß er sich verborgen halten muß.»

«Aber ihr wißt, wo er ist.»

«Es ist unmöglich, zu Fuß hinauszugehen. Es gibt weder Straßenbahnen noch Wagen. Meine arme kleine Frau weiß es noch nicht. Ich bitte dich, mit ihr zu sprechen. Ihr müßt Chihuahua verlassen. Mach' es ihr klar, denn sie wird mich nicht allein zurücklassen wollen. Es handelt sich aber um die Sicherheit der Kinder. Wir waren beim deutschen Konsul. Die Lage ist mehr als ernst.

Heute Morgen ist der von Villa angeordnete Zug mit den Spaniern abgegangen. Morgen stellt er sämtlichen Ausländern den ersten Zug zur Verfügung. Zwei werden noch folgen. Diese Aufforderung besagt genug. Wir haben beschlossen, zunächst Frauen und Kinder fortzuschicken und mit dem nächsten Zug zu folgen.»

«Aber — kann man denn Villa trauen? Wird der Zug unbehelligt Juarez erreichen?»

Er hob die Schultern. «Hier lauert auch der Tod.»

«Willst du dich selbst zum Märtyrer machen? Wir müssen zuerst versuchen, die fünfhundert Pesos aufzubringen.»

Es arbeitete in seinen Zügen. Stumm trat er an das Bett des Jungen. — Lieber Vater im Himmel, gibt es denn da keinen Ausweg, keine Möglichkeit?

José überschüttete den anscheinend sehr willkommenen Besucher mit einem Wortschwall. Was war in den Jungen gefahren? —

«Hast du eine Schere? — Schnell eine Schere!» José erzählt, die Mutter habe ihm vor wenigen Tagen, bevor sie fliehen mußten, auf Befehl des Vaters, Geldscheine in den Hemdensaum genäht. Sie hielten ihr Vermögen am besten bei dem Jungen verborgen. — Wenn das stimmt. — Ich half dem Erregten den breiten Leinensaum aufzuschneiden, ohne dabei das Papiergeld zu berühren. Noch während ich Schein für Schein hervorholte, zählte er:

«Dreihundert — vierhundert — fünfhundert. Gütiger Gott, es sind genau fünfhundert Pesos!»

Der Junge strahlte.

«Du bekommst alles zurück, José, sobald ich in El Paso bin. Morgen wirst du schon mitfahren.» Und dann an mich gewandt: Ihr müßt José mitnehmen. Seine Schwester ist in den Staaten verheiratet — er möchte zu ihr. Ist das eine Fügung!»

Bewaffnete Reisende

Sieben Uhr morgens. Der Zug war überfüllt. Nicht nur Ausländer, viele Mexikaner, Angst und Grauen in den Augen, saßen dichtgedrängt auf den Bänken.

Ein scheues Flüstern durchlief die Reihen.

«El General!»

Franzisco Villa und seine Begleitung betrat den Wagen, in dem wir beiden Schwestern uns mit den Kindern befanden.

Niemals, so glaubte ich, würde ich den Raubtierblick vergessen, mit dem der Eintretende die Reihen der Insassen überflog. Lauernd, in grausiger Wollust und hämischer Schadenfreude. Wie erstarrt duckte sich alles unter seinem Blick.

Dieser Mann konnte niemals zum Nationalhelden werden, er war Bestie, nichts als Bestie.

Er zog die wulstigen Lippen in die Höhe und zeigte die Zähne. Stumm deutete er auf verschiedene Mexikaner. Sie wurden hinausgestoßen und neben anderen Männern, den Bahnsteig entlang, aufgestellt. Als sich der Zug in Bewegung setzte, knatterten Pistolenschüsse; das Grauen saß allen im Nacken.

Langsam kroch der Zug durch die Hochebene. Die nur notdürftig zusammengesetzten Schienen erschwerten das Vorwärtskommen.

Lohmann, ein Deutscher mit grauem Schnurrbart und hellen Augen, zog eine Pistole nach der anderen aus dem Innenfutter seines Rockes. «Es ist nämlich anzunehmen», sagte er seelenruhig, «daß wir überfallen werden. Ich bitte alle guten Schützen, sich mit Pistolen zu versehen. Wer ist im Besitz einer Waffe?»

Trotz der sehr ernsten Lage gab es ein lautes Gelächter. Eine Frau zog eine Pistole unter ihrem Hut hervor. Zwei weitere hatten sie sich unter die Mäntel geschnürt. Einige hielten Pistolen unter ihren Pelzkragen versteckt. Ein Italiener entnahm einem Fernglasgehäuse eine kleine Schußwaffe. Andere hatten die verschiedenen Teile der Gewehre auseinandergenommen, unter den Hosen an die Oberschenkel gebunden, oder unter den Westen versteckt.

Es wurde eine richtige Verteidigungslinie, durch sechs Wagen gehend, eingerichtet. Mit dem Lokomotivführer war vereinbart, gegen 100 Dollar, zweimal die Dampfpfeife aufheulen zu lassen, sobald sich etwas Verdächtiges zeigte.

Es vergingen Stunden der höchsten Spannung. Ich saß in einem der letzten Wagen, umringt von den Kindern der sechshundert flüchtenden Deutschen und erzählte Märchen. Aus den großen, staunenden Augen der Kleinen war alle Angst gewichen; die Welt um sie schien vergessen. Da humpelten Zwerge, tanzten Elfen im Mondschein, feierte die Rosenkönigin Hochzeit mit Prinz Rittersporn. Als sich auch die Erwachsenen herandrängten, um zuzuhören, trat Lohmann dazwischen. Im gleichen Augenblick hielt der Zug ruckartig. Der Elfentanz endete unter Schreien und Fluchen. —

Der Lokomotivführer hatte rechtzeitig ein Hindernis auf den Schienen bemerkt und scharf die Bremse gezogen. Sonst war alles in Ordnung. Aber schon kurz darauf brach abermals eine Panik aus. Die Dampfpfeife heulte zweimal.

Schreie, Pferdegetrampel, Gewehrschüsse, Befehle.

Das Lohmannsche Verteidigungswerk arbeitete großartig. Eine Salve knatterte hinaus durch die geöffneten Fenster. Einige Männer sprangen, Pistolen in den Händen, nach draußen.

«Kugeln sparen! Ziel nehmen! Nicht in die Luft knallen!»

Draußen ein Wutgeschrei und davonjagende Pferdehufe. Auf solchen Empfang waren die Banditen nicht vorbereitet. Es gab im Zug wenige Verletzte, nur der Heizer hatte sein Leben eingebüßt.

Die Nacht kam, mit ihr Kälte und Dunkelheit. Das elektrische Licht war ausgeschaltet, die Luft zum Ersticken. Und dann ein Stoß, der sämtliche Reisende durcheinanderwarf.

Lohmanns Stimme übertönte das Chaos. «Sitzen bleiben! Wir sind anscheinend entgleist! Wahrscheinlich von den Raubgesellen inszeniert. Meine Herren, schußbereit!»

Die Lokomotive und zwei Wagen waren von den Schienen hinunter. Schimpfworte aller Nationen ertönten aus dem Dunkel. Plötzlich flammte draußen, rechts und links vom Zuge, Feuer auf. Hohe Flammensäulen schossen empor und übergossen die nächste

Umgebung mit lodernder Helligkeit. Unter gellendem Schreien versuchten einige Personen aus dem Fenster zu springen.

«Caramba! Seid ihr wahnsinnig! Sie setzen Holzstöße in Brand, um sehen zu können. Hilfspersonal antreten! Bereitschaftsdienst! Schützen vortreten! Es fehlen noch einige Posten!»

Lohmann war unermüdlich im Organisieren. Da war keiner, der sich ihm widersetzte.

Der Morgen dämmerte, als sich der Zug wieder in Bewegung setzte. Wir Schwestern saßen Hand in Hand neben den schlafenden Kindern.

«Sie werden Fred Doland nicht im Stich lassen. Er kommt sicher mit dem nächsten Zug. Ängstige dich nicht», sagte die Ältere.

«Oh nein, es ist ein großes Vertrauen in mir. Er weiß auch, daß ich keine Angst habe.»

Sie seufzte. «Ich hatte Mexiko bisher nur von der Sonnenseite kennengelernt. Ist es nicht traurig, daß Banditen und Abenteurer dieses kunstsinnige Volk so tief in den Sumpf hineinreißen? Warum sollen Menschen immer leiden? Sie müssen ja langsam in ihren Gefühlen abstumpfen wie die Tiere. Warum? Warum ist es notwendig, so etwas erleben zu müssen?»

‚Notwendig', dachte ich, ‚nein, aber es kann einem starken Herzen nicht schaden, in alle Untiefen des Menschentums zu blicken. Wird die Seele darum hart und gefühllos, wenn sie die Not kennengelernt und menschenunwürdige Grausamkeiten mit eigenen Augen sehen mußte? Ich glaube, sie wird nur das verlieren, was manchen Frauen, besonders denen aus der zivilisierten Welt, allzu schwer anhaftet: übertriebene Rührseligkeit und sentimentales Selbstbedauern.

Vielleicht wurde ich nur hierhergeführt, um das Böse und Satanische im Menschen zu erfassen, damit ich das Gute höher einzuschätzen lernte. Ich will es ruhig zugeben, es reizte mich sehr, nach Mexiko zu fahren.

Das alte Reich der Azteken übte immer eine große Anziehungskraft auf mich aus. Aber jenes geheimnisvolle Dunkel, das über diesem Land gelegen hat, ist augenblicklich zur mordbrütenden Finsternis geworden. Ich wollte, ich beherrschte die spanische Sprache besser, vielleicht könnte ich doch hier und da Trost zusprechen. Wie viel Kraft würde es manchem geben, wenn wir jetzt alle, die wir hier auf Gedeih und Verderb wie das Schlachtvieh zusammengetrieben wurden, anstatt zu fluchen und zu jammern, gemeinsam ein Vaterunser sprächen. — Aber sie brauchen sich nicht zu fürchten —'.

Ich lächelte und drückte die Hand der Schwester. «Ich habe damals ganz fest gewußt, daß ich Chihuahua erreichen würde, und ich weiß auch jetzt, wir kommen sicher nach El Paso.»

«Und der nächste Zug?»

«Sorg dich nicht, dein Mann ist schneller bei dir, als du es ahnst.»

Abermals gellte die Dampfpfeife. Gewehrschüsse knatterten. Der Zug fuhr mit größerer Geschwindigkeit. Aber es wurde Abend, bis man endlich Lichtschein aufblitzen sah.

Juarez!

Reiter sprengten dem Zug entgegen. Der Einfahrt stand nichts entgegen, denn die Stadt war von Carranzistas, den Gegnern Villas, besetzt. Auch hier dauerte es noch Stunden, bis der traurige Zug der Vertriebenen die Grenze erreichte und die dunklen Wasser des Rio Grande hinter ihnen lagen.

Nach zwei Tagen Aufenthalt im Hotel fanden wir eine kleine Wohnung in der Mesa Avenue.

Wir hatten verabredet, unsere Anschrift bei dem Makler zu hinterlegen, dessen Name auch der ‚Lange' angegeben hatte. Als ich ihn aufsuchte, drückte er mir mehrere Briefe in die Hand. Sie kamen alle aus Houston. Er hatte mich also nicht vergessen. Im Gegenteil, hier sprach er aus, was ihm auf dem Dampfer nicht über die Lippen ging. Das Geständnis seiner Liebe.

«Vielleicht», dachte ich, «werde ich ihm einmal antworten. Vielleicht. — Ich kann ihm nicht helfen.»

Zwei Tage später brachte der Zug sämtliche Ausländer nach El Paso. Sie hatten keinen Überfall erlebt. Das Lohmannsche Verteidigungswerk mußte anscheinend einen großen Eindruck auf die Banditen gemacht haben. Die Ankommenden waren verstört und bedrückt.

«In Chihuahua ist die Hölle los, und hier können wir auch nicht bleiben», erklärte der Schwager, «die Stadt ist überfüllt mit Flüchtlingen. Sowie ich José zu seiner Schwester gebracht habe, fahren wir sofort weiter nach Kalifornien.»

Kein Wort von Fred Doland.

Warum brachte ich nicht den Mut auf, nach ihm zu fragen? Er war nicht in El Paso. Wo war er? Erst nach seiner Rückkehr sagte der Schwager beiläufig: «Wir haben Doland auf einer Tragbahre mitgebracht. Er ist sofort zu seiner Schwester weitergefahren. Ein Pfleger begleitet ihn. Es gab kein Halten, er hatte es sich so in den Kopf gesetzt.»

«Und er gab dir keinen Brief?»

«Nein. Ich soll dich nur grüßen. Er ist wohl nicht zum Schreiben gekommen.»

So wird es sein, er ist nicht zum Schreiben gekommen. Ich dachte es ununterbrochen, dachte es ganz automatisch. Eines Tages wird er Zeit haben zum Schreiben. Die Hauptsache ist, er lebt — er ist gerettet.

Groteskes Abenteuer

Es war selbstverständlich, daß der Mann seinen Platz in dem breiten Ehebett, wie sie damals drüben gebräuchlich waren, beanspruchte. Wohin nun mit der Schwägerin?

Draußen auf dem Hof befand sich ein Bretterverschlag, in dem, wie die Hauswirtin erklärte, ihr Sohn schlief, sofern er auf Besuch kam. Es war gerade Raum genug vorhanden, ein altes Holzbett aufzunehmen. Schmutzige Decken und ein Kissen, aus dem die Baumwolle heraushing, erhöhten den armseligen Eindruck. Eine als Fenster dienende Öffnung war mit Fliegendraht bespannt.

Ich mußte an unser Nachtlager in Villa Ahumada denken und beschloß, hier zu schlafen. Nachdem die Hauswirtin ein reines Bettuch über die Lumpen gebreitet hatte, sah die Sache schon ganz annehmbar aus. Die Tür hatte zwar ein Schloß, aber keinen Schlüssel.

Es war drückend heiß in dem engen Raum, die Augen brannten mir im Kopf von zurückgedrängten Tränen. Und dann fiel ich doch in einen leichten Schlaf.

Es war gegen Mitternacht. Der Lichtschein einer Taschenlampe tanzte über mein Gesicht. Eine brüchige Stimme schrie: «Gott verdamme dich! Was tust du hier?»

Das verknitterte Gesicht eines alten Mannes beugte sich über mich. Graue Bartstoppeln um Nase und Mund erhöhten den unordentlichen Eindruck, den die Gestalt hervorrief.

Am Hemd waren Kragen und Manschetten abgeschnitten. Er schaltete die Lampe aus. Helles Mondlicht geisterte in dem Raum, der so eng war, daß der Mann mir vollkommen den Ausgang zur Tür versperrte.

«Was tust du hier?» wiederholte er und packte mich am Arm. «Mach', daß du hinauskommst!»

Das war zu viel; ich schleuderte seine Hand zurück.

«Was Ihnen eigentlich einfällt! Wir haben diesen Raum von der Hausbesitzerin gemietet. Hinaus mit Ihnen!»

Er gab einen Ton von sich, der an das Grunzen eines wütenden Ebers erinnerte.

«Vier Monate schlafe ich hier, ohne daß sich jemand darum gekümmert hat, und nun soll das einfach vermietet sein! Was wollen Sie hier — gehen Sie in ein Hotel!»

Bei den letzten Worten stieß er meine Füße beiseite, zerrte die Lumpen auseinander und holte eine Flasche hervor. «Meinetwegen können Sie weiterschlafen, mich soll es nicht stören.» Er zog umständlich den Korken heraus und setzte die Flasche an den Mund. Glucksend rollte es durch seinen langen hageren Hals. Er ließ sich auf dem Bettrand nieder. Wenn ich hinaus wollte, mußte ich über den Mann hinwegsteigen. Er kümmerte sich nicht um mich, zog aus seiner Tasche eine Mundharmonika hervor und blickte darauf nieder.

«Vier Wochen in dieser Hölle da spielen — der Teufel hole es — für eine einzige Flasche!» Er spuckte aus und steckte die Mundharmonika in die andere Hosentasche.

«Jetzt haben Sie Ihre Flasche, nun machen Sie, daß Sie hinauskommen, oder ich rufe um Hilfe», sagte ich entschlossen.

Er wandte mir das Gesicht zu. In seinem Blick lag ein Ausdruck, der mich erschütterte.

«Gott verdamme dich — sei still!»

«Lassen Sie mich hinaus, und ich will nicht verraten, daß Sie hier Whisky trinken!» rief ich verzweifelt.

«Whisky! Wer trinkt in diesem gottverfluchten Land Whisky!» Er rieb mit dem Korken an der Flasche, bis es einen hellen Ton gab. «Ein Gottestrank — ein Gnadentrank!» Dann trank er in langen Zügen. Ich geriet so aus der Fassung, daß ich mit der Faust gegen die Bretterwand schlug. Lächerlich, wer sollte mich hören? Dann überlegte ich: Wenn ich ihm nun mit dem Kissen den Kopf hinunterdrücke und versuche über ihn hinwegzusteigen —.

Der Mann redete ununterbrochen vor sich hin, ohne mich zu beachten. Er sprach deutsch, plattdeutsch.

«Man kriegt nichts mehr über die Grenze. Die verdammten Mexikaner saufen alles selbst! Aber ich geh jetzt hinüber, zurück nach Mexiko — nach Tampico — ja — nach Tampico — will doch mal sehn, ob unser Schiff noch daliegt — unser schönes Schiff — Stopp! Riemen hoch? — Ik kumm all Kaptein, de verdammte Deern hett mit srögholn? Duhn het se mi makt, Kaptein, nicks as duhn! — Verdammt noch mal — ik röhr keen Buddel mehr an!»

Dabei setzte er die Flasche an den Mund. Seine Stimme ging über in ein Lallen, er fiel hintenüber, sein Atem röchelte — er schlief. Die Bahn war frei. Vorsichtig zog ich die Beine unter seinem Rücken hervor. Er rührte sich nicht.

Und dann stand ich draußen auf dem Hof im hellen Mondschein. Jetzt nach Beendigung des Abenteuers, reizte es mich zum Lachen. Was wird Fred Doland — Fred — ach.

Ein Märchen beginnt

Ich hatte als Kind von einem Märchenland geträumt, in dem ewiger Frühling ist, Sonne, die niemals aufhört zu scheinen, Bäume und Blumen, zwischen deren überirdischer Schönheit schillernde Schmetterlinge fliegen. Alles Licht, Klarheit, Vollkommenheit. — In Kalifornien schien dieser Traum zur Wirklichkeit zu werden. Aber ich schritt durch die hochgewölbten Palmenwege, um deren

Stämme sich blühende Kakteen und Geranien bis zur Fächerkrone emporrankten, durch das ganze unbeschreibliche Blühen, mit einem heimlichen Weh in der Brust.

Immer wieder dieselbe Frage: Warum hatte er mir keinen Gruß geschickt? Er war fortgefahren, und niemand wußte wohin. Er kannte ja nicht einmal meine Anschrift. Und doch, immer wieder das Gefühl seiner zärtlichen Gedanken, die mich ständig umgaben. Die Geschwister erwähnten ihn mit keinem Wort. Warum dieses seltsame Schweigen? Sollte ihm doch etwas zugestoßen sein, und sie getrauten sich nicht es auszusprechen? —

Der Schwager bat mich, ein Päckchen nach der Residencestreet zu bringen. Er habe einem Amerikaner versprochen, den Gruß sofort abzugeben. Das Haus lag in einem herrlichen Garten. Um die Stämme einzeln stehender Palmen rankten sich Kakteen. Unzählige weiße, halbgeschlossene Blüten der ‚Königin der Nacht' leuchteten zwischen dem dunklen Grün der Palmenwedel.

Ein Diener öffnete die Tür und führte mich in ein Empfangszimmer, schon nach wenigen Augenblicken eilte eine Dame herein.

«My dear», rief sie, «kommen Sie endlich! Wir haben schon so lange gewartet! Kommen Sie! Kommen Sie!»

Wir gingen eine breite Marmortreppe hinauf. Bevor ich, völlig verwirrt, recht zur Besinnung kam, öffnete die Dame eine Tür, ließ den Besuch eintreten und schloß sie hinter ihm.

«Fred!»

Er lag auf einem Ruhebett. Seine Augen leuchteten mir entgegen.

«Meine kleine Señora!»

Es war seine Schwester. Er hatte den Freund gebeten, ebenfalls nach Long Beach zu fahren, ohne etwas von seiner Anwesenheit zu verraten.

«Nun mußt du jeden Tag kommen. Die Fahrt von Chihuahua nach El Paso hat meinen Wunden sehr geschadet, es war besser für dich, meinen erbärmlichen Zustand nicht zu sehen. Aber du wirst staunen, welche Wunder deine Nähe und das Klima hier ausüben.»

«Und meine Heilkräfte!» jubelte ich.

Wochen vergingen. Jeder Tag trug eine Strahlenkrone. Wir lagen in Langstühlen unter blühenden Magnolienbäumen oder unten am Strand und ließen uns einspinnen von Sonne und Glück. Natürlich mußten wir Catalina Island besuchen. Täglich fuhr ein Ruderboot nach der vorgelagerten Küste. —

Tiefblau und ruhig das Meer; Long Beach war bereits weit hinter uns, da geschah es. Ein gellender Schrei!

«Sitzen bleiben!» schrie der Steuermann, aber die Panik war schon ausgebrochen. Rechts und links vom Ruderboot tauchten schmale, hochstehende Silberstreifen auf. Rückenflossen von Haien. Sie hatten sich in letzter Zeit häufig bis an den Badestrand herangewagt. Einer der Männer klatschte sein Ruder ins Wasser. Ein gefräßiges Maul war dem Boot zu nahe gekommen.

«Sitzen bleiben, in drei Teufels Namen!» brüllte der Steuermann. «Wollt ihr euch den Biestern in den Rachen werfen! Wenn wir umkippen . . .»

Er stellte den eingebauten Motor an. Das Wasser gurgelte und schäumte um das Boot. Im rasenden Tempo ging es der Küste mit ihren hohen Gebirgsketten und sanft abfallenden grünen Hängen entgegen. Wir erreichten noch gerade den Dampfer, der zu der traumhaft schönen Insel ‚Catalina Island' fuhr.

In der Mitte dieses Dampfers war eine Glasplatte, durch die man bis auf den Grund des Meeres hinabsehen konnte. Das Wasser war hier klar wie Bergkristall. Als dann am Kiel Lampen aufblitzten und rote, blaue und grüne Strahlenbündel die Welt da unten, mit ihren unzähligen Lebewesen, in seine leuchtende Farbenpracht einhüllten, glaubte man sich wirklich wie verzaubert. Näher am Ufer tauchten Jungen nach Geldstücken. —

Ruhig, wie ausgeglichen, ohne jegliche Wellenbewegung lag das Meer. Eine Hand schien drüber hinwegzustreichen, alles Aufbegehren auszulöschen. Und dann plötzlich packte dieselbe Hand am Küstenrand entlang tief hinein in den Meeresgrund, hob die Wogen, riß sie empor zu einer steilen, turmhohen Wand. Hinter ihr lag das bewegungslose Meer. Ein Anblick unerhörter Größe und Naturgewalt, packend der Augenblick, da diese Wasserwand in sich selbst zusammenbrach. Schaum, Gischt, im Hinausströmen. — Und wieder lag das Meer still, reglos. Der Vollmond spiegelte sich in der glatten Fläche. Abermals türmte sich, an der ganzen Küste entlang, das Wasser empor wie zu einer Gletscherwand.

Durch die Flut hochgerissen stieg eine nackte Frauengestalt aus der Tiefe empor. Das lange schwarze Haar ging steil in die Höhe. Die Arme hochgereckt, weiß wie Alabaster, stand sie aufrecht in der Wassersäule, bis die zusammenklatschenden Wogen sie wieder mit sich hinunterrissen in die Tiefe.

Ich fühlte mich innerlich wie aufgerissen. Jetzt hinknien — beten — mein Gott, gewaltig ist die Kraft Deines Willens! Der Du Herr bist über die Anziehungskraft des Mondes, die Gewalt des Meeres und seinen ohnmächtigen Versuch sich aufzubäumen. Klein und erbärmlich, so scheint es mir, steht der Mensch neben dieser Naturgewalt.

Oder täusche ich mich?

Ist es nicht auch göttlicher Wille, der uns emporzureißen vermag aus dem Hindämmern unserer Seelen, so daß Kräfte in uns emporsteigen, von deren Vorhandensein wir uns nicht einmal eine Vorstellung machen konnten?

Ich blickte auf Fred — es lag wie Schatten auf seiner Stirn.

«Ihre Arme wiesen nach oben», sagte er leise, «es ist das Erschütterndste, das ich je sah.» —

«Woran denkt meine kleine Señora?»

Mein Blick, der auf den üppigen Anlagen vor uns ruhte, kehrte zurück.

«Ich denke, daß diese ganze Pracht hier um uns herum auf die Dauer ermüdend wirken muß. Vielleicht, weil der Landschaft die Anmut der freien, in keinen Rahmen hineinzuzwingenden Natur fehlt. Es sind alles Anlagen, ausgewählte Farbenzusammensetzungen. Wir gehen durch die herrlichsten Palmenwälder, alle Bäume gleich üppig, fehlerfrei. Ich empfinde dabei keine Naturverbundenheit wie daheim bei uns, zum Beispiel in einem Buchenwald, aus dem es im Lenz wie ein tausendfaches Wunder hervorbricht.»

«Daß du mit allen Wurzeln in deinem Heimatboden verwachsen bist, weiß ich lange. Wenn du aber bedenkst, daß dieses Land früher eine öde Fläche war, wirst du es mit anderen Augen betrachten. Du hast recht, was du siehst, ist aus Fleiß und Willenskraft entstanden. Künstliche Bewässerungswerke durchziehen das ganze Land. Wo jetzt blühende Orangenhaine stehen, dorrten früher Kakteen. Millionen Menschen leben heute von kalifornischen Früchten.

Kalifornien ist eine Schatzkammer. Das feuchtwarme, ewig gleichbleibende Klima und die durch die Gebirgsketten der Sierra Nevada geschützte Lage, setzen dem Wachstum der Pflanzen keine Grenzen. Aber was es an Schönheit birgt und hervorbringt, verdankt es der Geschäftstüchtigkeit der Amerikaner. Sie sind sehr stolz auf dieses Land. Wir wollen in den nächsten Tagen einen Ausflug ins Gebirge nach Pasadena machen. Ich glaube, du wirst fühlen, daß die Natur auch hier Wunder birgt und Wunder hervorbringt.»

«So habe ich es nicht gemeint. Ich wollte dir nicht weh tun.»

Er zog mich an sich. «In dir ist jeder Gedanke klar und unverfälscht, darum bist du auch ganz anders als alle Frauen und Mädchen, die ich bisher kennenlernte. In deinen Augen liegt deine Seele, die immer bereit ist, Ausschau zu halten nach Schönheit und Vollkommenheit. Ich habe mir schon oft Vorwürfe gemacht, dich an ein Land zu fesseln, das Dir fern steht. Du wirst in Mexiko immer Heimweh haben. Deine Märchenseele kann sich hier nicht entfalten, sie krankt an Sehnsucht nach der geheimnisvollen Sphäre deiner Buchenwälder. Versprich es mir, sollte mir jemals etwas zustoßen, dich nicht an dieses Land gebunden zu fühlen.»

«Fred!»

«Still, Liebling, und hör zu. Der Gedanke beherrscht mich schon lange. Sobald Ruhe im Lande ist, möchte ich meine Silberminen, meinen ganzen Besitz verkaufen oder eine erprobte Kraft einsetzen, um mit dir nach Deutschland, wo ja auch meine eigentliche Heimat ist, zurückzukehren».

Ich schloß die Augen, überwältigt vor Glück und Dankbarkeit.

Die Fahrt nach Pasadena übertraf wirklich alles bisher Geschaute. Endlos erscheinende Orangenfelder wechselten mit Olivenhainen und in schnurgeraden Linien verlaufenden Rebstöcken. Weite Strecken Gemüseanlagen im Wechsel mit blühenden Pfirsichbäumen. Durch nicht absehbare Tomatenfelder führte eine Eisenbahnlinie. Die Früchte wurden an Ort und Stelle verpackt.

Über alles hinweg ragte die schneegekrönte Spitze des ‚Old Baldy', eines der höchsten Gipfel in der Sierra Madre Range.

In Altadena trugen Tausende von Äckern nichts anderes als Dahlien. Eine Drahtseilbahn führte sechshundert Meter über drei Berge hinweg. Das weite Tal, leuchtend von Blüten und blühenden Bäumen, lag zwischen schneebedeckten Gebirgsketten hingebettet. In der Ferne schimmerten die hellen Dächer und Mauern von Pasadena.

Ein Märchen zerrinnt

Ich lag im Garten in der Hängematte. Kolibris schwirrten über Blütenkelche. Der vom Meer herüberstreichende Wind brachte einen frischen Ruch nach Seetang.

Fred Doland trat durch die Gartentür. Ich lächelte ihm entgegen und streckte die Hände aus. Er setzte sich an meine Seite.

«Liebling, ich bringe dir eine wunderbare Nachricht. Villa hat Chihuahua verlassen und ist nach Zaratecas gezogen. In der Stadt soll Ruhe herrschen. Ich habe mich nun auch entschlossen, mit deinem Schwager nach El Paso zu fahren. Wenn sich alles so verhält, wie man uns erzählt, möchte ich sofort meine Silberminen aufsuchen und dort erst einmal Ordnung schaffen.»

«Fred!»

«Warum so verstört? Warte nur, es geht noch weiter. Du fährst mit deinen Geschwistern bis El Paso. Ich komme sofort zurück, und wir feiern dort Hochzeit. Nun, sind das herrliche Aussichten oder nicht?»

«Oh, Fred, Lieber, es ist nicht auszudenken! Aber ist es denn sicher? Gehst du nicht großen Gefahren entgegen? Die Banditen —»

«Seit wann hat meine kleine Señora Angst? Es liegt auch gar keine Veranlassung vor, sich zu verängstigen. Pancho Villa zieht nach Süden, um die Hauptstadt einzunehmen. Man muß diese günstige Gelegenheit ausnützen.»

«Ich verstehe dich, Lieber, und möchte dir den Weg nicht erschweren. So mög' Gott dich behüten.» —

Spät abends verließen die beiden Herren Long Beach.

Schon drei Tage ohne ihn! Wie lange würde es dauern, bis ich Nachricht aus Chihuahua erhielt?

Eine große Unruhe trieb mich schon zu früher Morgenstunde an den Strand. Er war noch menschenleer. In weiter Ferne zogen Segeljachten wie große weiße Vögel am Horizont entlang. Ich ließ den Bademantel fallen und warf mich den breit heranrollenden Wogen entgegen. Freilich, ich war immer eine gute Schwimmerin gewesen, aber weit hinaus wagte ich mich hier nie. Heute schienen die zurückflutenden Wogen mich förmlich mitzureißen. Ich versuchte zu schwimmen. Unmöglich. Was war das? Welche Kraft verhinderte mich, Arme und Beine zu bewegen, um den Strand zu erreichen? Der Sog? Ich hatte ihn noch nie erlebt, aber ich kannte seine Gefahr.

Woge auf Woge überschüttete mich und riß mich weiter hinaus. Der Versuch, um Hilfe zu rufen blieb unausführbar. Vorbei? Mein Herz schrie nach Gott. Die nächste Woge würde mich hinaustragen. Und dann war es wie ein Hinabgleiten. In sehr rascher Folge zog mein Leben an mir vorüber. Es gab kein Aufbäumen mehr, nur ein stilles Versinken. —

Aber Gott sandte einen Engel.

Da war plötzlich ein Halt unter mir. Ich hing über einer Trosse, die ins Meer hinauslief, um draußen eine Boje zu halten. Die Hände packten zu, ohne daß ich es selbst wußte. Bei jedem Zurückfließen der Wogen gab es ein Atemholen. Grund unter den Füßen! Jetzt erwachte der Lebenswille, erfüllte mich mit zäher Beharrlichkeit. Schritt für Schritt ging es zurück. Ich achtete nicht der Schmerzen, der blutenden Hände, des Wundscheuerns an Brust und Leib. Weiter — weiter!

Und dann lag ich besinnungslos am Strand, im weißen Sand. Die Sonne brannte hernieder. —

Fred! —

Mit einem Schrei schlug ich die Augen auf. Hatte er nicht neben mir gelegen, blutend, erschöpft, wie ich selbst?

Mehrere frühe Strandgäste standen neben mir. Ein Sanitäter aus der Rettungsstation legte Verbände um Hände, Arme, Brust und Leib. Überall sickerte Blut hervor. Der Badeanzug war völlig zerfetzt. Als man mir den Mantel umlegte und mich in ein Auto trug, verlor ich abermals die Besinnung. —

Ich war mit den Kindern bei Fred Dolands Schwester gewesen. Man hatte gespielt, getollt und kehrte müde zurück in das blumenüberrankte Häuschen in der Magnolia Avenue. Die Mutter der Kinder saß in der Veranda. Ihre Augen waren gerötet.

«Warum weinst du?»

Sie deutete auf einen Brief. «Ist deinem Mann etwas zugestoßen? Können wir nicht fahren?»

«Doch.» Jetzt liefen Tränen über das Gesicht der Schwester.

«Ist es etwas mit Fred?» Und nach einem tiefen Atemholen: «Er ist tot?»

«Ja.»

Schweigen.

«Der Zug wurde von Banditen überfallen und geplündert. Sämtliche Reisende —»

Es strich wie ein Nebel über mich hin. «Bitte, laß mich allein.»

Ich ging in mein Zimmer und setzte mich auf den Bettrand. Hatte ich diesen Schmerz nicht schon einmal erlebt? Aber damals konnte ich weder weinen noch klagen. Es war still in mir, fast wie Friede. Fred Doland! Er war denselben Weg gegangen wie Karl Ibel. Nun würden sie miteinander verschmelzen zu einem Leid, zu einer Sehnsucht, aber auch zu einem festen Glauben an ein Wiedersehen. Ich durfte dem geliebten Toten den Weg nicht erschweren, seine Seele weilte im Jenseits, im Licht der ewigen Liebe. Oh, wüßte ich nur, ob er sehr leiden mußte — und ob sie ihn — nein! Jetzt brach es doch aus mir hervor, wie ein erlösender Strom.

Und dann wieder dieser fast unwahrscheinliche Friede. Lieber Vater im Himmel, du allein weißt, warum er diesen Weg gehen mußte, und du weißt auch, warum ich ihn gehen muß!

Und schickst du mir ein Leid
so will ich still mich fragen:
bist du auch stark genug,
es tief in dir zu tragen,
bis es aus dunkler Hülle

als Phönix sich erhebt
und — reinverklärt, veredelt —
ins Licht des Geistes schwebt?

Auf gefährlichen Pfaden

Wer sich fürchtet, legt einen Mantel um seine Seele und nimmt ihr die Möglichkeit, aufzustrahlen, sich ganz mit dem Licht zu vereinen, das von oben kommt, ihr Kraft und Freudigkeit des Herzens zu geben. Verleugnen des Gottesbewußtseins ist Dunkelheit. Gottvertrauen ist Licht.

Jetzt war die Lage doch anders, als man angenommen hatte. Der nächste Zug nach Chihuahua entgleiste. Die Möglichkeit einer Verbindung mit El Paso blieb fürs erste abgeschnitten. Es gab nur noch einen Weg; mit der Gebirgsbahn über Madeira zu fahren. —

Wir schienen die einzigen Ausländer. Alle anderen Reisenden waren zerlumpte, elende Menschen, die ihre Bündel Habseligkeiten an sich drückten und stumpfsinnig vor sich hinstarrten. Mexikaner, die zurückkehrten, weil sie nichts mehr zu verlieren hatten als ihr Leben und dieses Leben in ihrem Heimatort beschließen wollten. Eine Serpentinenbahn führte hoch hinauf ins Gebirge. Steile Felswände, Sturzbäche, uralte verwitterte Baumriesen — Bilder wilder Romantik.

Gegen neun Uhr abends erreichten wir Babicora, die größte Hacienda im Norden Mexikos.

Wir sahen es schon von weitem. Die Gebäude waren ausgeplündert, die Anlagen zerstört. Arbeiter, die vor ihren Lehmhütten saßen und Zigaretten aus Maisstroh drehten, erzählten, der Verwalter sei mit fünftausend Pferden ins Gebirge geflohen.

Das kleinere der beiden Mädchen erkrankte. An eine sofortige Weiterreise war nicht zu denken. Sogleich faßte der Vater den Entschluß, sich einem Indianer anzuschließen, der Felle nach Chihuahua bringen wollte und bereits startbereit auf dem Coral stand. Es schien die einzige Möglichkeit, Lebensmittel heranzuschaffen.

Drei Tage später: Ein alter Mexikaner stürzte in das Zimmer.

Seine Brust keuchte, die Augäpfel quollen aus den Höhlen. Seine Glieder zuckten, als habe er die Herrschaft über sie verloren.

«Señora, verbergen Sie sich mit den Kleinen! Die Villistas kommen! Drei unserer Leute liegen erschossen im Coral. Den Maultiertreiber aus Madeira haben sie am Torweg aufgehängt, als er seine Tiere ins Gebirge treiben wollte. Oh, Dios mio, sie werden uns alle töten.»

Unter wüstem Geschrei trieben Männer, in zerlumpte Serape gehüllt, zerschossene Strohhüte auf den Köpfen, alles was sie noch an alten Pferden und Eseln fanden, zusammen. Futtersäcke wurden aufgeladen und Schläuche mit Wasser gefüllt. Unter Trommelwirbel und Gewehrgeknatter verließ ein Teil der Bande mit den Tieren den Coral.

Es war noch früh am Morgen. Meine Schwester hatte gerade ihre langen dunklen Zöpfe gelöst, um sie zu bürsten. Sie warf hastig einen rotseidenen Kimono über die Schultern. Ich stand, das ältere der Kinder an mich gedrückt, am Fenster.

«Lieber, lieber Vater im Himmel, sende Deine Engel, daß sie uns beschützen!» Mein ganzes Denken war ein Gebet.

Im Nebenraum dröhnten Schritte. Die Tür wurde aufgestoßen. Mehrere Yasquis-Indianer, mit vorgestreckten Gewehren, stürmten herein. Im gleichen Augenblick stutzten sie, traten scheu zurück. Den Eintretenden gerade gegenüber saß die Mutter auf einem kleinen Hocker. Über den roten Kimono fiel das gelöste Haar. Das kranke Kind, im weißen Nachthemd, ruhte auf ihrem Schoß. Die Morgensonne hüllte Mutter und Kind in einen hellen Schein. Der Anführer der Indianer riß seinen Hut vom Kopf, preßte ihn gegen die Brust und murmelte mit fast versagender Stimme: «Heilige Mutter von Guadalupe, nimm uns in Deinen Schutz.» Während er das Zeichen des Kreuzes an Stirn und Brust machte, drängte er die anderen Männer zur Tür hinaus. Gleich darauf vernahm man aufschlagende Pferdehufe; sie verließen die Hacienda.

Zitternd vor Erregung warf ich mich vor der Schwester auf die Knie. Es war so unfaßbar!

«Er hat eine Madonna in dir gesehen!» —

Jetzt waren, außer uns beiden Frauen und den Kindern, keine

Lebewesen mehr in Babicora. Die Ställe standen leer. Auch der alte Mexikaner war verschwunden.

Allein, abgeschnitten von der Welt, ohne Schutz und Waffen und ohne Lebensmittel.

Und doch waren wir voll Zuversicht. Hatte der Herrgott uns so offensichtlich beschützt, würde er auch weiterhin Seine Hand über uns halten.

Am Morgen des fünften Tages liefen die Kinder dem Vater entgegen. Er hockte, genau wie bei der Abfahrt, neben dem alten Indianer auf dem Eselsgefährt.

«Ich habe mir die schwersten Vorwürfe gemacht, euch allein gelassen zu haben», stieß er hervor.

Wir Schwestern blickten uns an. Waren wir wirklich allein gewesen? Ruhte nicht eine Hand über uns? Was wäre geschehen, wenn er bei dem Überfall, wie man wohl annehmen mußte, versucht hätte, seine Familie zu beschützen? Oh, es gab göttliche Bestimmungen. Er *sollte* gehen. Und nun war ja auch alles gut. —

Kurz darauf klapperte der viersitzige Wagen aus dem Hof hinaus. Wildzerklüftet, unberührt von der Kultur der Menschen, zog sich der schmale Pfad durchs Gebirge. Riesenkakteen, behangen mit leuchtend roten Früchten, überwucherten die Felswände. Wir fuhren durch mannshohes Gras und durch Halden, die von blauen Doldenblumen bestreut waren. Über dieses Blütenmeer schossen immer wieder Kolibris wie zuckende leuchtende Sternschnuppen. Sie blieben mit schwirrenden Flügeln über einer Blüte stehen, als ruhten sie in der Luft, und senkten ganz plötzlich die langen feinen Schnäbel in die Kelche.

Der alte Indianer erzählte von dem weitverbreiteten Handel mit Kolibribälgen, die in früheren Jahren den reichen Mexikanern als Kleiderschmuck dienten.

Je höher die Sonne stieg, umso unerträglicher wurde die Hitze, denn der Wagen besaß kein Dach. Wir brachen Äste und Zweige von den Baumriesen, befestigten sie an den Seitenwänden und spannten unsere Mäntel darüber. Bereits gegen Mittag war der Wasservorrat erschöpft. Aber es vergingen Stunden, bis wir tief unten, aus einer Felsspalte hervorbrechend, eine Quelle erblickten.

Um sieben Uhr abends erreichten wir ein einsames Gehöft. Zwei

Hunde stürzten uns kläffend entgegen. Sofort erschien ein alter weißbärtiger Mann im Torweg.

«Blitz! — Donner! — Zurück ihr verdammten Biester!»

Ein Landsmann! Der Alte war außer sich vor Freude.

Geschäftig und glücklich baute er alle Schätze seiner Küche vor uns auf.

Hinter dem Wohngebäude der kleinen Niederlassung befand sich, von einer Mauer umgeben, ein viereckiger Gartenraum. Der Blütenreichtum Kaliforniens schien sich hier im Kleinen zu wiederholen.

Ich hatte still das Haus verlassen, denn ich sehnte mich nach dem Frieden der Einsamkeit. Wie eine Wolke senkte sich die Dunkelheit herab und verwischte alle Konturen.

In Mexiko ist die Zeit der Dämmerung sehr kurz. Sie ist wie eine Hand, die sich nur ausstreckt, um das Tageslicht zu löschen. Schon im nächsten Augenblick hing der Himmel voller Sterne. Betäubender Duft entstieg den Blumenkelchen.

Kein Laut in der Luft. Nur hin und wieder in der Ferne der Schrei eines Wildesels. Wenige Augenblicke später überschüttete der Mond den Gartenraum mit geheimnisvollem Licht. In Büschen und Sträuchern hingen hin- und herflatternde Sterne. Sie stiegen hoch, bis über die Mauer hinaus, und ließen sich wie ein breiter glitzernder Strom ins Gras zurückfallen — Glühwürmchen.

Ich setzte mich still auf eine Holzbank. Alles, was in den letzten Tagen leidenschaftlich verworren gewesen war, begann sich zu lösen.

«Fred Doland, du hast mich sehr glücklich gemacht. Was sich durch Karl Ibel zur Knospe in mir entfaltete, hast du zur Blüte gebracht. Ich will sie in mir hüten, wie ein Heiligtum, wie eine große Gnade, unter deren Lichtschein ich weitergehen werde, um das auszustrahlen, was ihr beide mir gegeben habt: Liebe.

Niemals sollst du deine kleine Señora schwach oder verzagt sehen. Um deiner Liebe willen, werde ich ein starker, froher Mensch sein. Nicht an mich selbst denken, sondern nur an die Aufgabe, die Gott mir ins Herz legte. Du warst kein Mensch, dem man nachtrauert, sondern dem man nachlebt, stark, mutig, seiner eigenen Kraft bewußt. Aber ich kann nicht mehr in Mexiko sein. Es nimmt mir den Atem, verkrampft mein Herz. Und es war auch nicht dein Wille. Eines Tages werden sie meine Hilfe nicht mehr nötig haben, dann kehre ich zurück nach El Paso, versuche mich als Krankenschwester zu betätigen und nehme meinen Plan wieder auf, ein Kinderheim zu gründen.»

Plötzlich weinte ich still vor mich hin. Nicht aufbegehrend im Schmerz, sondern in der innerlichen Gewißheit:

Es hat jeder eine Aufgabe auf Erden zu erfüllen. Der Weg dahin ist oft hart und schwer. Nur der unbedingte Gehorsam dem göttlichen Willen gegenüber macht ihn zur Selbstverständlichkeit! —

Die Hunde schlugen an. Der Schwager stand im Gartentor.

«Kind, hier sitzt du! Komm herein. Wir müssen um vier Uhr wieder los.»

Gegen Mittag des dritten Tages trafen wir mit dem Gebirgszug zusammen, der nach Chihuahua fuhr. Auf unseren Anruf hielt er und nahm die Reisenden auf; nur der Indio trabte mit seinem Eselsgefährt allein weiter.

Unerwartete Ereignisse

So wie Worte ohne nachfolgende Taten sinnlos bleiben, ist es auch der Glaube, dem die beweisenden Werke fehlen.

Noch zweimal mußten die noch immer wieder fliehenden und zurückkehrenden Ausländer die Stadt Chihuahua verlassen. Dann schien Ruhe einzukehren.

Aber jetzt trat ein anderes Ereignis in den Vordergrund.

Der Weltkrieg!

Viele hielten es für ihre Pflicht hinüberzufahren. Aber es war längst alles gesperrt. Das Einzige, was man tun konnte, um seinen Einsatzwillen zu beweisen, bestand darin, größere Summen zu finanzieren und hinüberzuschicken. So reihte sich bald ein Wohltätigkeitsfest an das andere.

Auf einem Tanzabend der deutschen Kolonie, den ich trotz meines Sträubens gezwungen wurde mitzumachen, hatte ich, die keinen Tanzschritt kannte und — wie ich es wohl spürte — von den Tänzern abgelehnt wurde, ein unvergeßliches Erlebnis.

Graf Advin erschien. Sogleich waren aller Augen auf ihn gerichtet. Man wußte, daß er Vortänzer am Wiener Hof gewesen war, jedoch hatte ihn noch keiner bisher tanzen gesehen. Der alte Herr, unverfälschter Österreicher aus altem Adel, durchquerte den Saal. Vor mir, der Erschrockenen, blieb er lächelnd stehen und beugte sich über meine Hand. Stumm betraten wir das Parkett. Ein Wink — die Musik setzte ein. Aber keiner der anderen Tänzer rührte sich. Wir blieben das einzige Paar.

Noch immer glaubte ich mein Herz müsse vor Schrecken aussetzen. Jetzt kam die große öffentliche Blamage! — Ich konnte doch nicht tanzen, hatte nie —

Und dann schwebte ich dahin wie auf Engelsflügeln. Nein, das war kein Tanzen! Es war ein Schweben, so wie ich es als Kind auf meinen nächtlichen Ausflügen erlebt hatte. Die Musik trug mich. Von dem Mann an meiner Seite schien ein innerer Befehl auszugehen, ein Befehl, der alles löste, was noch verkrampft in mir ruhte.

Als er mich endlich zurückführte, war ich wie von einem Traum umfangen. Jubel umbrauste uns.

Es war das große Erlebnis meiner Jugend, aber zugleich auch ihr Abschluß.

«Erinnerst du dich noch des Kartoffeltheaters, das ich auf Möhlhorst inszenierte?»

«Genau. Entzückend diese Kartoffelköpfe mit den runden Nasen!»

«Ich möchte das machen, als öffentliche Vorstellung. Vielleicht ‚Schneewittchen'».

Noch am gleichen Tage entstand das erste kleine Märchen als Grundlage für spätere unzählige Puppenspiele.

«Am zehnten Januar, nachmittags drei Uhr, große Theatervorstellung!»

«Schneewittchen und die sieben Zwerge.»

Überall sah man die Plakate hängen.

Das kleine Publikum saß dicht gedrängt. Es war beglückend,

über das zwischen eine Tür gespannte Bettuch hinwegzugucken, um die erwartungsvollen Augen der Kinder zu sehen.

Auch viele Mexikaner kamen. Unter ihnen der kleine Sohn von Villa (er hatte seine Familie in Chihuahua zurückgelassen).

Verstehen würden sie kein Wort, aber das schadete nichts. Es war Theater, Märchentheater. So etwas hatte es in Chihuahua noch nicht gegeben.

Die Glocke ertönte. Hans Kiekemal, ein Riesenglasauge im Kopf, brachte als Ansager erst einmal den Kontakt. Dann erschien die böse Königin, Schneewittchen, der Prinz, Jäger, die sieben Zwerge. Die Kinder zählten laut: eins, zwei, drei, vier, fünf, sechs, sieben. In Wahrheit waren es nur zwei; aber sie trugen einmal eine Axt, das nächste Mal eine Laterne, jeder hielt etwas anderes in der Hand. Dadurch war die Wirkung von sieben Zwergen erreicht. Der gläserne Sarg schwankte vorbei. Der rotbäckige Apfel fiel hinunter und rollte unter die Stühle der kleinen Zuschauer. — Es war ein beneidenswerter Erfolg. Es blieb auch nicht bei dem einen Spiel, der Andrang war zu groß.

Hans Paulsen, der mir hinter den Kulissen behilflich war, meinte bewundernd: «Ich glaube, Sie wissen gar nicht, was da in Ihnen steckt. Sie sind eine fabelhafte Schauspielerin und verstehen es unwahrscheinlich, nicht nur die Kinder, sondern auch die Erwachsenen mitzureißen.»

An diese Worte sollte ich später noch oft zurückdenken.

An demselben Abend fragte er mich, ob ich Lust habe, ihn einmal auf einer seiner romantischen Vollmondfahrten ins Gebirge zu begleiten.

Eine lichte warme Nacht. Hans Paulsen half mir in den kleinen zweirädrigen Wagen. Im Trab ging es durch die Stadt, hinaus in die Sierra. Er deutete auf eine Ruine.

«Das war einmal die Kapelle der Madonna von Guadelupe. Man hat sie völlig zusammengeschossen.»

«Guadelupe? Das war doch die Heilige, die uns in Babicora das Leben rettete.»

«Sie wird inbrünstig von den Indianern verehrt. Wie der Volksmund erzählt, soll sie einem vor Durst verschmachtenden Indianer erschienen sein. Dort, wo sie vor ihm gestanden hatte, rieselte plötzlich eine Quelle.»

Leuchtend stand der Mond am Himmel. In weichen Wellenlinien lag das Gebirge vor uns. Wir ließen schweigend den Zauber der Nacht auf uns einwirken.

«Ich muß mir solche Stunden verschaffen», sagte Paulsen nach einem langen Schweigen, «sonst könnte ich es in Chihuahua nicht aushalten. Die Unsicherheit des Landes riß mich immer wieder aus meinen geologischen und archäologischen Studien. Man muß die Pyramiden von San Juan Teatihuaca gesehen haben, um zu ahnen, daß unter dem dunklen Lavastein Mexikos ein glühender Strom fließt. Ein Strom von fanatischem Haß gegen das Fremde, vor allem die Gringos, die Amerikaner, das einem Volk die Seele rauben wollte, und nicht die Kraft besaß, sie ganz zu töten.»

Überall ein Huschen und Flattern von Nachtvögeln und riesengroßen Insekten. Wildkaninchen verschwanden lautlos in ihren Erdhöhlen. Aus einem Mescitogebüsch glühten uns zwei grünlich phosphoreszierende Augen entgegen. Der große geschmeidige Körper eines Raubtiers verschwand sprunghaft.

«Ein Puma.»

«Ich glaubte, Silberlöwen gibt es nur im Hochgebirge.»

«Vielleicht hat er sich hinunterverirrt. Quien sabe.»

Hinter vorspringenden Felsenmassen leuchtete Feuerschein. Plötzlich stand ein Mann neben uns. Ein Indio.

«Amigo» (Freund), sagte Paulsen, «ihr habt dort ein Lagerfeuer?»

«Ja, Herr.»

«Können wir es sehen?» Er griff in die Tasche und drückte dem Mann ein Silberstück in die Hand. Der lächelte mit weißen Zähnen, griff in die Zügel und führte das Gefährt um die Klippen.

Ein Bild wilder Romantik. Um ein helloderndes Feuer hockten und lagen viele Männer. Eine hohe dunkle Gestalt, an eine Stechpalme gelehnt, begann gedämpft die Trommel zu schlagen. Frauen und Mädchen gingen im langsamen Tanzschritt um die Flammen.

«Woher kommt ihr?»

«Aus Chihuahua, Herr. Wir feiern heute unser Fest. Es sind nicht mehr viele, die meisten sind verhungert...»

Paulsen zog abermals seine Geldtasche hervor und schüttete den Inhalt dem Indianer in den Filzhut. Andere Männer näherten sich, grellfarbige Serape um die Schultern geworfen. Einige trugen Federn in den fettglänzenden Haaren.

Die Trommel am Feuer schwieg. Es wurden Schalen herumgereicht. Die Männer tranken.

«Du sollst ins Lager kommen, deutscher Bruder.»

Paulsen wußte, daß es sich um Pulque handelte. Er kannte die Wirkung und griff nach dem Zügel. «Es wird uns zu spät, amigos.» Das Gefährt ratterte talabwärts.

Die Kuppeln von Chihuahua tauchten auf. Im Mondlicht leuchteten die Türme der Kathedrale.

Die Nacht war fast taghell. In den menschenleeren Straßen dröhnte der Hufschlag des Pferdes auf das Pflaster.

Und dann plötzlich, aus dem Hinterhalt, ein Schuß. Eine Kugel durchschnitt haarscharf den Raum zwischen den Köpfen der beiden Wageninsassen und drang in das hintere Verdeck.

Das Pferd begann zu tänzeln. Paulsen riß es zur Seite. Im Galopp jagten wir durch die Straßen. Kurz darauf hielten wir vor dem Haus der Schwester.

«Fred Doland erzählte mir von Ihrem Schutzgeist», sagte Paulsen, als er mich behutsam aus dem Wagen hob, «jetzt weiß auch ich, daß Sie einen besitzen.»

«Aber jeder Mensch hat einen Schutzengel, Sie so gut wie ich. Ohne ihn hätte der Abschluß unserer unvergeßlich schönen Fahrt anders ausfallen können.»

Er sah mich ernst an. «Ich glaube, ich stehe im Begriff, meinen alten Kinderglauben wieder hervorzuholen.»

Während dieser Zeit schrieb ich abends, in der Stille meines Zimmers, den ersten Roman. Es war wie ein Strom in mir, der nicht zu halten schien.

Ich sandte das Manuskript an die New Yorker Staatszeitung, wo es kurz darauf erschien. Überglücklich übergab ich mein erstes Honorar dem deutschen Konsul. Es wurde dem ‚Roten Kreuz' überwiesen.

Der letzte Abschnitt

Oft sind die Gedanken wie ein Labyrinth, in das man sich verlaufen kann. Glaubt man, den geraden Weg gefunden zu haben, tut sich eine Seitengasse auf, die abseits führt und das Denken aus der Richtung lenkt, die man zielsicher im Auge hatte. Kreuz und quer laufen die Gassen, springen förmlich hinein in die gerade Linie, verwirren und täuschen. Darum besinne sich jeder genau, ob er wirklich den rechten Weg gewählt hat, der zum Ziel führt.

«Und du bestehst auf deinem Entschluß, nicht mit uns zurückzukehren?»

«Ja. Quäle mich nicht. Ich kann und will nicht mehr.»

«Ach was, es liegt nur daran, daß du dich nicht zum Heiraten entschließen kannst. Bei dem Kranz deiner Verehrer sollte doch wohl einer dazwischen sein, der dir zusagt. Und wenn du dann erst ein Kind hast, vergeht auch dein Heimweh.»

Ich antwortete nicht. War dieses leise pochende Weh wirklich nur Heimweh? Galt es nicht einem verlorenen Glück?

Seltsam, seit Fred Doland aus meinem Leben hinausgetreten war, verweilten meine Gedanken immer wieder bei Karl Ibel. Manchmal schien es mir, als hätte er sich nur in Fred Doland verkörpert, und ich hatte die Liebe zu dem Toten in den Lebenden hineinversenkt. Jetzt, da dessen irdisches Dasein sich aufgelöst hatte, stand der, den ich bis in Ewigkeit lieben würde, abermals im Lichtgewand vor mir.

War er meine Dual-Seele, die zweite Hälfte meines Ichs? Hatte Gott unsere einstige himmlische Einheit gelöst und ließ uns getrennt den irdischen Lebensweg gehen? Aber die Sehnsucht zur Wiedervereinigung blieb, war nicht auszulöschen.

Nichts konnte mich bewegen, nach Chihuahua zurückzukehren. Seit einem Jahr arbeitete ich als ‚trained nurse' unter dem besonderen Schutz des deutschen Arztes. Natürlich hätte ich jederzeit nach Californien fahren können, um bei der Schwester Fred Dolands zu bleiben, oder um dort meine Arbeit als Krankenschwester aufzunehmen. Aber da war diese unerklärliche Unruhe in mir, allerdings erst, nachdem mir ‚der Lange', mit dem ich nun endlich in Briefwechsel stand, geschrieben hatte: «Ich hoffe noch immer, an Ihrer Seite nach Deutschland zurückzukehren. Ich erhielt ein Angebot von einer großen Firma in Bremen und werde es nach Kriegsschluß annehmen. Gleichzeitig hat man mir hier den leitenden Posten der Baumwollabteilung im Landwirtschaftlichen Ministerium angeboten. So werde ich am ersten Januar nach Austin, der Hauptstadt von Texas, übersiedeln.»

Zurück nach Deutschland? Fort aus diesem seelenlosen Häusermeer, der trostlosen Sandebene, dem ewigen Staub! Endlich wieder durch grüne Wälder wandern können, Anemonen und Hundsveilchen hervorbrechen sehen, Vogelgezwitscher hören!

Immer tiefer verlor ich mich in meiner Sehnsucht, immer häufiger hörte ich die Worte Fred Dolands in mir aufklingen: ‚Du wirst hier ewig Heimweh haben ...' Warum konnte ich keinen Entschluß fassen? Der einzige Weg zurück in die Heimat führte über Austin.

Natürlich würde ich ihm eine gute Frau sein, er hatte es verdient mit seiner Treue. Seine Kindheit und Jugend waren einsam gewesen; das hatte er mir auf der ‚Chemnitz' erzählt. Vielleicht war ich auserwählt, Freude in sein Leben zu tragen. Es war eine Aufgabe, eine schöne Aufgabe.

Meine Gedanken verliefen sich, kehrten mit Zweifel beladen zurück. Erst als die Geschwister nach Chihuahua zurückgefahren waren, und die innere Einsamkeit mich zu erdrücken schien, faßte ich den Entschluß, ihn zu heiraten. —

Als ich ihm in Houston gegenüberstand, hatte ich das Gefühl, sofort umkehren zu müssen. Er war mir völlig fremd. Außerdem schien mir der Gedanke, diesen ausgefallen großen Menschen zu heiraten, einfach unmöglich.

Wahrscheinlich dachte er ähnliches, denn wir bestiegen beide, eher bedrückt als frohen Herzens, den wartenden Wagen. Zwei Herren, die als Trauzeugen einspringen wollten, schlossen sich uns an.

Während der Fahrt durch die stickig heißen Straßen von Houston überfiel mich eine plötzliche Schwäche.

‚Ich kann nicht, lieber Vater, es geht über meine Kräfte! Ist dieses wirklich der Weg, den ich gehen soll? Es ist mir, als müsse alles in mir erstarren. Muß ich ihn aber beschreiten, dann gib mir Kraft, meinem Versprechen treu zu bleiben, diesen Mann glücklich zu machen!‘

Aufzeichnungen aus Tagebuchblättern

Austin, 1916

Wir sind fast immer auf Reisen. Kreuz und quer durch Texas. Es ist überall dasselbe. Endlose Baumwollfelder, alles Staub und sengende Hitze. Will besichtigt Baumwollfarmen, Tabak und Zuckerfelder. Vom Rio Grande bis hinauf zum Red River gleicht ein Ort dem anderen. An den Straßenecken hocken Negerjungen und saugen an dem leuchtend roten Fleisch der Wassermelonen. — Endlich etwas anderes als Sand und Staub!

Wir hatten eine Autofahrt ins Gebirge zu einer der uralten Indianerquellen unternommen. Ein junger Indianer führte uns durch den Wald. Er trug ein mit Perlen verziertes Wams, enganliegende braune Hosen und an den Füßen weiche Mokassins. Wie er über die Wurzeln hinwegglitt, schweigend, mit vorgeneigtem Kopf, als müsse er auf das Atmen der Bäume, den Herzschlag des Waldes achten, so gehört der Mensch in diese erhabene Größe, die von Jahrtausenden spricht. Wir, Will und ich, waren Eindringlinge, Fremde. — Wuchtige Felsblöcke umschlossen einen freien Platz. In deren Mitte sprudelte eine Quelle kristallklar aus dem Gestein. ‚Die Quelle des Lebens‘. Eine steinerne Rinne leitet sie ins Tal hinunter. Ehrfürchtig deutete der Jüngling auf die Steinblöcke, die um die Quelle gelagert waren. Wahrscheinlich dienten sie ehedem als Sitze. Hier war seit urdenklichen Zeiten der Richtplatz, an dem sich die Häuptlinge zu ernsten Beratungen versammelten. Hier aus der Quelle des Lebens, schöpften sie Mut und Weisheit; hierher führten die Mütter ihre Söhne, die Männer ihre Frauen, um gemeinsam das heilige Wasser zu trinken. — Plötzlich stand ein alter Indianer neben uns. Er hielt in der linken Hand ein totes Eichhörnchen, in der rechten eine Art von Schleuder.

Er war von gemessener Freundlichkeit, erklärte uns an der Art, wie die Steinblöcke behauen sind, die Herkunft der Indianerstämme, die hier abwechselnd gewohnt hatten und auf die mühevolle Arbeit, mit der die steinerne Rinne ins Tal gelegt worden war. Nachher ließ er es sich nicht nehmen, uns durch den Wald zurückzuführen.

Heute telefonierte Will, ich möchte hinunterkommen in ‚The happy corner', ein Restaurant in der Stadt. Es habe uns jemand eingeladen. Das war wirklich eine Überraschung: Vor mir stand der alte Indio in ganz großer Aufmachung. Ein wundervoller, über den Rücken lang hinunterhängender Kopfschmuck aus Adlerfedern, ein mit Perlen überreich bestickter Überwurf und ebensolche Hosen. Er schien in voller Ausrüstung, von der Friedenspfeife bis zum Tomahawk. Unwillkürlich verweilten meine Gedanken bei den armen Indios oben in der Sierra bei Chihuahua.

Immer der gleiche Unterschied. Das arme, ausgesogene Land mit seiner hungernden Bevölkerung und hier der zufriedene Reichtum. Er war auf einer Schau gewesen und hatte sich, nur durch sein Auftreten, eine hübsche Hand voll Dollar verdient.

Während und nach dem Essen schien sich der Blick des Mannes nicht von mir lösen zu können. Er umklammerte mich in fast anbetender Bewunderung. Es verwirrte mich.

Zum Abschied schenkte er mir ein kleines, erst vor kurzem geschlüpftes Krokodil. Es schwamm in einer breiten Wasserflasche. Mit einer feierlichen, ruhevollen Bewegung umschloß er meine beiden Hände.

«Schatten steigen aus Schluchten. Wolken, Wolken. Es ist wie eine große Not. Aber das Licht in dir strahlt. Es umhüllt dich wie eine leuchtende Sommerwolke. In deinen Augen steht der Sieg und auf deiner Stirn glänzt das Mal der Gezeichneten.»

Er hob meine Hände empor und legte einen Augenblick seine Stirn darauf. Dann verschwand er fast lautlos.

Ebenso schweigend verließen wir das Lokal.

Es glückte uns, ein kleines Haus zu mieten. Es stand schon länger unbewohnt. Will begann sofort, aus dem Feld von Unrat und leeren Konservenbüchsen, von dem es umgeben war, einen Garten hervorzuzaubern.

Dank meiner alten, unverwüstlichen Frohnatur, glaubte ich nun doch meiner Aufgabe an seiner Seite gewachsen zu sein.

Auch bemühte ich mich, den Anschauungen und Anforderungen dieses Landes gerecht zu werden. Jeder nütze, wo immer er sich befindet, die Arbeitskräfte und Kenntnisse aus, die ihm gegeben wurden, nicht nur für sich, sondern zum Segen aller. Nur dann verschmelzen Lebensberechtigung und Lebenserfüllung des ganzen Erdballs zu einem Gesamtbild, in dem nationale Begriffe verblassen und ein weltweites geistiges Verstehen alle Gegensätze zwischen den Völkern auslöscht. Ich sprach mit Will über meine Gedanken. Er meinte, es sollte da ein unumstößliches Gesetz geben: Jeder stehe mit seinen Kräften dem Land zur Verfügung, das ihn und seine Familie ernährt.

Ich will versuchen, Kranken und Hilflosen zu helfen.

Was ist geschehen?

Ich konnte es kaum abwarten bis Will nach Hause kam. Mein Herz war so übervoll. Als ich es ihm dann, ganz aufgelöst vor Freude, erzählte, trat eine Starre in sein Gesicht.

«Wir müssen sofort etwas unternehmen! Du darfst es nicht austragen!»

«Will, was ist dir? — Warum —?»

«Es kann nicht leben! Es wird sterben!»

«Sterben? Noch nicht zu vollem Leben erwacht, soll es sterben?»

«Ich werde sofort mit Doktor Harms sprechen.»

«Niemals! Keiner wage es, mein kleines Kind anzurühren! Niemand! Außer Gott!»

Er warf sich auf einen Sessel und begann zu weinen. Es schien mir erbärmlich.

«So sage doch wenigstens, warum es nach deiner Ansicht sterben muß.» Er schwieg. Schwieg auch weiterhin. Aber es verging kein Tag, an dem ich nicht die entsetzlichen Worte hören mußte: Es wird sterben.

Das Haus lag auf einer kleinen Anhöhe. Garten und Hof waren

von einer Holzplanke umgeben. Vorne schloß es mit der Straße ab, hinten lagen unbewohnte Niederungen. Nur eine wunderliche Hütte aus Lehm, Holz, Schilf- und Blechstücken zusammengeklebt, drückte sich hinten an unsere Holzplanke. Vor dem Fenster, das eigentlich nur ein Ausguck war, eine Öffnung ohne Glas und Rahmen, hing ein Sack. Ein buntes Durcheinander von Sonnenblumen und Maisstauden umgab diese eigenartige Behausung. Will meinte, es sei eine alte Negerhütte. Aber häufig, wenn ich durch meinen Garten ging, klang ein eintöniger gleichmäßiger Gesang zu mir herüber. Die Hütte war also bewohnt. Das mußte ich mit eigenen Augen sehen. Es war noch früh am Morgen. Ich ging außerhalb unseres Gartens an der Holzwand entlang, bahnte mir einen Weg durch Sonnenblumen und Maisblätter und stand plötzlich am Eingang der Behausung. Es war dunkel im Raum. Ein alter Neger hockte auf einem Schemel; auf seinen Knien lag ein vergilbtes Buch. Sein kurzes weißes Kraushaar stand wie ein Heiligenschein um den hageren Kopf. Die grauschwarze Gesichtshaut schien nur über Knochen gespannt zu sein. Er blickte mir entgegen.

«Ich möchte gern meinen Nachbarn kennenlernen», sagte ich, «ich wohne dort drüben.»

Er stand langsam auf, legte umständlich sein Buch auf ein Brett, das an zwei Tauen von einem Deckenbalken herniederhing.

«Wie schön und friedlich wohnen Sie hier, ganz von Sonne und Blumen umgeben.» Ewas in dem Blick des alten Negers berührte mich warm. Ich lauschte seiner brüchigen Stimme.

Von zwei Bindfäden hinter den Ohren gehalten, klebte eine Brille auf seiner Nase. Er schob sie hoch, stoßweise kamen die Worte über seine trockenen, rissigen Lippen. Er sprach nicht von dem Schmutz und der Verkommenheit, die um ihn lagerten, sondern von seinem reichen, zufriedenen Leben. Er deutete auf die Blumen vor seiner Hütte, deren Wachstum er täglich verfolgte. Von der Sonne, dem Himmel erzählte er, an dem er jede Wolke mit den Blicken verfolgte, von der Freude an den schönen Liedern im Gesangbuch und seinem Wunsche, hier eines Tages still einzuschlafen.

«Es ist nun bald so weit», schloß er mit einem verklärten Lächeln, «dann gehe ich ein in die ewige Freude. Jeden Abend kommt Bruder Joe zu mir und bringt mir ein Schälchen Brot und Milch. Dann sprechen wir von den schönen Dingen und freuen uns, daß der nächste Tag uns dem Himmel näher bringt.»

Sein Blick ging über mich hin. «Ma'am, Sie tragen Ihr Kind, wie eine Königin die Krone. Es wird ein schönes Kind werden.»

Diese einfachen Worte erschütterten mich derart, daß ich mich auf seinen Schemel niederlassen mußte, Tränen stürzten aus meinen Augen. Der alte Neger legte seine Hand auf meinen Kopf.

«Nicht weinen, Ma'am, nicht weinen. Das schadet dem Kindchen. — Warum auch weinen? Sind Sie nicht gesegnet worden von unserem guten Vater im Himmel?»

Ich umklammerte die alten hageren Hände. «Nicht wahr, es wird nicht sterben? Ich fühle doch, wie es sich gesund und kräftig entwickelt. Warum soll es denn sterben, warum denn?»

«Sterben», wiederholte er. «Aber Ma'am, wer spricht denn bei Sonnenaufgang von Sterben? Eine Frau wie Sie ist dafür geschaffen, gesunde Kinder ins Leben zu setzen. Sie müssen nun durch das unbekannte Tor gehen, und es kann sein, daß es Sie mit Angst erfüllt. Aber an Sterben dürfen Sie nicht denken, da müssen Sie schon der Gnade des himmlischen Vaters vertrauen.»

Die Worte gingen sanft und beruhigend über seine Lippen. Es war wie ein Streicheln, und ich hatte mich auch schnell wieder in der Gewalt.

Zuviel war auf mich eingestürmt.

Immer wieder bat ich Will, mir mein Geld mitzubringen. Ich mußte doch anfangen, die Wäsche für das kleine Wesen zurechtzulegen. Er schwieg oder meinte: wozu? Es hätte keinen Sinn. — Und als ich es endlich verlangte, erklärte er mir, er habe damals sehr viele Ausgaben gehabt, und das Geld von mir sei mit draufgegangen. Er könnte mir jetzt auch nichts geben. Ich hatte mir als trained nurse eine größere Summe zusammengespart.

Es war mir, als bräche etwas zusammen, das ich mit viel Liebe und Geduld aufgebaut hatte.

Nein, nicht verdammen, nicht anklagen. Des Kindes wegen immer wieder versuchen, Freude auszustrahlen.

Ich nähte heimlich die kleinen Sachen; er durfte es nicht sehen.

Auch einen Wäschekorb hatte ich mir als Wiege zurechtgemacht. Ich hielt ihn oben auf dem Boden versteckt.

Neun Monate habe ich mein Kindchen in mir getragen, und neun Monate hörte ich nichts anderes als das eine: Es wird sterben! Es kann nicht leben!

Und neun Monate habe ich mich an Gott geklammert.

Dann war alles vorüber.

29. Juli 1917

Sie trugen den kleinen Sarg hinaus. Ich lag allein. Die alte Negerin saß in der Küche und kühlte ihre Füße im Wasserbad. Es herrschte eine ungewöhnliche Hitze.

Mir war's, als säße ein Engel an meiner Seite. Woher wäre sonst dieser Friede in mir gewesen? Keine Klage, kein Aufbegehren, nur Friede, und ein sich still Hineinfügen in Gottes Willen. Aber auch keine Träne.

«Noch niemals sah ich solch ein schönes Kind», sagte die alte Negerin. «Es ist wie aus Marmor. Der ganze Kopf voll blonder Locken. Es muß wohl doch ein Engel gewesen sein.»

Ja, es wurde bereits als Engel geboren. Nur einmal schlug es ein Auge auf, nur eines — groß, lichtblau und sah mich an, ernst, wissend. Seit diesem Blick wurde es still in mir. Dieser eine Blick löschte alles aus, was an Leid und Aufbegehren hochsteigen wollte. Es war ein Blick aus und ins Himmelreich. —

Will kam von der Beerdigung zurück. Er war wie verfallen. Wir hatten noch kein Wort miteinander gesprochen. Er sah mich an mit einem Blick tiefster Verzweiflung; dann stürzte er vor meinem Bett in die Knie. Noch nie habe ich einen Mann so haltlos weinen gesehen.

Woher wußte er, daß unser Kind sterben würde? Still legte ich die Hand auf sein dichtes blondes Haar. Armer Junge. In diesem Augenblick wußte ich es. Wie eine Offenbarung lag es in mir:

«Es war alles so unverständlich, aber ich glaube es jetzt zu begreifen. Antworte mir ganz offen. Du warst krank, wie viele junge Menschen es werden, die unaufgeklärt ins Ausland gehen. Jemand hatte dir gesagt, daß sich in dein erstes Kind alle eventuell noch vorhandenen Gifte hineinziehen würden, so daß es unweigerlich sterben müßte. Habe ich recht?» Er würgte ein ‚Ja' hinaus.

«Du hast es geglaubt, ob es auf Wahrheit beruhte oder nicht. Du hattest nicht einmal die Kraft, diesen furchtbaren Gedanken für dich zu behalten. Im Gegenteil, du versuchtest, ihn in mich hineinzupressen. Du tötetest dein Kind durch Suggestion.»

Seine Qual, sein Schmerz waren entsetzlich. Das letzte Aufbäumen in mir schmolz dahin. Jetzt hatte er Liebe nötig, und ich wollte sie ihm geben. Vielleicht von diesem Augenblick an erst aus reinem Herzen, denn sie entstieg jetzt der Barmherzigkeit, nicht mehr dem Mitleid.

Mein Vater, niemals soll ein ‚warum?' in mir aufsteigen. Mein Kind ist geborgen, wer weiß, was uns noch bevorsteht. Der Krieg hat Amerika und damit auch uns hineingerissen in Sorge um die Zukunft.

Trennung

1917

Es ist leichter, sich mit den Tatsachen abzufinden, als vor einem ungewissen Geschehen stehen zu müssen. Tatsache war, daß Will, als Deutscher, sehr bald verhaftet wurde. Es war nichts anderes zu erwarten. Die Festnahme geschah auf einer landwirtschaftlichen Ausstellung in Waco. Gleichzeitig wurde unser Heim in Austin beschlagnahmt. Als eine der vielen Frauen, deren Männer nicht nationalisiert waren, mußte auch ich die Auswirkungen dieses Krieges über mich ergehen lassen.

So stand ich, nach meinem Zurückkommen aus Waco, völlig mittel- und obdachlos auf der Straße.

Mit müden Schritten durchkreuzte ich die Anlagen vor dem Kapitol. Da saß noch auf seinem hohen Stuhl der kleine Negerjunge, von dem sich Will an jedem Morgen die Stiefel putzen ließ. Hell erklang sein Lockruf: «Want a shine?».

Und dann stand ich vor unserem Haus, das ich nicht betreten durfte. Im Garten lag alles welk, auch in den Blumenkästen vor dem Schlafzimmerfenster fanden die kleinen Kolibris, die wir schon morgens vom Bett aus beobachteten, keine Blüte mehr.

Ich setzte mich auf die Treppe, müde, hungrig, zerschlagen. Meine Gedanken verloren sich in Erinnerungen. Es war kein Rosenkranz, den ich flechten konnte, und doch, so schien es mir, hatte die Zeit bereits vieles ausgelöscht, das anfangs nur bitteres Leid bedeutete.

Nein, man sollte sich keinen Erinnerungen hingeben, solange man noch mitten im Lebenskampf stand, sondern unermüdlich versuchen neu aufzubauen. Ich hatte jetzt die Aufgabe zu erfüllen, in dieser augenblicklichen Dunkelheit Will zu stützen. Und das wollte ich. Man muß seinen eigenen Kräften vertrauen so wie dem, der sie in uns hineinlegte.

Meine Seele suchte Gott; nicht in höchster Ehrerbietung, sondern in großer Herzensnot. Wie konnte mir Hilfe werden, wenn ich nur Seinen Namen anrief. — War es nicht lange her, seit ich mich so innig in Seine Liebe hineingebettet hatte?

Morgen würde ich zum ‚federal marshal' gehen und um die Erlaubnis bitten, meine Privatsachen herauszuholen. Unser Gepäck stand noch auf dem Bahnhof.

Müdigkeit übermannte mich. Plötzlich stieg der Gedanke in mir auf: ‚Ob der gute alte Neger noch in seiner Hütte lebt? Er wird mir Schutz geben, und wenn ich nur in einem Winkel bei ihm sitzen darf.'

Gleich darauf bahnte ich mir einen Pfad durch verwelkte und vertrocknete Maisstauden.

Die Tür stand weit offen. Die wunderliche alte Hütte war leer. Fußspuren deuteten darauf, daß man erst vor kurzem einen Toten hinausgetragen hatte. Jetzt war seine Seele in Glückseligkeit, so wie er es sich gewünscht hatte.

Noch erfüllte eine Atmosphäre des Friedens den engen Raum. Auf dem Brett, das als Tisch dienend, vom Dachbalken herunterhing, lagen Bibel und Brille. Es war sein ganzer Besitz. Ich setzte mich auf die armseligen Decken seines Lagers, bereits innerlich entschlossen, hier die Nacht zu verbringen.

Wie deutlich hörte ich in mir seine brüchige Stimme: ‚nicht weinen, Ma'am, nicht weinen. Das schadet dem Kindchen.' — Mein Gott!

Als ich am Morgen die Augen aufschlug, lag neben mir, an meinen Körper geschmiegt, eine Katze, und auf der Brettschaukel stand jetzt ein Korb; Brille und Bibel waren verschwunden.

Bruder Joe hatte dem alten Glaubensbruder Nahrung gebracht. Wahrscheinlich wußte er nichts von seinem Fortgang. Ich fühlte ein Lachen in mir aufsteigen. Wie mochte der Mann erschrocken gewesen sein, über die schlafende Frau in der Hütte.

Im Korb befanden sich Milch, Brot und einige Bananen. Der gute alte Neger hatte es bestimmt für mich stehen lassen. Miauend strich die Katze um meine Beine.

Wir wurden beide satt.

Jetzt zum ‚federal marshal'. Ein schwerer Gang, aber er mußte gemacht werden. Ob er mir meine Sachen herausgeben würde? Und dann? Wohin damit? —

Es verlief alles gut; man warf mir keine Steine zwischen die Füße. Nun irrte ich wieder durch die Straßen. — Ohne Geld, ohne die geringste Möglichkeit, ein Unterkommen zu finden. — Lieber Vater im Himmel, laß mich Deine Hand spüren. Hilf mir! Ich weiß nicht weiter.

Im gleichen Augenblick durchströmte mich ein Gefühl der Geborgenheit. Es war so stark, daß ich imstande gewesen wäre, laut zu singen. Dabei ging mein Blick einem alten Mann entgegen. Er schien mir bekannt. Abermals empfand ich eine innere Freude. Als er an mir vorbeischritt, sagte er auf deutsch: «Die Sonne steht am Himmel. Man sollte wirklich dankbar sein.»

«Ja!» rief ich. Es war wie ein Aufschluchzen. Ich wollte ihm nacheilen, noch mehr von ihm hören; aber er war verschwunden. Als ich mich umwandte, stand eine Frau vor mir. Ich kannte sie flüchtig. Sie war vor Jahren mit ihrem Mann herübergekommen, aber schon lange nationalisiert.

«Da sind Sie ja», rief sie. «Mein Mann hat mich ausgelacht, aber ich *mußte* diese Straße gehen. Und nun finde ich Sie hier. Wir haben natürlich alles in der Zeitung gelesen. Was machen Sie? Wo wohnen Sie? Sie wissen es noch nicht? — Kommen Sie zu uns! — Wir wollen gut zu Ihnen sein. — Ich lasse Sie doch nicht auf der Straße stehen!»

Ihre Worte überstürzten sich. Sie zog mich mit sich.

Ich durfte Will im Gefängnis besuchen. Der alte freundliche Jailer (Gefängniswärter) hatte volles Verständnis für unsere Lage.

So erlaubte er mir, täglich das Mittagessen für den Gefangenen zu bringen, dem ein Magenleiden das Genießen schwerer Kost verbot.

Und doch mußte ich den guten alten Mann betrügen. So schmuggelte ich neben anderem heimliche Trostworte unter die Pappeinlage im Marmeladeglas, in dem sich die Suppe befand. Auf demselben Weg erhielt ich Wills Grüße.

«Deine Briefe sind für mich eine Kraftquelle», schrieb er. «Jetzt versuche ich wieder an die Zukunft zu glauben, denn ich war nahe daran — ich danke dir.»

So übertrug ich immer intensiver meinen starken Willen auf ihn. Ich rang innerlich mit seiner Schwäche, drängte alles Mitleid zurück, um nur Kraft und Lebenswillen auszuströmen.

Ich erhielt einen Scheck von hundert Dollar aus Mexiko. Mein guter Schwager, ob er ahnte, wie nötig ich seine Hilfe hatte? So ging ich ganz beglückt zur Bank. «Der Scheck hat keine Gültigkeit», erklärte man mir, «das Geld aller Deutschen auf amerikanischen Banken ist mit Beschlag belegt. Dieser Scheck ist auf eine Bank in El Paso, Texas ausgeschrieben.»

Deshalb haben sie ihn ruhig durchgehen lassen. Man gab mir den Rat, mich an einen Rechtsanwalt zu wenden. Schnell entschlossen betrat ich das office von Mister Break, dem ersten Anwalt der Stadt.

Ich wurde vorgelassen. Der hagere Mann deutete auf einen Stuhl, aber ich zögerte.

«Mister Break, bevor ich Ihnen mein Anliegen vortrage, muß ich Ihnen sagen, daß ich vollkommen mittellos bin. Wenn Sie unter diesen Umständen . . .» Er unterbrach mich mit einer kurzen Handbewegung.

«Nehmen Sie Platz. Was wünschen Sie?»

Keine Miene zuckte in seinem Gesicht. Schweigend hörte er mir zu. Ich erzählte von Wills Festnahme, seiner körperlichen und seelischen Not, von meiner Lage, und schließlich legte ich den Scheck vor ihn hin. Sein starrer Blick machte mich frösteln. Ich wußte nichts mehr zu sagen, und noch immer schwieg er. So erhob ich mich. Was sollte ich noch . . .

Mit einem Sprung stand er neben mir.

«Sie kleine tapfere Frau! Ich werde alles tun, was in meinen Kräften steht, Ihnen zu helfen. Das Geld für den Scheck glaube ich Ihnen bestimmt verschaffen zu können, da ich mit Mister Gregory, dem Attorney General in Washington, auf gutem Fuße stehe. Kommen Sie mit allen Rechtsfragen zu mir, ich will Ihnen gern ratend zur Seite stehen. Außerdem werde ich meinen Freund Gregory bitten, die Hand über Sie zu halten. Das sollte genügen.»

Warum müssen so viele Menschen das Gute und Erbarmungsvolle, das in ihnen ruht, künstlich verdecken und bemänteln? Die Macht der Persönlichkeit kann sich nur segenbringend auswirken, sofern sie auf reiner Menschlichkeit beruht. War das bei Mister Break der Fall? Ich beschloß, keinen Zweifel in mir aufkommen zu lassen.

Mister Break sandte mir Nachricht, mich abermals an die Bank zu wenden; es sei alles geregelt. Natürlich war ich ihm zu großem Dank verpflichtet, aber ich beschloß doch, nicht wieder zu ihm zu gehen, sondern schriftlich zu danken.

1918

Es war Frühling geworden. Noch immer wartete Will auf eine Entscheidung, auf seine Entlassung. Ein hoffnungsloser Gedanke, aber ich durfte es ihm nicht sagen. Endlich im März, als ich ihm das Mittagessen brachte, erklärte mir der freundliche alte Jailer, daß mein Mann fortkäme, in ein Gefangenenlager. Ich könnte ihn nicht mehr sehen.

«Aber ich darf ihm doch noch Lebewohl sagen?»

Er blickte einen Augenblick schweigend nieder, dann griff er nach den Schlüsseln.

«Ich erhielt den Befehl, Sie nicht mehr zu ihm zu führen. Wenn ich es jetzt tue, handle ich dagegen. Kommen Sie.»

Er ging voran; zum letzten Mal. —

Will stand, das blasse Gesicht gegen das Gitter gepreßt, und schaute uns entgegen.

«Ich werde Sie zu Ihrem Mann hineinlassen», sagte der Alte, «sagen Sie sich Lebewohl, aber schnell.»

Die Eisentür fiel hinter mir ins Schloß. Will preßte mich an sich.

«Jetzt ist jegliche Hoffnung auf Freiheit dahin», stieß er hervor, «aber gelobt sei Gott, daß ich hier herauskomme!»

«Weißt du auch, Will, daß wir diesen Schritt dem Schweizer Gesandten zu verdanken haben? Er hat auf meinen Brief sehr liebenswürdig geantwortet. Sie würden alles tun, um deine Befreiung aus dem Gefängnis zu veranlassen und eine Übersendung in ein Gefangenenlager zu ermöglichen.»

Will hatte mich emporgehoben und auf sein Lager gesetzt. Es bestand aus einer Holzplatte, die durch vier Stricke an der Decke befestigt war. Mit einem Sprung — das Lager schwebte einen Meter über dem Boden — saß er neben mir. Doch im nächsten Augenblick stürzten wir beide unter einem erschreckenden Getöse, Splittern und Krachen auf den Boden nieder. Die Stricke waren durchgerissen, alle Flaschen und Gläser, die unter dem Lager standen, zerschlagen. Wir saßen zwischen den Trümmern, schauten uns recht dumm an, und dann mußten wir lachen . . . lachen.

Völlig verstört, mit schlotternden Knien, stürzte der Jailer herbei. Er riß mich aus der Zelle, drängte mich fort.

Noch auf der Straße hatte ich ein Lachen auf den Lippen. ‚Leb' wohl, Will! Der Himmel schütze dich und mich.'

17. März 1918

Endlich, endlich ein Brief von Will.

Das Fort, in dem er untergebracht war, lag eine Stunde von Chattanooga, der Grenzstadt zwischen Georgia und Tennessee, entfernt. Will schrieb mir, viele deutsche Frauen wohnten dort. Sie dürften einmal wöchentlich ihre Männer besuchen.

Hinter seinen Worten stand ein unausgesprochener Wunsch.

Vor einigen Tagen erhielt ich Nachricht aus New York. Ein Hilfskomitee sieht seine Aufgabe darin, die Frauen der Internierten finanziell zu unterstützen. Sie werden auch mir künftig eine Summe von vierzig Dollar im Monat zur Verfügung stellen. Damit konnte ich genau so gut in Chattanooga leben wie in Austin.

Vier Tage im Southern Pacific.

Es war noch früh am Morgen. Ein blauer Dunst lag über den weiten öden Steppen.

Endlos ist Texas!

Seit Stunden fuhren wir schon durch diese immer gleichbleibende Öde. Hier und dort Stechpalmen, Kakteen und zerzauste Mesquits. Es war eine lange schlaflose Nacht. Der schwarze Wächter schlug die Betten zusammen.

Wie ein Spuk lag das tolle Erlebnis meiner Abfahrt aus Austin hinter mir:

Meine Koffer waren bereits am Morgen aufgegeben. Als ich gegen Mittag den Bahnhof erreichte, sah ich nur noch den Zug abfahren.

«Wenn Missis gut zahlt, bringe ich Missis zum Zug. Keine Angst.»

Der schwarze Taxifahrer sah vertrauenerweckend aus. Also los! Quer über Plätze, durch enge Gassen, jedes Hindernis überrennend, hinaus in die Steppe. Eine Staubwolke umhüllte den Wagen. Aber der Fahrer schien, wie angezogen von einem Magneten, eine genaue Richtung zu verfolgen. Natürlich kam mir der Gedanke: Vielleicht gehört er zu einer Gangsterbande, bringt mich in ihren Schlupfwinkel, um mich dort auszuplündern und dann kaltlächelnd — nein, man soll so etwas nicht heranziehen. Vertrauen haben. —

«Geld heraus! Hurry up!»

Es war ein Kunststück, die Tasche zu öffnen. Meine Hände zitterten, während ich hin und her geworfen wurde.

Da — tatsächlich, vor uns raste der Southern Pacific durch die Landschaft. Und dann geschah etwas, das wohl nur im Lande der unbegrenzten Möglichkeiten zu erleben ist:

In der Mitte einer weitausholenden Kurve hielt der Zug. Eine Tür wurde aufgestoßen — eine schwarze Hand ließ einen Hocker hinunter. Im nächsten Augenblick stand ich darauf, wurde hochgezogen, faßte Fuß. —

Stolz, wie ein Imperator, verfolgt von den Blicken der Reisenden, durchschritt ich den Pullmannwagen. Der Zug raste weiter. —

Jetzt hat Will schon mein Telegramm. «Eintreffe Dienstag 5.30 Chattanooga komme sobald Erlaubnis Gefangenenlager.»

Ich unternahm einen Spaziergang durch die breiten Gänge der Pullmannwagen und beendete ihn im Leseraum. Er klebte wie ein Balkon am Schluß des Zuges. Man saß völlig im Freien und konnte sich an der Gegend ergötzen. Allerdings waren es nur Steine, Klippen und Steppensand.

Houston, die heißeste Stadt im Süden ... Dort haben wir geheiratet. Endlich ein tropischer Landstrich. Hochaufgeschossene Pinien und Palmen, Landstraßen und Ansiedlungen.

An der Grenze zwischen Texas und Louisiana: Ein völlig verändertes Landschaftsbild. Rechts hoher Urwald, durch den hin und wieder der Silberstreifen eines Flusses aufblitzte.

Städte reihten sich aneinander. Hohe Wassertürme. Negerjungen hockten auf den Bahnsteigen, um Erdnüsse und Obst zum Verkauf anzubieten.

Hitze brütete über der Landschaft.

Da war er, der herrliche Mississippi! Uralte Bäume, mit tief ins Wasser hängenden Ästen. Schwer wälzte sich die trübe, dunkle Flut durch das Tal. Weiter unten sah man viele Fischer sitzen. Auch Negerjungen mit Eimern und Blechbüchsen. Sie fingen Bullfrösche. Die fleischigen Schenkel werden von hier aus exportiert.

New Orleans, die Halbmondstadt. Ich mußte den Zug wechseln. Ein Riesentrajekt brachte fünf Eisenbahnzüge zur gleichen Zeit über den Fluß.

Auf der Fahrt durch Louisiana, Mississippi, Alabama und Georgia sah man nichts als nasse Fensterscheiben. Montgomery erreichten wir mit fünf Stunden Verspätung. —

Chattanooga! — Wir fuhren ein ...

Auszüge aus Tagebuchblättern

Nach langem Suchen fand ich Unterkommen bei einem Mister Krug. Er gab mir den Rat, sehr zurückhaltend zu sein und mich in keinerlei Gespräche einzulassen.

«Die Bevölkerung ist aufgereizt», ergänzte er seine Worte, «das großartige Auftreten einiger reicher Damen aus New York, die ihre Männer besuchen, gibt Veranlassung zu vielen Gehässigkeiten. Sie fahren mit eigenen Automobilen ins Lager, wohnen in erstklassigen Hotels und bringen Luxusdinge heraus, die sich nicht einmal unsere Offiziere erlauben können. Halten Sie sich abseits von diesen Frauen.»

Nach Beschaffung eines Passagierscheines aus Knoxville, stand mir der Weg zu den ‚War Prison Barracks' offen. Man fuhr eine Stunde mit der elektrischen Bahn, immer durch herrliche Wälder. Das ‚Camp' selbst lag in einem weiten tiefen Talkessel. Baracke reihte sich an Baracke. Hohes Stacheldrahtgitter umschloß den Platz. Die Freude unseres Wiedersehens konnte nichts beeinträchtigen. Außerdem trugen wir die Gewißheit in uns: Nächste Woche sehen wir uns wieder.

Ich sprach unter vier Augen mit Mister Krug. Er ist Beamter im Polizeihaus.

«Wenn Sie mir versprechen, darüber zu schweigen, will ich Ihnen einen Rat erteilen», sagte er geheimnisvoll.

Ich nickte.

«Durch Zufall habe ich einen Blick in Ihre Akten getan, unter denen sich für Sie schwerbelastende Berichte befinden. Sie stehen seit langem unter scharfer Beobachtung.»

«Ich? Warum?»

«Sie erhielten häufig Briefe aus Mexiko von Ihrem Schwager, die durchaus angreifender Natur sind. Das lenkt die Aufmerksamkeit auf Sie. So sollen Sie zum Beispiel bei dem letzten Fluchtversuch von vier Gefangenen behilflich gewesen sein. Sie sollen alles zu einem Überschreiten der mexikanischen Grenze vorbereitet und Waffen geschmuggelt haben. Sie haben als Einzige unter den deutschen Frauen in Chattanooga einen Kranz auf das Grab eines Gefangenen gelegt, der auf der Flucht erschossen wurde. Bei Briefen an die Behörden suchen alle Frauen Rat bei Ihnen. Ebenso versuchten Sie, durch Ihre Hilfe bei Kranken während der Grippeepidemie, die Sympathie der Bevölkerung zu gewinnen. Sie haben ebenfalls als Einzige unter den deutschen Frauen, den Lookoutmountain bestiegen, vielmehr sind Sie mit der Drahtseilbahn hinaufgefahren. Über andere Sie schwer belastende Berichte, will ich schweigen; sie scheinen mir alle aus der Luft gegriffen. Ich kann Ihnen nur den Rat geben, bleiben Sie so viel wie möglich in Ihrem Zimmer. Sie sind keine Alltagserscheinung. Außerdem beherrschen Sie die spanische Sprache. Was Ihre Lage tatsächlich erschwert, sind Ihre Beziehungen zu Mexiko.»

Er mußte es fühlen, daß ich einer Explosion nahe stand, denn er legte begütigend seine Hand auf meinen Arm.

«Sie haben in meinem Hause gewohnt; ich habe Sie schätzen und achten gelernt. Ich weiß, daß man versucht, Sie unschädlich zu machen. Aber bisher fehlten allen eingegangenen Berichten die Beweise.»

Ich war mir der Tragweite seiner Worte voll bewußt.

«Es ist nur meines Mannes wegen, Mister Krug. Er hat meinen Zuspruch nötiger als Essen und Trinken».

Seine Augen wurden feucht. «Wenn man mich fragt, ich kann nur Gutes über Sie berichten.»

Da reichte ich ihm die Hand. «Haben Sie Dank, Mister Krug. Eines nur wundert mich, warum Mister Failer noch auf Beweise wartet.»

«Alle Verhaftungsbefehle kommen direkt aus Washington. Vielleicht haben Sie dort einen guten Freund», fügte er lächelnd hinzu.

Ich starrte ihn an. — Mister Gregory! War es das? Hatte Mister Break, der Rechtsanwalt in Austin, Wort gehalten, als er sagte: Ich werde meinen Freund Gregory bitten, die Hand über Sie zu halten. —

Mein Gott, wie wunderbar werde ich geführt!

Von Hot Spring kamen 2200 Internierte nach Fort Oglethorpe. Gleichzeitig wurden Sanitäter aus Tsingtau eingeliefert. Unter Leitung von Doktor Muck, dem bekannten Wagnerinterpreten, hatte sich schnell die ‚Tsingtauer Kapelle' gebildet. Will erzählte von hervorragend schönen Symphonie-Konzerten.

Einmal wird sich das Schweigen des Vergessens über die schweren Stunden dieses unnatürlichen Zustandes menschlicher Irrungen und Verwirrungen hinabsenken! Dann sich sagen zu dürfen: Ich blieb Herr meiner Nerven, ich stand über dem Chaos. —

Jedoch an manchen Tagen waren sie derart überreizt, daß ich, bei jedem Auto, das vorüberfuhr, dachte: jetzt holen sie dich! Oft hatte ich das Gefühl, haltlos zu stehen zwischen Lüge und Stacheldraht. Innerhalb von drei Tagen unterzog mich Mister Failer je einem Verhör. Er stellte die unmöglichsten Kreuz- und Querfragen. Jedesmal fühlte ich, daß er mich mürbe machen wollte. Vielleicht erwartete er, daß ich meiner Empörung in Schimpfreden gegen die Regierung Luft machen würde. Dann hätte er ja positive Beweise in der Hand. Aber ich beherrschte völlig die Situation, obgleich es bestimmt leichter für mich gewesen wäre, eingesperrt zu sein.

Aber Will — was wäre aus Will geworden. Außerdem gab es Menschen, die weitaus schwerer zu tragen hatten. Nicht jeder ging so an Gottes Hand, wie ich es tat. Als ich vor einigen Tagen sehr hungrig war, weil ich kein Geld besaß, um mir etwas kaufen zu können, bat ich Gott: Hilf mir! Nur ein ‚dime' wird genügen, mir ein Brot zu kaufen! Wenige Schritte weiter blitzte etwas in der Sonne, hart vor meinen Füßen. Es war ein ‚dime' (Amerikanisches Geldstück).

Abermals erhielt ich von Mister Failer, dem Leiter des hiesigen Department of Justice, die Aufforderung, in sein Office zu kommen.

«Es tut mir außerordentlich leid», begann er sofort, «Ihnen Schwierigkeiten bereiten zu müssen. Sie können nicht mehr in dem Hause bleiben, in dem Sie jetzt wohnen. Die Gründe dürften Ihnen gleichgültig sein.»

Ich zuckte mit keiner Wimper. «Sie wissen, wie gering die Aussicht ist, Aufnahme zu finden. Bereits als ich hier ankam, gab es kein Unterkommen, wieviel weniger jetzt.»

«Trotzdem verlange ich das sofortige Verlassen des Hauses. Außerdem haben Sie jedem Vermieter sofort mitzuteilen, daß Sie Deutsche sind und Ihr Mann sich in den «War prison barracks» befindet.»

Es war gut, daß er meine Gedanken nicht erraten konnte.

«Mister Failer, ist es Tatsache, daß neben dem Gefangenenlager in Fort Oglethorpe noch ein Frauenlager errichtet wird?»

Die Frage schien ihm mehr als unerwartet. Er dehnte seine Antwort aus.

«Ja, es ist Tatsache. Es gibt unter den deutschen Frauen in den Staaten viele, die besser interniert wären.»

«Und wann ist das Lager fertig?»

«Das ist noch unbestimmt.»

«Könnte ich nicht so lange bei Mister Krug wohnen, bis das Lager fertig ist?»

Er fuhr herum. Schweigend blickten wir uns Auge in Auge. Dann stieß er kurz hervor: «Sie haben innerhalb von vierundzwanzig Stunden das Haus zu verlassen.»

«Noch eine Frage: Leute, die kein Geld haben, um in ein Hotel zu gehen und denen nichts anderes übrigbleibt, als auf der Straße zu liegen, bringt man die nicht auf Staatskosten unter Dach — ich meine — in ein Gefängnis oder ähnliches?»

Da er nichts erwiderte, erhob ich mich. «Gut, Mister Failer, ich werde die nötigen Schritte tun.» —

Glaubte er wirklich, ich würde ihm zeigen, wie zerrissen ich mich innerlich fühlte? Auf jeden Fall wußte er jetzt, daß man mich mit Gefängnis und Stacheldraht nicht einschüchtern kann. —

Unheimliche Dinge

So dankbar ich war, Will nahe sein zu dürfen, der Kampf um ein Unterkommen wurde niederdrückend. Endlich wandte ich mich an einen Makler. Aber er erklärte mir, es sei ihm unmöglich, mir ein Zimmer zu vermieten. Jedoch hätte er, jenseits von dem Fluß Tennessee, ein Blockhaus frei. Allerdings stände es schon lange unbewohnt, sei aber in einem guten Zustand.

«Ich schätze, Sie haben den Mut, dort zu wohnen», schloß er seinen Bericht.

«Den Mut? Ist es dort unsicher?»

«Well, das Haus liegt abseits von allen Siedlungen, sozusagen in einem Wald. Dafür sollen Sie es auch billig haben. Es besteht aus zwei Zimmern und einem Küchenraum.»

Ich dachte an Paula, eine kleine Mexikanerin. Sie bewohnte ein

Elendsquartier und wäre sicher glücklich, dort herauszukommen. Auf jeden Fall beschloß ich, es anzusehen. Der Makler drückte mir den Schlüssel in die Hand, und ich machte mich auf den Weg.

Ein herrlicher Wald. Sich vorzustellen, so etwas hätte es in Mexiko oder Texas gegeben! Ich wäre nicht von Heimweh geplagt gewesen. Zwischen Bäumen und Buschwerk versteckt, im tiefsten Schweigen, lag das kleine freundliche Blockhaus.

Mein großer Hang zur Einsamkeit war sofort ausschlaggebend. Das Haus befand sich am Rande eines Hügels. Während es vorn zur ebenen Erde lag, fiel es hinten steil ab und war mit Holzplanken abgekleidet, so daß es über einem Hohlraum schwebte. Darüber befand sich eine geräumige Porch (Veranda). Die ganze Umgebung war wildromantisch. Was Will wohl sagen würde? Er saß geborgen im Lager, während ich sinnlos herumgeworfen wurde. — Aber ... ich war frei! Um diese kleine Idylle zog sich kein Stacheldraht.

Meine ganze Einrichtung bestand aus einem Holzgestell als Bett und fünf Kisten.

1. Kiste = Waschtisch; 2. Kiste = Nachttisch; 3. Kiste = Eßtisch; 4. Kiste = Tisch für Petroleumkocher; 5. Kiste = Anrichte.

Und trotzdem — ich war glücklich.

«Dios mio», jammerte Paula, die kleine Mexikanerin. Sie mußte das kleine Häschen halten, während ich um beide Vorderfüßchen Verbände legte. Wahrscheinlich war es damit unter die Räder eines Wagens gekommen.

«Und der häßliche Vogel in Ihrer Stube? Was wird aus ihm?»

«Es ist eine junge Krähe. Sie fiel aus dem Nest, und die Rabeneltern kümmern sich nicht um sie. Ich werde sie schon hochkriegen.»

Und dann erzählte ich ihr, nicht ohne Stolz, von dem jungen Truthahn in Chihuahua. Bei einer Windhose war ihm ein Brett auf den Leib gefallen und hatte ihn völlig aufgerissen. Da habe ich ihn mit vier Stichen wieder zusammengenäht, und er wurde ein Prachtkerl, der mich sehr liebte.

«Gracias!» schauderte Paula und drückte mir das Häschen in den Arm. —

Es war meine feste Absicht, hier ein kleines Tierlazarett aufzumachen, so wie ich es auf Möhlhorst besaß. Am Wegrand der Landstraße lagen immer wieder angefahrene Tiere. Diese Aufgabe erfüllte mich mit einer großen Freude.

Frühlingsstürme umbrausten unsere Waldvilla. In manchen Nächten glaubte ich Schritte zu vernehmen, die um die Hütte gingen. Irgendein Lärm ließ mich hochschrecken. Dann griff ich nach dem dicken Eichenknüppel neben meinem Lager und mußte gleich darauf lachen. — Am Tage war es unbeschreiblich schön. Alles sproßte und grünte, der Waldboden war bedeckt von unzähligen Blumen. Auf den blütenschweren Zweigen der wilden Pflaumen- und Kirschbäume lag gleißende Sonne. Dicht am Haus plätscherte eine Quelle, umrandet von Hundsveilchen und Sternblumen.

Immer, wenn mich die Schönheit der Natur überwältigte, hatte ich das Gefühl, mit ausgebreiteten Armen und nackten Füßen über der Blütenpracht zu schweben, nicht zu gehen. Dann glaubte ich in ein weißes, fließendes Gewand mit einem goldenen Gürtel gehüllt zu sein. Ich glitt dahin, körperlos und dennoch meines Ichs bewußt. Seltsamerweise begab ich mich jetzt nachts wieder auf heimliche Fahrten, so wie ich sie als Kind erlebte. Oft umfing mich die unbeschreibliche Schönheit einer mir fremden Landschaft; sie löste eine große Sehnsucht in mir aus. Wenn ich dann plötzlich wieder in meinem armseligen Bett aus diesem Zustand des Träumens erwachte, mußte ich oft weinen, so wie damals, als wir Möhlhorst verließen.

Es war ein warmer, linder Frühlingsabend. Während ich am Rande der Quelle entlangging, bemerkte ich, daß sie, durch eine hölzerne Rinne geleitet, unter dem Haus verschwand. Wie seltsam.

Plötzlich stand ein Mann vor mir. Blaues Hemd, graue Hose, eine Schirmmütze ins Gesicht gezogen. Er reinigte sich die Hände mit seinem Schnupftuch. Ich wünschte ihm guten Abend und ging weiter.

«Halloh», rief er.

Unwillkürlich blieb ich stehen. Was wollte er?

«Sind Sie hier in das Blockhaus eingezogen?»

Ich nickte und beschloß weiterzugehen; aber er hielt mich zurück.

«Wer hat Ihnen das Haus vermietet?»

«Ein Häusermakler.»

«Mister Talby?» fragte er und grinste.

«Ja.»

Er stieß einen kräftigen Fluch aus und sah mich scharf an. Mir kroch langsam eine Gänsehaut über den Rücken.

«Ma'm», sagte er, «Sie sollten hier nicht wohnen, es wäre schade um Sie. Darum ist es besser, Sie gehen noch heute fort.»

Er sah plötzlich ganz vertrauenerweckend aus. Eigentlich hatte er gute, freundliche Augen.

«Und Mister Talby hat Ihnen nicht gesagt, daß dieses Haus seit fünf Jahren leer steht, weil man zweimal nacheinander den Bewohner erschossen vorfand?»

«Nein, das hat er nicht.»

«So. — Und Sie — Sie haben noch nie etwas gehört?»

Sofort dachte ich an das Geräusch von Fußtritten, die nachts ums Haus gehen, und fragte vorsichtig: «Wie meinen Sie das? Was soll ich gehört haben?»

«Ach, nichts.» Er lachte kurz auf. «Ich gebe Ihnen nur den Rat, nichts zu hören, auch wenn Sie etwas hören. Verstehen Sie?»

Nein, ich verstand durchaus nichts. Der Mann schob die Mütze in den Nacken und sah mich wohlwollend an. Dann wandte er sich kurz um und verschwand.

Ich hastete zurück ins Haus, jedoch mein spanischer Wortschatz versagte bei der Erklärung dieser unheimlichen Dinge. Paula verstand mich nicht.

Was war das? — Was hatte das zu bedeuten? — In welcher Räuberhöhle befanden wir uns?

Mein erster Gedanke war: sofort auszuziehen. Paula weinte und jammerte. Sie erklärte, ich sei feige, sie würde nicht mitgehen. So legte ich mich endlich übermüde aufs Bett mit dem Entschluß, kein Auge zu schließen.

Trotzdem war ich eingeschlafen und erwachte von einem seltsamen Geräusch. Als ob Maschinen unter mir arbeiteten. Ein gleichmäßiges Stampfen und Stoßen, dann wieder gedämpftes Klopfen — und jetzt — das waren Schritte, die ums Haus gingen. Leise schlich ich zu Paula hinüber. Auch sie saß wach im Bett. Es bestand kein Zweifel, unter uns arbeiteten Maschinen. — Nun, laß sie, wenn wir uns ruhig verhalten, haben sie durchaus nicht nötig, uns zu erschießen. Auf jeden Fall werde ich mir meinen Eichenknüppel holen. Ich bildete mir ein, mich sicherer zu fühlen, wenn ich etwas in der Hand hielt.

Weißes Mondlicht lag im Zimmer, denn ich besaß nicht wie Paula Vorhänge am Fenster. Der alte Regenmantel, den ich davor gehängt hatte, war heruntergefallen.

Und da — hart am Fenster — auf der Porch, stand ein Mann. Einen Herzschlag lang stockte mein Blut, dann hastete ich in Paulas Zimmer. Im nächsten Augenblick schlug eine Faust gegen die Haustür.

«Aufmachen!»

Blitzschnell überlegte ich: wenn der Mann herein wollte, brauchte er ja nur das Fenster einzuschlagen und den Fliegendraht zu durchschneiden. Wir waren gänzlich wehrlos.

Ich stieß Paula, die sich an mich klammerte, zurück, und stand mit einem Satz hinter der Haustür. Wieder dröhnte die Faust gegen die Tür.

«In demselben Augenblick, da Sie das Haus betreten, schieße ich Ihnen eine Kugel durch den Kopf!» rief ich mit lauter Stimme. Dabei umklammerte ich fest meinen Eichenknüppel.

Ich hörte Schritte über die Porch gehen.

«Laß deine Finger davon, verdammter Bursche!»

Deutlich erkannte ich die Stimme des Mannes, mit dem ich am Abend gesprochen hatte. Schritte entfernten sich. Aber dann begann draußen ein großer Lärm. Ein Auto kam, man lief hin und her.

Was hatte das alles zu bedeuten? —

Die Nacht war kalt. Ich warf einen Mantel über die Schultern und setzte mich in Paulas Schaukelstuhl. Während sie im offenen Kamin ein Feuer anzündete, durchströmte mich plötzliche Erkenntnis. Schwarzbrenner! Hier konnte es sich nur um eine der vielen berüchtigten Schwarzbrennereien handeln. Die Leute konnten sich keinen günstigeren Platz erwählen.

Wahrscheinlich war der Berg ausgehöhlt, der große Hohlraum unter dem Haus praktisch verwertet. Daß es den Leuten unangenehm werden konnte, plötzlich wieder Bewohner über sich zu haben, war zu verstehen. Aber daß sie uns ermorden wollten, glaubte ich nicht; das hätte ja nur die Aufmerksamkeit auf sie gelenkt. Es lag ihnen wohl mehr daran, uns durch Drohungen loszuwerden.

So dachte ich ganz ruhig und sachlich, war mir aber vollkommen darüber klar, keine Nacht mehr hier zu bleiben, und daß ich meinen Mund halten mußte, denn die Rache der Männer konnte doch wohl unangenehm werden.
Wußte der Makler von dieser Sache? — Warum vermietete er mir das Haus? Alles Fragen, auf die ich nie eine Antwort erhalten würde. Paula war wieder ins Bett gekrochen. Ich warf noch einen Holzklotz ins Feuer, dann legte ich mich zur Ruhe und schlief fest, bis fahle Dämmerung im Zimmer lag.

Im Briefkasten draußen am Pfeiler steckte ein weißer Zettel. Steile große Schriftzüge.

«Für Ihre Sicherheit, verlassen Sie das Haus. Sollten Sie etwas gesehen oder gehört haben, wäre es Ihr Tod!»

Das war deutlich genug. Die Leute verstehen ihr Handwerk. Ich würde mich also abermals auf die Wohnungssuche begeben. Und Paula mußte mit, ob sie wollte oder nicht.

So wanderte ich die endlose Colvillestraße zur Stadt hinunter. Vor mir lag der Tennessee mit seinen vielen Schiffen und Brücken. Es ist hier Brauch, daß ein Automobilfahrer, sofern er einen Fußgänger antrifft, ihn zum Mitfahren auffordert. Dieses Glück hatte ich schon häufig; auch heute lachte es mir wieder. Ein Mann und eine Frau saßen im Wagen. Ich stieg ein; sie fragten nach dem Wohin, und ich erzählte, daß ich mich eigentlich auf der Wohnungssuche befände und kein eigentliches Ziel besäße.

«Da brauchen Sie nicht weiterzufahren», lachte die Frau. «Die Dame, bei der wir wohnen, hier in der Colvillestreet, besitzt ein großes Haus. Sie hat mindestens drei bis vier Zimmer abzugeben. Das Haus ist sehr alt und verfallen und es wird ihr schwer, zu vermieten.» Schon stand ich wieder auf der Straße und wanderte zurück. Abermals war das Glück mir hold. Die Besitzerin erklärte sich sofort bereit, mir zwei Zimmer abzugeben. Als sie die Tür dahin öffnete, schlug uns eine Wolke entgegen, umhüllte uns, raubte die Sprache.

Fliegen! Fliegen! Keine Worte können diesen unfaßbaren Zustand beschreiben. Trotzdem —

Per aspera ad astra

März 1919

Aus dem Lager erhielt ich die Nachricht von Wills schwerer Erkrankung. Es wurde mir freigestellt, ihn zu besuchen.

Abermals mußte ich alle Kraft und Willensstärke zusammennehmen, um ihn aus einer schweren Lethargie herauszureißen. Es müssen so viele Menschen leiden, es gibt anscheinend auf der ganzen Welt nur Not und Jammer. Trotzdem, jeder Einzelne trägt in sich die Verpflichtung, an das Gute zu glauben. Schon allein, daß ich zu Will hinausfahren durfte, war ein Geschenk!

Er hatte doppelseitige Lungenentzündung, und es bedurfte für ihn einer guten Pflege, wieder auf die Beine zu kommen. Was konnte ich tun? Man redete von Waffenstillstand. Sollte es mir da nicht gelingen, ihn frei zu bekommen, damit mir die Möglichkeit würde, ihn selbst pflegen zu können?

Das Ziel war gesteckt!

Mister Gregory! —

Als ich den Brief geschrieben hatte, war es mir, als ob sich ein Tor in mir öffnete und ein großes Glücksgefühl meine Seele durchströmte. Ich fühlte und wußte es:

‚Per aspera ad astra!' Durch Nacht zum Licht!

27. Mai 1919

Ich erhielt eine Vorladung von Mister Failer. Was wollte er von mir? Er empfing mich außerordentlich liebenswürdig und zog einen Brief hervor. Alles in mir vibrierte ...

«Ich erhielt eine Nachricht für Sie von Mister Gregory, dem Attorny General in Washington. Er schreibt, daß einer Freilassung Ihres Mannes nichts im Wege steht, sobald Sie nachweisen können, das Geld zur Überfahrt nach Deutschland zu besitzen, denn jeder aus dem Lager Entlassene hat sofort die USA zu verlassen».

Mein Vater im Himmel! Jetzt niederknien! Die Hände falten! Es überwältigte mich.

Will, du bist frei, wenn ich das Geld habe! — Ich werde das Geld haben! — Zweifle nicht, laß mich glauben! — Es ist alles so stark in mir. — Ich werde das Geld — mein Gott — Paul Cruesemann! —

Mister Failer reichet mir den Brief über den Schreibtisch hinweg. Ich fühlte es, wie er dachte: ‚Nun hast du deinen Willen. Wo willst du wohl das Geld herschaffen?' —

Mein lieber Mister Failer, wenn Sie wüßten, wie ich an Gottes Hand gegangen bin! Jetzt erst begreife ich es in seinem vollen Ausmaß. Klingt es nicht fast unwahrscheinlich, das Mister Gregory, der augenblicklich mächtigste Mann in den Staaten, seine Hand über mich hielt? — Weil es Gottes Wille war, Mister Failer. Auch Paul Cruesemann, der reiche Amerikaner deutscher Herkunft, sollte mir damals in Austin, kurz nach Wills Gefangennahme, begegnen und mir das Versprechen abnehmen, mich im Falle, daß ich Geld benötige, ganz gleich, um welche Summe es sich handelte, an ihn zu wenden. Das war längst in dem ewig gütigen Vaterherzen beschlossen. Glauben Sie mir, Mister Failer, dagegen gibt es nichts.

Immer wieder las ich das Telegramm. Die Antwort auf meinen Brief war eine ‚money order' auf eine hiesige Bank.

Mister Failer blickte überrascht auf, als ich bei ihm eintrat. Stumm legte ich das Telegramm vor ihn auf den Schreibtisch.

«Ich möchte Sie bitten mir zu sagen, was ich weiter zu tun habe. Das Reisegeld liegt auf der Bank bereit.»

Diesen schönen Satz hatte ich unterwegs wohl schon zehnmal vor mich hingesagt. Er ging wie Öl über meine Lippen.

Er las, erhob sich, nahm seinen Hut vom Haken.

«Ich möchte mit Ihnen zur Bank gehen.»

«Everything allright.»

Es ist alles in Ordnung. Wir verließen das Bankgebäude.

«Es handelt sich jetzt um Ihre Pässe. Die Schweizer Gesandtschaft wird es in die Hand nehmen. Sobald das geregelt ist, wird Ihr Mann entlassen, während das bei den übrigen Kriegsgefangenen noch längst nicht der Fall sein kann.»

Dabei sah er mich immer wieder von der Seite an, und plötzlich streckte er mir die Hand hin.

«Ich wünsche Ihnen alles Gute für die Zukunft. Ich bewundere Sie. Sie haben mit zäher Ausdauer gekämpft. Man sollte sich über Ihren Sieg freuen.»

Es war mir, als bedeuteten diese Worte ebenfalls einen Sieg. Den Sieg der Menschlichkeit!

Während der letzten Tage kam ich kaum zur Besinnung meiner selbst. Es gab viele Laufereien, viel zu schreiben, viel zu ordnen. So glückte es mir, auf einem norwegischen Dampfer Platz zu belegen. Die Fahrt sollte über Norwegen, Schweden, Dänemark und von Gjedser mit dem Trajekt nach Warnemünde gehen.

Wenn Will nur nicht vorher zusammenbrach. Die unvermutete Freude hatte ihn völlig erschüttert; aber sie würde ihn auch wieder aufrichten. Und dann mußte ihm die herrliche Seereise Kräfte geben, in der Heimat ein neues Leben aufzubauen.

Es war wie ein Traum. Der Abschied aus Chattanooga, die Reise nach New York und das letzte offizielle Loslösen von einem Lande, das uns viel gegeben und viel genommen hatte.

Kurz vor Abfahrt des Dampfers klopfte es an unsere Kabinentür.

Ein Geheimagent.

Will rief lachend: «Keine Angst, wir sind an Bord!»

Er legte die Hand an die Mütze. «Glückliche Reise!»

Heimkehr ins Ungewisse

Es muß jeder sein Kreuz tragen, so wie es der Herrgott für ihn auserwählt und ihm zugeteilt hat, als irdische Prüfung für seine Kräfte, sein Ausharrungsvermögen, seinen Bekenntniswillen zur Demut und Geduld. – Der eine schmückt es mit Blüten, der andere bemüht sich, es in Gold und Edelstein zu fassen, der dritte versucht es im Jähzorn zu zerschlagen. Jedoch die zersplitterten Kanten schmerzen nur noch mehr. Es trage jeder sein Kreuz, ohne Klagen, ohne Selbstbedauern, so wie Christus es getragen hat. Sind wir denn mehr, als Er war?

Es wurde eine gefahrvolle Überfahrt. Bereits am ersten Abend mußten sämtliche Passagiere mit Schwimmwesten antreten. Das Meer war von Minen verseucht.

So nahm man Kurs auf Norwegen, hielt sich jedoch an Grönlands Ostküste. Dabei geriet der Dampfer in das Gebiet der schwimmenden Eisberge. Oft ging es hart daran vorbei.

Als man endlich Bergen anfuhr, herrschte Tag- und Nachtgleiche. Es gab keinen Sonnenuntergang. Mit großen Umzügen in Nationaltrachten feierten die Bewohner dieses fast märchenhafte Erleben.

Am nächsten Tag ging es mit der Eisenbahn weiter durch die tief verschneite Gebirgswelt. Häufig mußte ein Schneepflug vor die Lokomotive anmontiert werden. Achtundvierzig Tunnel wurden passiert, bis der Zug Schweden erreichte.

In Kopenhagen legten wir eine Ruhepause ein, bevor wir mit dem Trajekt nach Warnemünde hinüberfuhren.

Wie würde Deutschland die Heimkehrer aufnehmen?

Wir erfuhren es schnell genug. Überall Ablehnung, Unverständnis. — Kriegsgefangene — Internierte — in Amerika? Ausgeschlossen! Gab es nicht. Schwindel!

Ohne Lebensmittelkarte — keine Nahrungsausgabe. — Hätten dableiben sollen, wo sie waren. Unnötige Esser! —

Elend vor Hunger und Enttäuschung erreichten wir endlich Bremen. Will erzählte unterwegs Näheres über seine Eltern, auf die wir vorerst angewiesen waren. Danach erschien mir ein Zusammenleben mit ihnen fast unmöglich. Der Vater mußte, Wills Erzählungen nach, ein unbeherrschter, jähzorniger und brutaler Mensch sein.

Sehr schnell erkannte ich, daß ich mich nicht getäuscht hatte. Hinzu kam ein abermaliger Zusammenbruch Wills. Was ihn aufrecht hielt, war seine große Liebe zu mir.

«Wenn ich nur bei dir sein kann», sagte er immer wieder, «wo du bist, ist Licht und Freude.»

Trotzdem er in der Atmosphäre dieses Hauses groß geworden war, konnte man sich kaum größere Gegensätze vorstellen, als die zwischen ihm und seinem Vater.

In diesem Hause, in dem alles nur auf Gaumengenüsse eingestellt war, wurde ich zur Vegetarierin. Den Anlaß dazu gab ein Spanferkel, bei einer festlichen Gelegenheit auf den Tisch getragen. Als der Schwiegervater, eine weiße Serviette vor die Brust gesteckt, mit silberbeschlagenem Messer und Gabel dem Miniaturschweinchen den Kopf absäbelte, schien etwas in mir aufzuschreien. Seit diesem Tage rührte ich kein Fleisch mehr an und wurde Kämpferin für das Lebensrecht der Tiere, denn eines wurde mir klar: Je mehr sich der Mensch im Materialismus mästet, umso leichter wiegt seine seelische Substanz. Nur was in der Tiefe lagert, hat Gehalt.

Wir waren angewiesen auf das Unterkommen in diesem Hause. Die Möglichkeit, eine kleine Wohnung oder ein Zimmer zu bekommen, war aussichtslos. Es würde mich innerlich belasten, wollte ich näher eingehen auf alle die Widerwärtigkeiten, die ich durch meine Schwiegereltern erdulden mußte. Es steht mir nicht zu, über sie zu richten, denn bald erkannte ich, daß sich hier ein Kampf zwischen Licht und Dunkel abspielen sollte. Von dem Augenblick an begann ich innerlich zu wachsen. Und Gott half, als ich das begriff.

Natürlich lehnte es der Schwiegervater ab, für uns zu sorgen. Freie Wohnung — aber dann auch Schluß. Obgleich er selbst in seinem großen Haus sechs Zimmer bewohnte, bestand die sogenannte ‚Wohnung' aus zwei winzigen Kammern, von denen die eine mit zwei Betten vollkommen ausgefüllt war.

Jetzt hieß es handeln.

Wie damals als junges Mädel griff ich zuerst zum Pinsel. Ich malte auf Seide, Sammet und Leinen. Ein Kunstgewerbegeschäft übernahm den Verkauf. Es kamen bald so viele Aufträge, daß ich Nächte hindurch arbeiten mußte und Geld zurücklegen konnte.

Aber man ging bereits der Inflation entgegen, der Wert zerrann unter den Fingern.

Und dann kam der Tag, an dem sich werdendes Leben unter meinem Herzen regte.

Jedoch das unaussprechliche Glück, wie ich es bei meinem ersten Kind empfunden hatte, wollte nicht in mir aufkeimen. Waren es die äußeren Umstände, die Enge des Raumes, der Gedanke einzig und allein nur von meinem eigenen Schaffen abhängig zu sein? Nein, das war es nicht, ich wünschte mir ein Kind, es schien mir wie die Erfüllung des Lebens, aber da war ein dumpfes Gefühl in mir, wie das Vorahnen eines Unglücks.

Und es kam.

Es war eine sehr steile Treppe, die nach oben führte, Will bat mich oft, vorsichtig zu sein. Und trotzdem geschah es. Als ich im dritten Monat war, stolperte ich und fiel von Stufe zu Stufe die Treppe hinunter.

Ein gottverbundener Mensch wird niemals von einem *Zufall* sprechen. Er empfindet das oft Unfaßbare als *Fügung*. So erging es auch mir. Nachdem der Schreck überwunden war, fühlte ich keinerlei Beschwerden. Trotzdem ging ich zum Arzt. Er beruhigte mich, es sei alles in Ordnung. Aber schon vier Wochen später war ich abermals bei ihm.

«Es ist doch nicht so, wie es sein soll. Ich spüre nicht die geringste Weiterentwicklung.»

«Einbildung. Belasten Sie sich nicht mit unnötigen Gedanken.»

Nach weiteren vier Wochen sagte er dasselbe. Darauf wandte ich mich an noch zwei weitere Ärzte. «Sie haben sich verrechnet. Sie sind im dritten Monat. Es ist alles in bester Ordnung. Wenn die Frucht abgestorben wäre, könnten Sei niemals so frisch und gesund aussehen und sich auch nicht so fühlen.»

Kein Wort glaubte ich. — Sechs Monate trug ich die tote Frucht, ohne daß man mir das geringste angemerkt hätte. Dann setzte plötzlich Schüttelfrost ein und man mußte mich Hals über Kopf ins Krankenhaus bringen.

Als ich im vollen Bewußtsein die Augen aufschlug, traf mein erster Blick das Bild der Sixtinischen Madonna und das des Kindes auf ihrem Arm. Das Bild hing meinem Bett gerade gegenüber.

«Maria! Du selbst kommst und bringst mir mein Kind, das ich so sehr herbeisehne. Jetzt will ich alles ertragen im festen Glauben an diese himmlische Offenbarung. Ich werde einen Sohn bekommen als Geschenk des Himmels. Seine Seele wird sich mit der meinen vereinen zu einer Harmonie, wie sie nur durch göttlichen Willen zwei Menschen miteinander verbinden kann.»

Ich schloß die Augen, lächelnd.

Man machte alle Vorbereitungen, einem exitus entgegenzutreten. Es bestand kein Zweifel an schwerster Sepsis. Immer wieder traten Ärzte an mein Bett, die sich für diesen unwahrscheinlichen Fall interessierten.

Sie machten sich so viel Mühe und hatten es nicht nötig. Nicht einen Strich Temperatur würde ich bekommen!

In der Nacht sagte ich lachend zu der wachhabenden Schwester:

«Schlafen Sie ruhig, meine Liebe, ich werde schon aufpassen, daß nichts geschieht.»

Am nächsten Morgen fühlte ich mich völlig frisch und munter. Die Oberin kam, prüfte das Thermometer, schüttelte den Kopf.

Man sprach von einem Wunder. Es erschien allen unfaßbar.

Der Professor mit seinen Ärzten und Praktikanten trat an das Bett. «Unser Wunderkind», sagte er.

«Sie müssen ungewöhnlich gesundes Blut haben. Nur diesem Umstand ist Ihre wunderbare Errettung zu verdanken.»

Ich war anderer Meinung, aber ich schwieg.

Vier Tage darauf bat ich den Stationsarzt um ein Gespräch.

«Bitte, sagen Sie mir offen, ist alles bei mir in Ordnung? Kann ich wieder ein Kind bekommen?»

«Nein. Sie haben eine schwere Knickung.»

«Aber die kann behoben werden.»

«Ja, durch eine Operation.»

«Ich möchte, daß diese Operation ausgeführt wird, bevor ich das Krankenhaus verlasse.»

«Ich bitte Sie», rief er entsetzt, «nach allem, was Ihr Körper durchgemacht hat!»

«Das ist längst vergessen.»

«Auf jeden Fall muß Ihr Mann erst befragt werden.»

«Er ist mit allem einverstanden, was ich tue. Außerdem hat ihn diese ganze Aufregung mit mir umgeworfen, man darf ihn nicht damit belästigen.»

Es gab ein langes Hin und Her, bis ich doch erreichte was ich wollte.

Nein, keinen Selbstbetrug. Will siechte dahin ... es durfte nicht zu spät sein.

Felsenfest stand mein Glaube.

Am ersten Dezember verließ ich das Krankenhaus. Ich wollte keine Droschke. Mein Gang war beschwingt. So trat ich meinem Mann entgegen.

«Ich werde jetzt alle Arbeit nachholen; wenn es mit der Malerei nichts mehr ist, fange ich an zu schreiben. Kleine Geschichten für die Zeitungen. Ich hätte auch Lust, ein Märchen zu versuchen, ein richtiges Bühnenmärchen fürs Theater.»

Ich steckte voller Pläne.

Das Wunder

Sturm jagte die Wolken über den düsteren Himmel. Seit Stunden strömten Regenmengen hinunter, wie man sich nicht erinnern konnte, sie je gesehen zu haben.

Und doch war mein Herz voll Sonne und Glück. Hand in Hand mit dem ebenso glücklichen Vater des Kindes stand ich neben dem Körbchen in dem mein kleiner Junge schlief.

Es war der Tauftag.

«Wir müssen hinuntergehen, Will, der Pastor kann jeden Augenblick kommen.»

Er zog mich an sich. «Ich kann es kaum fassen. Manchmal erscheint mir alles wie ein Traum. Nach all dem Leid ...

«Hab ich es dir nicht damals geschrieben, du weißt doch, unter der Pappe im Marmeladeglas — es gibt kein Glück, das nicht irgendwie dem Leid abgerungen wird. Wir können nur danken. Das soll auch für uns der Sinn dieses Tages sein. Danken, Gott danken.»

Niemals hätte ich ihm erklären können, wie mir ums Herz war. Er würde mich nicht verstanden haben. Mit meinen tiefinnersten Gedanken und Empfindungen stand ich immer allein; aber Hand in Hand mit Gott.

Es fiel mir nie leicht, in die beklemmende Atmosphäre der Schwiegereltern hinabzusteigen. Heute schien das alles nebensächlich. Die kleine Feier sollte im Wintergarten unter mächtigen Palmenwedeln stattfinden.

Der Regen prasselte auf das Glasdach.

Da die Patin nicht anwesend sein konnte, hielt ich selbst meinen kleinen Jungen. Ich hörte kaum auf die Worte des Pastoren, mein Herz hielt Zwiesprache mit dem himmlischen Vater.

Und dann geschah das zweite Wunder.

In dem Augenblick, da der Pastor die Hände erhob, um seinen Segen über uns auszusprechen, wurde wie von unsichtbaren Händen der Wolkenhimmel aufgerissen und ein breiter Sonnenstrahl umhüllte Mutter und Kind. Darauf schloß er sich wieder.

Es war so unbeschreiblich, daß selbst der Pastor in seiner Rede stockte.

Während die Gäste von einem offensichtlichen Wunder, einer himmlischen Segnung sprachen, fühlte ich mich durchschauert von einem Strom der Liebe, der über allen irdischen Empfindungen stand.

Kind, mir von Gott gegeben, jetzt sind wir beide eingehüllt von Seiner Gnade. Hand in Hand treten wir hinein in die Sphäre Seiner Liebe. Es darf niemals geschehen, daß wir den Weg verlieren, der uns so wunderbar vorgezeichnet wird. —

Sieben goldne Sonnenfäden
tragen meine kleine Wiege.
Sieben bunte Schmetterlinge
schaukeln sie im Frühlingswinde
leise leise hin und her.
Sonnengold und Apfelblüte
sind des Kindes leichte Decke.
Bienen summen, Bienen hasten,
tragen honigsüße Lasten
leise leise hin und her.
Sieben weiße Wolkenschäfchen
sind bei uns zu Gast geladen,
und durch lichte Himmelsräume
steigen Wünsche, ziehen Träume
leise leise hin und her.

Neuer Aufstieg

Alles, was wir selbst erschaffen, erfinden, auf die Füße stellen, entspringt, bevor es eine reale Tatsache wird, unserer geistigen Werkstatt. Dort wurde es bis ins Kleinste durchdacht, geformt, um dann durch die Kraft unseres Willens in schöpferische Arbeit umgesetzt zu werden.

Die Vielseitigkeit meiner Begabungen ließ keinen Stillstand in den Möglichkeiten des Geldverdienens aufkommen. Da entstanden unter meinen Händen sogar patentierte Tierpuppen.

Hasen, Löwen, Schweine, Katzen, Frösche und Mäuse, es war alles vertreten. Vor allem waren es Hasenkinder mit langen schladderigen Beinen, bunten Schürzen und allerliebsten Gesichtern, die bei den Kindern Begeisterung hervorriefen. Ich mußte bald zum Stopfen der Tiere noch eine Hilfe annehmen. Als ich jedoch das fünfhundertste Hasenkind auf die Beine gestellt hatte und mich abends im Bett beim Einschlafen nichts wie Hasengesichter angrinsten, verlor ich Arbeitsfreudigkeit und Geduld. Auch war der Raum zu beengt, um eine Heimindustrie aufzuziehen.

So begann ich zu schreiben; das nahm weniger Platz in Anspruch. Kurzgeschichten, Novellen, Skizzen, Gedichte — es floß mir aus der Feder und wurde anstandslos gedruckt. Aber meine eigentliche Aufgabe trat mir erst bewußt entgegen, als ich das erste Bühnenmärchen schrieb.

‚Der fliegende Koffer.'

In dem Augenblick, da ich es dem Dramaturgen des Stadttheaters in die Hände legte, fühlte ich genau, daß es angenommen und gespielt würde.

«Oh Will», frohlockte ich, «jetzt werde ich ernstlich anfangen, mich nach einer Wohnung umzusehen. So geht es auch nicht weiter.»

Ich hatte recht. Als der Junge ein Bett beanspruchte, mußte nämlich der Vater auf dem Flur schlafen. Es war kein Raum in der Herberge. Zwischen fünf Riesenkleiderschränken der Großmutter wurde auch gekocht, gewaschen, kurz alles verrichtet, wofür im Zimmer kein Platz war. Und in all diesem Durcheinander entstand der ‚Fliegende Koffer'. Er wurde ein großer Erfolg. Leider verbot das Hinabtauchen in den Strudel der Inflation weitere Verbindung mit dem Theater. Unvergeßlich blieb jedoch der Tag, an dem ein Bote vom Stadttheater kam und die ersten selbstverdienten Tausendmarkscheine auf den Tisch legte. Drei Tage darauf mußte ich meinen Mann ins Krankenhaus bringen, wo ihm eine schwere Magenoperation bevorstand.

Als er endlich zurückkam, war von dem Geld nichts mehr vorhanden. Operationen und Krankenhaus hatten alles verschlungen.

«Siehst du», tröstete ich ihn, «wie gut, daß wir es besaßen; du glaubst es immer nicht, aber es hat alles seinen Zweck und seinen Sinn. Ich mußte den ‚Fliegenden Koffer' schreiben, damit du wieder gesund wirst.»

Die Jahre im Hause der Schwiegereltern bedeuteten für mich das größte Martyrium meines Lebens, aber auch gleichzeitig die Quelle des höchsten Glückes:

Das Kind.

Es war ein sonniger, immer strahlender Bursche. In überquellender Freude streckte er jedem die Hand entgegen, als müsse er damit auch auf andere sein Glücksempfinden übertragen. Geben — schenken — Freude machen.

Es war nicht nur die günstige Auswirkung der Magenoperation, die Will mit neuem Mut erfüllte. Die Freude an seinem Jungen brachte einen starken Auftrieb. Er begann sich um einen Posten in der Baumwollbörse zu bemühen. Man war außerordentlich entgegenkommend, aber das ‚leider' stand auch dort groß geschrieben. So ging es überall, wo immer er sich bewarb. Jedoch dann wurde er vom Senat aufgefordert, sich für die Quäker einzusetzen, die als Hilfsaktion für notleidende deutsche Kinder eine große Anzahl Milchkühe herüberbrachten. An dieser Aufgabe stählte sich sein sehr gemindertes Selbstvertrauen. Er sorgte für Quartiere, für das Unterbringen und Versenden der Kühe an die richtigen Stellen, war Führer beim Besichtigen von Sehenswürdigkeiten und unternahm Reisen mit den Quäkern durch ganz Deutschland.

Das ‚American Friends Service Committee' war voll des Lobes. Keiner der Herren ahnte, daß derselbe Mann in Texas hinter Stacheldraht gesessen hatte. Und es war gut so. Man kann nicht die Kette der Fehltritte und Entgleisungen einer aufgepeitschten Zeitepoche durch Jahrzehnte weiterzerren. Es bleibt nur Dreck an ihr hängen.

Eines Tages holte Will die Unterlagen für ein Unternehmen hervor, an dem er bereits in Austin gearbeitet hatte: Die Ausnutzung und Verwendungsmöglichkeit der Baumwollpflanze. Nach seinen persönlichen Untersuchungen bestand die abgeerntete Baumwollstaude, einschließlich der Wurzel, aus reiner Zellulose. Bisher wurde sie verbrannt oder verrottete auf den Feldern.

Mit großem Eifer widmete er sich den Ausarbeitungen und Berechnungen aller Möglichkeiten seiner Idee, ein Unternehmen zu gründen, in dem die leicht gewonnene Zellulose zu Papier verarbeitet wurde. Um chemisch einwandfreie Beweise vorlegen zu können, trat er in Verbindung mit einem großen chemischen Werk. Der leitende Professor war begeistert. Er erbot sich sofort, Geld vorzustrecken, um eine unbedingt erforderliche Reise nach den Staaten zu ermöglichen. Will unterschrieb einen Vertrag mit dem Werk, und schon kurze Zeit darauf stand der Abschied vor der Tür.

Er fiel ihm schwer, sehr schwer, denn er hing an Frau und Kind. Andererseits trug ihn die Hoffnung einer Möglichkeit, endlich aus dieser Misere herauszukommen, über die vorerst unvermeidliche Trennung hinweg.

Der Erfolg heftete sich an seine Sohlen. Es gelang ihm schneller, als er zu hoffen gewagt hatte, Großunternehmer für sein Projekt zu gewinnen. Man verhandelte bereits über die günstigen Angebote von Maschinen, die aus Deutschland bezogen werden sollten.

«Es ist alles notariell festgelegt», schrieb er. «Zur Unterschreibung des Vertrages fehlt nur noch die Anwesenheit einer der Direktoren. Er ist, wie viele hier, an Grippe erkrankt. — Für uns besteht nun die Frage: wollen wir uns hier niederlassen oder in Deutschland, das uns so ungastlich aufnahm, bleiben. Für mich wäre ersteres von größerem Vorteil. Ich weiß nicht, wie Du diesem Gedanken gegenüber eingestellt bist. Es wurde mir ein sehr schönes

Heim in der Nähe des Niagarafalls angeboten. Eine romantische Gegend, die Dich sicher begeistern würde.»

Zwei Tage später lag er selbst im Hotel mit schwerer Grippe. Wie eine nicht zu löschende Flamme verzehrte sie seinen Körper. Völlig verlassen, ohne Pflege, schrieb er verzweifelte Briefe. — Und der Brand ging weiter, zerfetzte beide Lungen, ließ ihn zum Skelett abmagern. Galoppierende Schwindsucht.

Der Direktor genas. Die Herren kamen zum Vertragsabschluß. Sie mußten zu ihm ins Zimmer gehen, da er zu schwach war, das Bett zu verlassen. Es war nur ein Kommen und ein Gehen.

Mit einem Sterbenden konnte man keine Verträge unterschreiben. Alles verloren. Allein. —

Der Wille heimzukehren zu Frau und Kind, sie noch einmal zu sehen, gab ihm die Kraft, sich mit dem befreundeten Kapitän eines kleineren Überseedampfers in Verbindung zu setzen. Auf einer Tragbahre brachte man ihn an Bord.

... und die Sandubr rinnt

(Aus Tagebuchblättern)

1927

Seit zwei Tagen liege ich mit einer schweren Bronchitis im Bett. Frau Jahn, eine liebe Bekannte, kommt jeden Tag, um mich zu pflegen. Aber es will nicht besser werden. Es soll abermals eine Grippewelle alle Kontinente überfluten. Hoffentlich trifft es nicht Will.

Ein verzweifelter Brief. Armer Junge, nun hat es ihn doch gepackt. Und man liegt hier selbst, vom Fieber durchgeschüttelt, und kann nicht helfen. Nur starke, tröstende Gedanken aussenden ...

Will hat es erreicht, Kapitän Braun will ihn mitnehmen. Danach muß es ihm doch besser gehen! — Aber wo bleibe ich hier mit dem schwerkranken Mann? Der Arzt hat Tuberkulose bei ihm festgestellt. Oh Will, armer Will, was soll daraus werden! Auch für den Fall, daß ich auf der Diele schlafe, darf er doch nicht in dem engen Raum mit dem ‚Pingikind' zusammen sein.

Sollte meine Schwiegermutter einmal wieder heraufkommen, will ich mich überwinden und sie fragen, ob sie nicht ihrem Sohn ein Zimmer einräumen kann. Das wäre die beste Lösung; er muß doch erst einmal untergebracht sein. Und tut sie es nicht, muß ich mich an die Tuberkulosefürsorge wenden; sie werden schon helfen.

Ihre Antwort war: «Kommt niemals in Frage! Glaubst du, daß wir die Husterei aushalten können, die du von dir abschieben willst? Wir haben unsere Ruhe nötig.» —

Ein Telegramm von Will. Der Dampfer wird morgen 12.30 Uhr Bremerhaven anlaufen.

Vater im Himmel, was soll ich tun? Will erwartet mich. Während der ganzen Überfahrt hat er nur daran gedacht, mich wiederzusehen. Ich habe es gefühlt. Aber ich habe noch immer Fieber und bin sehr schwach. Jetzt heißt es, sich zusammenreißen. Meine gute Frau Jahn zetert und tobt, aber das nützt nichts. Was soll aus Will werden, wenn ich nicht da bin! Abgesehen von seiner schweren Enttäuschung, weiß keiner, was man mit ihm anfangen soll. Ich werde morgen früh, bevor ich nach Bremerhaven fahre, bei der Tuberkulosenfürsorge vorsprechen. Vielleicht übernimmt sie es, daß Will erst einmal in Bremerhaven in ein Krankenhaus kommt. Dann muß man weitersehen. Wie bin ich dankbar, daß Frau Jahn mein «Pingikind» zu sich genommen hat. Ihre alte Mutter soll sehr lieb für ihn sorgen.

Mir war's, als ginge ich an der Hand meines Schutzengels durch die Straßen. Jetzt weiß ich, daß ich nach Bremerhaven fahren soll. Wie lieb waren die Menschen bei der Fürsorge. Man versprach mir sofort alle Hilfe. Sie waren auch der Meinung, daß Will erst dort ins Krankenhaus gebracht würde. Natürlich versuchten sie mich davon abzubringen, selbst hinzufahren. Aber das wird keinem glücken. Will wartet auf mich. —

Da stand ich nun am Kai, einen Blumenstrauß im Arm und sah dem einfahrenden Dampfer entgegen. Es wehte ein kalter Wind; mir liefen Schauer über den Rücken.

‚Oh Will, das ist ein herbes Wiedersehen! Und doch liegt ein Tröpfchen Hoffnung auf dem Grund des Willkommensbecher. Sie wollen dich in ein Heim bringen; sie werden alles tun, dich wieder hochzubringen. Nur wer den Weg ins Tal nicht scheut, vermag

Schritt für Schritt die Höhe zu erklimmen. Es muß immer erst abwärst gehen. Niemals wäre ich müde geworden, dich zu umpflegen und zu umsorgen, aber so ist es richtiger. Wollen wir doch alles still in Gottes Hände legen.‘

Mit schweren Gliedern überschritt ich den Laufsteg. Kapitän Braun nahm mich sofort in Empfang. Er betrachtete mich besorgt. «Sie glühen ja. Sind Sie so erregt oder haben Sie Fieber? Sind Sie krank?»

«Das gibt sich. Ich hatte Bronchitis.»

Er räusperte sich und zog meinen Arm durch den seinen.

«Ich übergebe Sie dem Schiffsarzt. Er bringt Sie zu Ihrem Mann.» Abermals räusperte er sich. «Gesetzt den Fall, Sie haben die Kraft . . . Ihr Mann ist schwerkrank.»

«Ich weiß es.»

Der Arzt ließ mich allein eintreten und schloß die Kabinentür hinter mir.

Zwei Knochenarme streckten sich mir entgegen.

«Meine Mutti! — Bleib bei mir!»

Gott Vater, Du gabst mir die Kraft, mit einem strahlenden Lächeln an sein Lager zu treten! Ganz fest schmiegte ich mich hinein in Deinen Willen. Es war ein Sterbender, der vor mir lag. —

«Oh Will, du siehst ja gut aus; das hab ich nicht erwartet. Da wollen wir dich bald wieder herauspflegen.»

Jetzt stürzten Tränen aus seinen Augen.

«Wenn du nur bei mir bist, wird alles gut. Immer wieder, während der Überfahrt, glaubte ich, ich würde es nicht schaffen. Und nun bist du doch bei mir. — Oh, es war so schwer. Komm, setz dich ganz dicht zu mir.»

«Lieber nicht, Will. Ich habe lange im Wind gestanden und ströme Kälte aus, das möchte dir schaden. Ich setze mich hier auf den Stuhl. Und nun will ich dir erzählen, denn du solltest nicht so viel sprechen.»

Er fragte nicht ein einziges Mal nach seinem Jungen, als gäbe es nur eines: die Gewißheit, mich an seiner Seite zu wissen.

Und wenn ich nicht gefahren wäre? —

Eine Stunde saß ich bei ihm. Dann erschien der Arzt und holte mich hinaus. Sanitäter kamen, legten den Kranken auf eine Bahre und trugen ihn nach dem bereitstehenden Wagen.

«Meine Mutti, geh nicht fort, bleib bei mir!»

«Ja, Will. Sie bringen dich jetzt erst ins Krankenhaus, damit du dich von der langen Reise erholst.»

«Bekomme ich eine warme Federdecke?»

«Bestimmt.»

«Wie ich mich darauf freue!»

Der Arzt zog mich mit sich in die Kapitänskajüte.

«Heller Wahnsinn!», polterte er, «mit offener Bronchitis eine Stunde lang in der verseuchten Kabine zu sitzen! Ich werde Ihnen eine Spritze geben. Und dann machen Sie, daß Sie nach Hause und ins Bett kommen. Hier, diesen Briefumschlag gab mir Ihr Mann für Sie. Für den Fall, daß er nicht durchhalten würde. Nun, er hat's geschafft. Es hat uns alle erschüttert. Freut mich, für ihn — und auch für Sie. Ich nehme an, Sie wissen Bescheid.»

Ja, ich wußte Bescheid.

Als ich mich verabschiedete, nahm er mich in den Arm.

«Sie sind eine tapfere kleine Frau! Ich hoffe, die Spritze wird Sie vor schlimmen Folgen bewahren.» —

Es ergab sich, daß mich ein Herr in seinem Auto mitnahm nach Bremen.

Als läge Blei in meinen Gliedern, so schwankte ich Schritt für Schritt die Treppe hinauf. Meine Schwiegermutter kam aus dem Badezimmer.

«Na?» sagte sie. Nichts weiter.

Ich nahm alle Kraft zusammen. «Wenn du deinen Sohn noch lebend sehen willst, zögere keinen Tag länger. Er liegt im Krankenhaus.»

Unfähig, mich allein zu entkleiden, sank ich ins Bett.

Mein Kind ... mein Pingilein ... dein armer Vater.

Als Frau Jahn am nächsten Morgen kam, war sie entsetzt über meinen Zustand.

«Jetzt ist aber Schluß! Sie müssen sofort ins Krankenhaus.»

Will, ich kann nicht kommen. — Es erfüllt mich mit tiefer Traurigkeit.

Am Nachmittag kam die Haushilfe herauf und warf ein Telegramm auf meine Bettdecke. Ich wußte zu wohl, was es enthielt.

«Patient soeben sanft entschlafen.»

Erst eine Stunde später erschien meine Schwiegermutter. Ohne ein weiteres Wort zu verlieren, sagte sie: «Was hättest du jetzt wohl ohne deinen Schwiegervater anfangen sollen? Eine volle Stunde hat er am Telefon gestanden und alles für die Beerdigung geregelt und angeordnet. Dein Mann bekommt ein erstklassiges Begräbnis, so wie es sich gehört.»

Meine Lippen zitterten, als ich antwortete:

«Wenn mein Mann auf Kosten der Fürsorge in einem Krankenhaus sterben mußte, konnte er auch auf Kosten der Fürsorge beerdigt werden.» Sie kreischte vor Entsetzen über meine ‚unerhörte Einstellung' und meine ‚Lieblosigkeit' und rauschte hinaus, ohne mich weiter eines Wortes zu würdigen.

Ich ging nicht ins Krankenhaus. Das hätte mich noch länger von meinem Jungen getrennt. Jetzt mußte ich gesund werden. Und ich wurde es. Außerdem war es mir völlig klar, nicht einen Tag länger als nötig in einem Haus zu bleiben, das allen Dämonen die Tür offen hielt. Niemals würde ich die Worte meines Schwiegervaters vergessen: «Erst komme ich — dann komme ich nochmals — und nochmals — und dann erst kommt ihr.»

Ja, er kam als erster an die Reihe; aber es war der Tod, der ihn forderte. Von dem Tage an, da ich das Haus verließ, siechte er dahin und starb unter den größten Qualen sechs Monate später an Speiseröhrenkrebs.

Haben wir ein Recht, den Stab zu brechen über einen Toten? Ist das, war wir ‚böse' nennen, wirklich ‚böse'? Wir sehen nur alles vom menchlichen Standpunkt aus. Im Kosmos mag eine andere Auslegung gelten, mit einem anderen Maßstab gemessen werden.

Jedoch, menschlich gesehen, erscheint es immer wieder wichtig, um das Böse zu wissen, wenn man bestrebt ist, das Gute zu suchen.

Vielleicht war für mich abermals eine Periode der inneren Prüfung abgeschlossen, denn jetzt ging es nur noch bergauf.

Ganz unvermutet wurde mir der Posten einer Jugendleiterin angeboten. Ich durfte den Jungen mitnehmen.

Es war ein herrlicher Frühlingstag, als ich, mein Kind an der Hand, das Haus verließ, das in meinem Leben eine Stufe der Erniedrigung und seelischer Knechtschaft bedeutet hatte.

Ich verließ es als Siegerin.

Der Wunsch, ein Kinderheim zu leiten, schon seit vielen Jahren in mir lebend, erfüllte sich so selbstverständlich, als hätte dieser Posten schon lange für mich bereitgestanden.

Weit öffnete sich mein Herz. Die allesumfassende Liebe konnte jetzt endlich wieder ungehemmt hinausfließen. Freude geben, glücklich machen. Und wie ich Liebe austeilte, strömte sie mir wieder zu. Im steigenden Maße zeigte sich auch hier die Kraft meiner persönlichen Ausstrahlung.

Aber die Macht, die ich über die Kinder besaß, brachte mir auch häufig Ärger mit den Kindergärtnerinnen.

Man hatte bald herausgefunden, daß ich keine geprüfte Jugendleiterin war. Aber alle Versuche, mich zu schädigen, zersplitterten an der Tatsache, daß Eltern und Kinder begeistert zu mir hielten und das Heim unter meinen Händen zu einem Musterbetrieb erblühte.

Die innere Befriedigung an der Arbeit im Heim brachte auch die Auswirkungen der Gaben zurück, die in mir ruhten.

Einmal hatte eines der Kinder seine neuen Sandalen unten am Weserstrand verbuddelt. Die Flut war darüber hingegangen. Es gab noch am Abend einen häßlichen Auftritt mit der Mutter des Kindes, die für die verlorenen Sandalen Schadenersatz verlangte.

Früh am nächsten Morgen:

«Mutti, wohin gehst du?»

Ich sah über mein Kind hinweg.

«Ich will die Sandalen holen.» Schweigend lief ich in den Stall, nahm einen Spaten und eilte an den Strand hinunter. Ohne mich nur einen Augenblick zu besinnen, grub ich ein Loch, holte die Sandalen hervor und kehrte zurück in die Stube.

«Da sind die Verlorenen; nun braucht die Mutter nicht mehr böse zu sein.»

«Wie konntest du denn wissen, wo sie lagen?»

«Ich wußte es nicht. Ich wurde dahin geführt und fühlte es: hier liegen sie.»

«Und wenn du nun mit einem Mal hingeführt wirst, wo ein großer Klumpen Gold liegt?»

«Dann baut Mutti ein wunderschönes Märchenschloß, in dem alle Menschen, die es betreten, sich lieb haben müssen. Vor allem arme Kinder, die herumgestoßen werden, die keine Eltern haben, kommen hinein und dürfen glücklich sein.»

«Nur Kinder?»

«Alle Männer und Frauen, die einsam sind.»

«Und was tue ich?»

«Du machst ihre Herzen fröhlich.»

Jetzt mußten wir beide lachen. Ich nahm jede Gelenheit wahr, seine kleine Seele zu bereichern und auf den Weg zu leiten, der wohl abseits der breiten Heerstraße liegt, aber reich ist an Sonne und Freude.

Mein Kind sollte innerlich nicht darben, nicht einsam durchs Leben gehen. Seine Leiden und Freuden waren auch die meinen, ohne daß ich jemals versuchen würde, seine Eigenarten zu unterdrücken. Jeder Tag erschloß ein neues Wunder. Welche Freude erlebte der kleine Bursche, als er herausbekam, daß ich genau die Tageszeit sagen konnte, ohne nur einen Blick auf die Uhr zu werfen. Immer wieder versuchte er es, mich aufs Glatteis zu führen, umsonst, es stimmte jedesmal auf die Minute.

An einem Sonntagmorgen streiften wir zusammen durch den Wald. Wir freuten uns der Sonne, der Blumen und Vögel, die ich zu seiner Freude alle bei Namen kannte. Oder wir sangen unser Lieblingslied:

«Üb' immer Treu und Redlichkeit
bis an dein kühles Grab
und weiche keinen Finger breit
von Gottes Wegen ab ...»

Unsere Wanderung führte durch einen schmalen Pfad. Kein Mensch war zu erblicken. Und dann geschah es.

Es mußte wohl so gewesen sein, daß wir unversehens in ein Wespennest hineingetreten hatten; ein Riesenschwarm erhob sich. Blitzschnell warf ich mein Jackett über den Kopf des Kindes — alles schwirrte um uns — wir wollten laufen, da stand, wie dem Erdboden entstiegen, ein Mann neben uns, ein alter Mann. Er hob die Hand.

«Bleibt, Kinder, es wird euch nichts geschehen.»

Tatsächlich schienen die Wespen wie fortgeblasen. Aber auch der Mann war verschwunden.

Ich drückte mein Kind an mich. «Der liebe Gott hat uns beschützt.»

«Meinst du, dieser Mann war der liebe Gott?»

«Nein, es wird ein Engel gewesen sein. Aber Er hat ihn geschickt.»

«Ein Engel?» sagte er gedehnt und verbarg nicht seine Enttäuschung. Mutti hatte doch erzählt, ein Engel sei ganz licht und trüge ein schneeweißes Kleid. —

Der Weg ins Märchenland

Vier Jahre war ich Leiterin in dem Kinderheim, da wurde es geschlossen. Die Zeit hatte genügt, eine kleine Wohnung in einem Neubau zu finden. Geld hatte ich genug, um endlich eigene Möbel anzuschaffen und für das nächste Jahr die Miete vorauszuzahlen.

Es sollte alles so sein. Gott führte mich Schritt für Schritt dem Weg entgegen, den ich schon als Kind berufen war zu gehen.

Den Weg ins Märchenland.

Ganz plötzlich kam mir der Gedanke, das einst in Mexiko im

kleinen Begonnene weiter auszubauen und als Erwerb zu betrachten. Gleichzeitig altes Volksgut in anschaulicher Weise den Kindern ins Herz zu legen.

Das Märchen vom Schneewittchen und den sieben Zwergen wurde neu ausgearbeitet. Dann ging es auf die Suche nach Kartoffeln, die ‚Nasen' besaßen. Einige hatten bereits ausgesprochene Gesichter. Vom Tischler wurde ein zusammenklappbares Gestell aus leichtem Sperrholz angefertigt. In eine Leinenhülle gesteckt und mit zwei Griffen versehen, war es durchaus leicht tragbar. Mit wenigen Handgriffen und einer lichtgrünen Umrahmung, verwandelte es sich schnell in ein richtiges kleines Märchentheater. Das Schönste war, daß es eine Bühne besaß, auf der die Puppen herumgehen und stehen konnten. Auch in leuchtenden Farben gemalte Kulissen, je nach Erfordernis der Szene, prangten an den Seiten.

Den anfänglichen Kartoffeln folgten bald aus Lehm modellierte, mit Ölfarbe bemalte Köpfe. Natürlich blieb auch hier das ‚echte Haar' die Hauptsache. Im Laufe der Zeit entstanden siebzig Köpfe.

Die Vorstellungen begannen in den Volksschulen.

Es war ein aufregender Tag, als Mutter und Sohn zum ersten Mal ihre Miniaturbühne aufbauten.

«Keine Angst; es wird schon klappen», versuchte der kleine Kerl mich zu ermuntern.

Ich lächelte in mich hinein. Angst? Die gab es nicht; dafür wußte ich viel zu genau, daß es kein Versagen bei mir gab. Warum auch? Aber es war beglückend, sich umsorgt zu fühlen. So blieb es auch, vom ersten Tag an, immer wieder ein jubelnder Erfolg.

Dann ging es in die umliegenden Dörfer und kleineren Städte. Überall die strahlenden Kinderaugen und — was auch wichtig war — die ungeteilte Zustimmung der Lehrerschaft.

Nur an den Vormittagen, wenn der ‚Pingi' zur Schule ging, mußte ich eine Hilfe annehmen. Bei allen Vorstellungen, die an den Nachmittagen stattfanden, saß er neben mir und bekleidete meine Hände mit neuen Gewändern und Köpfen. Es mußte oft sehr schnell gehen. Wir waren völlig aufeinander eingespielt.

Als er im Sommer erkrankte, und der Arzt einen Aufenthalt an der See dringend empfahl, kam mir ein neuer Gedanke.

«Weißt du was, mein Pingi (den Namen erhielt er, als er nach einem Besuch bei Hagenbeck in großer Bewunderung der Pinguine erklärte: ‚Ich bin Klein Pingi!' Er blieb es für immer.), für die Sommerferien habe ich einen ganz großen Plan. Was meinst du wohl?»

«Weiß ich nicht.»

«Siehst du, hier habe ich die Liste der Anschriften aller Kurverwaltungen entlang der ganzen Ostsee. Jetzt srcheibe ich an jede einzelne, daß ich eine Gastspielreise mit meinem Puppentheater unternehmen möchte, ob ich bei ihnen willkommen bin. Und was meinst du, werden sie antworten?»

«Klar wollen sie. Oh Mutti, das wird ganz groß!»

Es kam keine einzige Absage.

Die Reise begann in Travemünde und endete auf Rügen. Überall wurden wir froh begrüßt, erhielten freie Pension und hatten gute Einnahmen. Zwei Stunden am Tag Vorführungen, dann frohes Tummeln am Strand. In Warnemünde wurde ich gleich für die ganze nächste Saison engagiert.

Wie das Kind aufblühte! Es gab nur strahlendes Sonnenwetter. Das gute Essen im Kurhaus, das geordnete Leben wirkte sich aus auf Mutter und Kind wie ein Gesundbrunnen.

Wir waren glücklich. Einfach glücklich.

Aber der Kampf ging weiter.

«Herr Neumann, ich habe eine ganz große Idee.»

Ich stand vor dem Chef des größten Kaufhauses in Bremen.

«Bitte, nehmen Sie Platz. Ich bin neugierig», sagte er herablassend. Bereits fünf Minuten später war er Feuer und Flamme. Eine Woche darauf prangte am Eingangstor des Hauses ein Schild. «Neueröffnung! Im dritten Stockwerk ‚Großer Märchensaal', mittwochs und sonnabends Puppenspiele. Eintritt frei.»

Es wurde ein Riesenerfolg. Obgleich der Saal dreihundert Kinder aufnahm, war der Andrang kaum zu bewältigen. An manchen Tagen mußte ich vier Vorstellungen geben. Ich hatte dort ein feststehendes kleines Theater, genau nach meinen Angaben aufgebaut und ausgestattet. Nach und nach vergrößerte ich mein Repertoire bis auf dreißig Märchenspiele. Da sie im Versmaß geschrieben waren, fiel das Auswendiglernen durchaus leicht.

So wie vor Jahren in Chihuahua war auch hier Hans Kiekemal mit dem Riesenglasauge der Ansager. Wie die Kinder ihn liebten, obgleich er häufig sehr häßlich mit der Reinmachefrau, der Maus Zierlich, sprach. Warum konnte sie es auch nicht lassen, mit ihrem Miniaturkinderwagen, in dem ein Mausekind im Steckkissen lag, auf der Bühne zum Saubermachen zu erscheinen. Dann hantierte sie ärgerlich mit ihrem kleinen Besen, daß die Papierschnitzel nur so herumflogen, oder sie gab dem andauernd schreienden Mausebaby, zum Entzücken der Kinder, die Flasche.

Der große Erfolg dieser Märchenspiele lag aber darin begründet: Ich wollte nichts anderes, als Kinderherzen beglücken. —

«Warum geben Sie keine öffentlichen Vorstellungen? Es geht nicht jeder gern in ein Kaufhaus.»

Dieser Ausspruch eines Bekannten erregte sofort meinen Unternehmergeist. Bereits acht Tage darauf gab ich im Museumssaal ein Debüt. Es war völlig ausverkauft.

Als der Pingi zum letzten Mal den Vorhang zugezogen hatte, hielten wir uns umschlungen und küßten uns begeistert. Das Klatschen wollte kein Ende nehmen. Da erschien noch einmal Hans Kiekemal auf der kleinen Bühne. «Hochverehrte zusammengetretene Herrschaften und Zuschauer, im Namen aller Schauspieler tropfen aus meinem Glasauge Tränen echter Rührung. Ich bitte Sie, darauf unseren Dank aufzubauen. Somit verbleibe ich Ihr ewig getreuer Hans Kiekemal.»

Müller-Scheesel, der bekannte Bremer Maler, geriet damals in Bewunderung für meine Lehmköpfe.

«Warum, um alles in der Welt, sind Sie nicht Bildhauerin geworden? Das ist keine Begabung, das ist ein großes Talent. Wenn Sie wollen . . .»

Nein, ich wollte nicht. Da ruhte noch viel in mir, das mehr war als Begabung. Jedoch über allem stand für mich die so beglückende Aufgabe, ganz Mutter zu sein. Wie stolz gingen wir beide Hand in Hand durchs Leben. Ehrgeiz? Nein, den hatte ich nie besessen, nur Freude daran, Freude geben zu können. Und das tat ich im reichsten Maße. Unerschöpflich schien die Quelle in mir zu sprudeln.

Eines Tages erhielt ich ein Schreiben vom Direktor des Bremer

Schauspielhauses. Er interessierte sich für meine Puppenspiele; ob ich bei ihm hineingucken möchte —

«Ich wurde schon damals auf Sie aufmerksam, als das Stadttheater Ihr Märchen ‚Der fliegende Koffer' brachte; aber die Zeit war zu ungünstig, man konnte tatsächlich nur tantiemenfreie Stücke herausbringen. Jetzt redet man in allen Kreisen von Ihren Puppenspielen. Ist es möglich, so etwas auch im Schauspielhaus zu bringen?»

Ich mußte laut lachen. «Meine kleinen Puppen würden sich hier verlieren wie Perlen im Meer. Ich hab schon in einem Saal vor tausend Kindern gespielt, bin aber überzeugt, daß die Hälfte nichts gesehen hat. Und hier vor dreitausend? Nein, das geht nicht.»

Er sah es ein. Und dann die große Frage, die entscheidend war für mein ferneres Leben.

«Sind Sie bereit, uns ein wirklich schönes Bühnenmärchen zu schreiben?»

«Sofort. Ich habe da eine bezaubernde Idee —»

Uraufführung im Bremer Schauspielhaus. «Brüderchen und Schwesterchen», frei nach Gebrüder Grimm.

Aus der kleinen Hütte im Wald, in der sich das Schwesterchen verborgen halten mußte, war das ‚Zwergenheim Schnellgesund' erstanden. Da wehte draußen die Rote-Kreuz-Fahne und drinnen, im Lazarett, reihte sich ein Bett an das andere. Die Patienten aber waren lebende Tiere. Katzen, Eichhörnchen, Ente, Hase — sie benahmen sich wie richtige Kranke. Es stand ja auch auf ihren Schildern: Gräte verschluckt, im Regen erkältet, faule Nüsse gefressen und so weiter. Der Esel zog bereits wieder eine kranke Ziege heran und die Zwergsanitäter hatten alle Hände voll zu tun. Selbst der Wassermann erschien, um sich seinen langen grünen Schwanz, den ihm ein Hecht abgebissen hatte, wieder annähen zu lassen.

Aber das Traumhafteste an diesem Spiel war das lebende Reh. Auf Schritt und Tritt folgte es Berny Clairmont, dem Schwesterchen, begleitete es bis in den Königspalast und wurde endlich, als die böse Muhme aus dem Fenster stürzte, wieder zum Brüderchen. Das ganze Theater spielte mit. Zuschauer und Schauspieler gingen auf in den erregenden Ereignissen des Stückes.

Als sich der Vorhang zum letzten Male schloß, brauste ein Jubel durch den Zuschauerraum, der kein Ende nehmen wollte.

«Mutti, nun geh doch! Du hörst doch, wie sie dich rufen.»

«Ja, ja, wenn es denn sein muß ...»

Der Direktor kam selbst, um mich zu holen.

In dem Augenblick, da ich die Bühne betrat, schien alles um mich zu versinken. Der Jubel, das Klatschen, es ging wie eine Wolke über mich hinweg.

Ich war allein, allein in meinem Märchenwald auf Möhlhorst; Elfen und Zwerge umtanzten mich ...

Man drückte mir Blumen, viele Blumen in die Arme.

‚Das Kind wird einmal eine große Märchendichterin.' — Jemand hatte es gesagt. Das war lange her. Jetzt stieg es plötzlich aus der Erinnerung. —

Wollten die Leute nicht aufhören mit dem Lärm? — Sie sollten den Vorhang schließen —

«Mein Pingikind, geliebtes; ich glaube, wir haben es geschafft.» Ich hielt meine Hände über den seinen gefaltet, so wie ich es Abend für Abend beim Nachtgebet tat. «Jetzt wollen wir dem lieben Gott ganz stark danken. Siehst du wohl, wie Er uns lenkt und führt?» Sein kleines Herz war erfüllt bis an den Rand.

«Und als du auf der Bühne standst, habe ich genau deinen Schutzengel gesehen! Er stand neben dir.»

«Pingilein, stimmt das? Hast du dir das nicht eingebildet?»

«Das weiß ich nicht mehr. Vielleicht hab ich es nur gedacht, weil alles ganz ganz hell um dich herum war. Das stimmt aber!»

Bereits am nächsten Tag konnte ich einen Vertragsabschluß mit der Vertriebsstelle und dem Verlag Deutscher Bühnenschriftsteller und Bühnenkomponisten unterschreiben.

In der Theaterzeitung: Sensationeller Erfolg eines Bühnenmärchens!

Am Kammerspielabend wurde das vorgesehene Drama abgesetzt und «Brüderchen und Schwesterchen» gespielt.

Aus der Kritik: ... geschöpft aus dem wahren Born des Märchens ... Den Zuschauern stockte der Atem ...

Sechzig Male ging das Märchen über die Bretter des Schauspielhauses. «Und nun machst du Schluß mit den Puppenspielen! Du sagtest es selbst, du kannst es nicht mehr», meinte der kleine ‚große Sohn'.

«Weißt du, es ist sehr anstrengend, immer verschiedene Stimmen zu formulieren und dann stundenlang die Arme hochzuhalten. Aber die Kinder werden sehr traurig sein.»

«Der Direktor hat doch gesagt, du sollst nächstes Jahr wieder ein Märchen schreiben!«

Ja, das hatte er gesagt und so geschah es auch. Es war der gleiche Erfolg. — Zehn Uraufführungen erlebte ich allein in Bremen. Das Bremer Schauspielhaus war das führende Theater in Deutschland. So eroberten sie sich, von dort ausgehend, die meisten großen deutschen Bühnen.

Gleichzeitig mit meinen Erfolgen wuchs der Neid unter den Bremer Schriftstellern. Der Direktor lehnte jedes andere eingereichte Märchenspiel ab. Und als er sich einem der Schriftsteller gegenüber zu der Bemerkung hinreißen ließ: ‚Was ihr alle zusammen an dramatischer Begabung in euren Händen habt, besitzt sie im kleinen Finger', wurde ich als Dichterin einfach an die Wand gedrückt . . . man übersah mich.

Bevor die elfte Uraufführung steigen konnte, starb Direktor Wiegand an einer Blutvergiftung, und der Neid kannte seinen Weg.

Als nach dem Krieg das zerstörte, wieder renovierte Schauspielhaus zum erstenmal ein Märchen brachte, schien es selbstverständlich, ein Werk der überall gefeierten Dichterin zu wählen. — Jetzt, endlich, kam die Rache. Wer hierbei die treibende Kraft war, ahnte ich, schwieg aber. Auf jeden Fall waren es bedauernswerte Menschen, die aus gekränkter Eitelkeit, einem törichten Haß endlich freien Lauf lassen konnten.

Das Märchen wurde so mit Dreck beworfen, heruntergerissen, wie wohl die Stadt Bremen derartiges noch nicht erlebt hatte. Selbst der für diese Aktion bestochene Rundfunk warnte die Bevölkerung, sich dasselbe Märchen, das vor wenigen Jahren auf denselben Brettern einen Riesenerfolg erlebte, anzusehen.

Ebenfalls wurde später jedes Buch, das meiner Feder entstieg, von der Kritik zerfleddert und beschmutzt, bis ich die Verleger bat, von jeder weiteren Besprechung in Bremen abzusehen. Bremen ist nicht die Welt, und mein Erfolg ging weiter, bis ins Ausland.

Eines Tages erhielt ich die Anfrage, ob ich den Posten einer Märchenerzählerin im Filmtheater übernehmen würde. Es handelte sich darum, die den Kindern im Stummfilm vorgeführten Märchen während ihres Ablaufs zu erzählen.

Der Gedanke begeisterte mich. So saß ich schon wenige Tage darauf mutterseelenallein im Saal und ließ mir den Märchenfilm vorführen, den ich am nächsten Tag den Kindern erklären mußte.

Die ganze Sache machte mir viel Spaß. Der Kontakt mit den Kindern war schnell hergestellt. Dieses Märchenerzählen erinnerte mich an eine längst vergangene Zeit. Ich hatte damals in einem Pastorat, wo ich die erkrankte Hausfrau vertrat, einen Märchennachmittag eingeführt. Sämtliche Kinder aus dem Dorf kamen mit ihren Handarbeiten oder Puppen und — wie einst die Viehmännin bei den Gebrüdern Grimm — saß ich im Kreis der Kinder und erzählte endlose Märchen. Natürlich waren es selbsterdachte; denn das war das Reizvolle daran, jedes Kind durfte, der Reihe nach, irgend einen Gegenstand nennen, und sofort entstand darüber ein Märchen. Es dauerte nicht lange, dann kamen auch die Mütter mit ihrem Flickzeug und lauschten genau so begeistert wie die Kinder.

Die Schriftstellerin

Und dann erschien mein erstes Buch «Deutsche in Fesseln». Kriegserinnerungen einer deutschen Frau.

Ich hatte es eigentlich nur als Tagebuch aufgeschrieben und eines Tages Direktor Wiegand zum Lesen gegeben. Er war so begeistert davon, daß er es dem Verlag ‚Quelle und Meyer' in Leipzig einschickte. Zwei Tage darauf erhielt ich ein Telegramm: «Manuskript angenommen». Nein, daran hatte ich überhaupt nicht gedacht, noch viel weniger an einen derartigen Erfolg.

Das nächste Buch war ein historischer Roman aus dem alten Bremen. Er erschien zuerst in den ‚Bremer Nachrichten' und kam anschließend als Buch heraus. Zu meiner großen Freude erhielt ich damals ein Schreiben von einem Professor der Geschichte aus Hamburg.

«In Ihrem außerordentlich interessanten Roman befindet sich

nicht eine einzige geschichtliche Entgleisung. Im Gegenteil, er gibt Aufschlüsse über Ereignisse, deren Zusammenhänge bisher ungeklärt waren. Alle Hochachtung.»

Bei diesem Werk hatte ich zum ersten Mal das Gefühl, geführt zu werden, denn ich schrieb über Menschen und Begebenheiten, von denen ich unmöglich etwas wissen konnte. Diese Hilfe gestaltete sich im Laufe der Zeit immer offensichtlicher, besonders bei historischen Werken, zu denen ich mich besonders hingezogen fühlte. Oft schrieb ich wie in Trance, ohne damals zu ahnen, was das bedeutete. In der Kritik des Hamburger Fremdenblattes über einen Dithmarscher Roman hieß es: «So kann nur jemand das Meer, Land und Leute schildern, der an der Nordsee groß geworden ist, der mit Sturm und Wogen vertraut ist und bis ins Kleinste beobachten konnte, wie die Eigenart dieses Menschenschlages im Zusammenhang steht mit Naturgewalten und Naturbedingungen.»

Ich kannte aber weder die Nordsee noch die Dithmarscher.

War es eine übergroße Einfühlungsgabe oder geistige Führung? Ich war damals imstande, über Dinge zu schreiben, von deren Existenz ich noch nie etwas gehört hatte.

Als ich ein Buch schrieb, das neben dem wunderbaren Leben der Bienen die praktische Seite der Imkerei ausführlich schilderte (es klang auch fast wie ein Märchen), packte mich der Übermut. Ich flog mit dem erst halbfertigen Manuskript im Koffer zum ersten Mal in einem Flugzeug; es wurde eine Traumfahrt, die viel zu schnell in Stuttgart endete. Die Herren vom Kosmos-Verlag waren durchaus nicht begeistert über die Zumutung, ein noch unvollendetes Manuskript zu beurteilen. Aber bereits nach drei Tagen erhielt ich die Antwort: «Manuskript angenommen».

Es war eine Zeit des Wachsens und des Aufbaus.

Wirtschaftliche Sorgen gab es nicht mehr. Im Gegenteil; ich kaufte ein sehr schönes Grundstück in Sankt Magnus bei Bremen und begann gleichzeitig, für ein Eigenheim zu sparen. Mein Junge sollte Grund unter den Füßen haben.

So stand ich auf der Höhe des Schaffens, befähigt auf jedem Gebiet Außergewöhnliches zu leisten. Vom Puppenspiel bis zum Operntext, von kleinen Erzählungen in Zeitungen und Illustrierten bis zur ernsten Zusammenarbeit mit erstklassigen Verlagen.

Wir marschierten Hand in Hand durch den verschneiten Tannenwald, flogen auf Skiern über einsame Wege oder rodelten steile Abhänge hinunter. Auf einem Spaziergang stießen wir auf eine Gruppe Männer. Sie gruben und schaufelten in einer Schneewehe, während ein junger Skiläufer mit einem verstauchten Fuß am Wegrand saß. Die Männer suchten nach der abgebrochenen Spitze des einen Schneeschuhs. Natürlich mußte sie da sein, war aber nicht zu finden. Der junge Mann schien recht verzagt und bedrückt, denn der Verlust der Hälfte des Schneeschuhs bedeutete für ihn wieder eine neue Ausgabe.

«Aber warum graben Sie denn da, wenn die Spitze hier weiter rechts liegt. Genau hier.»

Die Männer lachten und buddelten weiter.

«Ich bin doch links in die Schneewehe hineingeraten, nicht rechts», erklärte der Skiläufer.

«Aber die Spitze liegt hier und nicht da.»

«Wie können Sie das behaupten!»

«Ich weiß es.»

Wie man mich verlachte! Spaziergänger hatten sich angesammelt.

«Komm, Mutti, laß uns weitergehen.»

«Nein. Ich bleibe, bis sie da gegraben haben.»

«Dann tun sie ihr doch den Gefallen», meinte ein alter Herr.

«Na ja, wo soll sie denn liegen?»

«Hier. Genau hier.»

Schon nach wenigen Spatenwürfen lag sie offen zutage.

«Sie können wohl zaubern, was? Das geht doch nicht mit rechten Dingen zu!» Alles starrte mich an.

«Komm Pingi», wir lösten uns schnell aus dem erregten Kreis, «nun ist ja alles in Ordnung.»

Einmal gegen Abend setzte ganz plötzlich ein toller Schneesturm ein. Wir befanden uns nicht einmal weit entfernt von unserer Pension, aber schon nach wenigen Augenblicken waren wir völlig eingeschneit. Der Sturm türmte die Schneemassen wie eine

Mauer um uns auf, jede Bewegungsmöglichkeit, jede Sicht war uns genommen. Unfähig uns zu rühren, standen wir eng umschlungen. Verloren. Verschneit.

«Mutti!» Oh, dieser Schrei der Angst.

«Still, mein Kind, Gott verläßt uns nicht. Komm, wir wollen zu ihm beten.»

Der Schnee ballte sich zusammen, preßte sich gegen meinen Mund.

«Lieber Vater! Sende deine Engel! Hilf uns!» Mein Herz schrie nach Gott.

Was war das? — Ein kleiner, roter, hin und her schwankender Punkt. Wie ein Irrlicht tanzte es auf und nieder. — War es nicht ganz dicht neben uns? Ich streckte unwillkürlich den Arm durch die weiche Masse der Schneewehe. Irgendetwas mußte dort sein.! Da, — die Hand griff zu, krallte sich in ein Gewebe.

Das Licht tanzte nahe an uns heran.

Es war ein Mann mit einer Laterne. Eine Hand packte mich am Arm. Ein seltsam starker Strom von Kraft, Liebe und Vertrauen durchrieselte mich. Wortlos drückte er mir die Laterne in die Hand und nahm das Kind auf seinen Rücken. So kämpften wir uns Schritt für Schritt durch den Schnee.

Endlich, nach einer Wegbiegung kam der Sturm von hinten. Nun ging es leichter voran. Schattenhaft traten die Umrisse der Häuser hervor. Ohne nach dem ‚Wohin' zu fragen setzte der Mann den Jungen auf die Türschwelle des Pensionshauses, in dem wir wohnten und verschwand, bevor ich noch einen Dank aussprechen konnte.

«Ja, ja», meinte die Hauswirtin, «so etwas gibt es; er ist noch gerade zur rechten Zeit vorbeigekommen. Mitten auf der Landstraße eingeschneit und kein Hund und Hahn hätte davon gewußt. Habt Glück gehabt.»

«Vielleicht war es wieder ein verkleideter Engel», meinte Pingi, «du weißt doch, wie damals bei den Wespen.»

Heilige Nacht

Wie silberne Tropfen
aus Quellen rinnen,
so fallen Sterne
vom Himmelszelt
herab auf die Welt.
Ein feines Klingen
geht durch die Luft,
wie Raunen und Singen
von uralten Dingen,
die ewig jung.
Von einer Sonne,
die neu ersteht
und einer Hoffnung
die nie vergeht.
Von Engelsstimmen
in heiliger Nacht,
als Himmelserbarmen
den Menschen auf Erden
die Liebe gebracht. —
Ein Silberglanz
erfüllet ganz
die stille Welt
Und alles Leid
ist weit —
so weit . . .

Am Weihnachtsabend war kristallklarer Frost. Unsere Vorbereitungen waren also nicht umsonst gewesen. Jeder mit einem Korb am Arm, wanderten wir durch verschneite Waldwege. Auf einer Lichtung stand die kleine Tanne, die wir schon am Morgen ausgewählt hatten. Pingi mußte zuerst den Schnee von den Zweigen abfegen und dann vorsichtig die Kerzenhalter befestigen. Schnell stand das Bäumchen, lustig und reichhaltig aufgeschmückt, zwischen der ernsten Feierlichkeit seiner Schwestern. Kohlblätter und Wurzeln umschlossen den Stamm. Als dann die Kerzen brannten, standen wir beiden Menschlein in der großen schweigenden Waldeinsamkeit eng aneinander geschmiegt und sangen mit gedämpften Stimmen:

Stille Nacht — heilige Nacht —

Wie ein Strahlenkranz legte sich die Weihe dieser Stunde um unsere Herzen. Alles, was wir an Weihnachtsliedern gemeinsam kannten, wurde hervorgeholt.

Kein Lüftchen regte sich. Der Mond blinzelte durch die Tannenwipfel.

Aber dann löschte ich die Lichtstummel. Pingi zog eine winzig kleine Glocke aus der Manteltasche und läutete kramphaft.

Pingi: Hört ihr nicht die Glocke läuten?
Mutti: Sagt, was hat das zu bedeuten?
Pingi: Ihr Vögel, Hasen und Rehe,
Mutti: im Tal und auf der Höhe,
Pingi: kommt alle her zum Fressen!
Mutti: Wir haben euch nicht vergessen!

Als wir ins Pensionshaus zurückkehrten, herrschte dort großer Trubel, Musik und Tanz. Noch ganz erfüllt von unserem Erlebnis, flüchteten wir in unsere Stube.

«Mutti, jetzt erzähl noch mal, wie du Vati das Tannenbäumchen ins Gefängnis brachtest.»

«Tat ich das nicht schon oft?»

«Jeden Weihnachtsabend mußt du es erzählen.»

«Na ja. Mittags hatte ich den alten Wärter um die Erlaubnis gebeten, am Abend noch einmal hereingucken zu dürfen. Er führte mich erst in seine Stube. Schnell drückte ich ihm ein Zigarrenetui in die Hand, wünschte frohe Weihnacht und dann packte ich aus. Ein kleines künstliches Tannenbäumchen mit zehn Lichtern.»

«Hast du sie gleich angezündet?»

«Ja. Das Bäumchen in der rechten, ein Körbchen in der linken Hand, so marschierten wir über Treppen und durch Gänge zu den Zellen. Mister Tailer voran. Er wischte immerfort an seinen Augen.

‚Fünfunddreißig Jahre bin ich hier — das hab ich noch nie erlebt.‘ Er ließ mich auch wortlos in die Zelle hinein.»

«Zu Vati?»

«Ja, zu Vati».

«Was der wohl gesagt hat! Wohin habt ihr das Bäumchen gestellt?»

«Auf einen dreibeinigen Hocker.»

«Und dann?»

«Dann kam die große Überraschung. Ich hatte viele kleine Päckchen gemacht: immer zwei oder drei Kuchen, eine Zigarette oder Zigarre mit einem grünen Band umschlungen.»

«Und da konnte unser Vati hinausgehen aus seiner Zelle und jedem Gefangenen ein Geschenk geben.»

«Ja. Er durfte beglücken. Eine größere Freude gibt es nicht.»

«Und der alte Mann?»

«Konnte vor Rührung kaum sprechen.»

«Habt ihr auch gesungen?»

«Oh nein, es mußte alles ganz leise und heimlich geschehen.»

«Schön, Mutti.»

Das Jahr 1933 brachte große Veränderungen. Wir verließen Bremen und zogen nach St. Magnus, einem hübschen, am Ufer des Flusses Lesum gelegenen Ort. Er war von Bremen aus in zwanzig Minuten mit der Bahn zu erreichen.

Und dann griff die große politische Umstellung hinein in das glückliche Ineinanderaufgehen von Mutter und Sohn.

Er mußte dem Jungvolk beitreten, ward schnell ‚Führer‘ und lebte nur noch seinem Dienst. Die Schule wurde vernachlässigt; die kleinen Pflichten, die er im Hause zu erledigen hatte, mußten zurücktreten. Mit achtzehn Jahren war er bereits Oberbannführer und besaß den Ausweis, weltpolitische Vorträge halten zu dürfen.

Es war eine Zeit der Enttäuschungen und heimlicher Tränen.

Inzwischen hatte man mich aufgefordert, in Wolfsburg, der Stadt der Volkswagen, Märchenvorlesungen zu halten. Die Aufgabe bestand darin, dem Sinn und der Tiefe alter deutscher Volksmärchen nachzuspüren und ihn zu erklären.

Mit Feuereifer widmete ich mich dieser Aufgabe und versuchte tief hineinzudringen in den Mythus, in den im Laufe der Jahrhunderte längst verlorenen oder zerrissenen Sinn uralten religiösen Volksgutes. In fast jedem Märchen vereint sich der ethische Gedanke des Belohnens oder Bestrafens durch Kräfte der Natur- und Elementargeister. — Diese Arbeit erfüllte mich derart, daß ich mir nach und nach die Märchen und Märchendeutungen aller Völker anschaffte, um zu begreifen, wie mystisches Geschehen Gemeingut ist der menschlichen Seele und seit jeher ihren Ausdruck im Märchen fand.

«Das klingt wie ein Märchen.» Dieser Ausspruch Vieler, esoterischen Dingen gegenüber, drückt heute Zweifel aus, umfaßt jedoch uralte Weisheit.

Ich gestaltete die Vorträge in der Weise, daß sie Frage und Antwort erhielten. Dadurch kam es zu einem tieferen Verständnis, als es einseitige Erklärungen erreicht hätten. Es war beglückend zu beobachten, wie sich vor allem die Jugend dafür erwärmte, aus der Tiefe zu schöpfen und selbständige Ideen zu entwickeln, während die Mütter, bereits traditionsgemäß, nichts anderes als hübsche, wenn auch oft recht grausame Märchen darin erblickten.

Und dann wandte sich der Rundfunk an mich. Jahrelang sprudelte hier die Quelle; besonders beim Kinder- und Jugendfunk.

Okkulte Begebenheiten

(Ein Ausschnitt aus dem Tagebuch

März 1939

Pingi war mit der H. J. auf großer Fahrt. Ich wollte diese Zeit ausnützen und verbrachte nun schon zwei Tage bei meiner unverheirateten Schwester in Cottbus.

Bereits am ersten Abend mußte ich seltsame Dinge erleben. Schon auf Möhlhorst hatte Luise sich als Hellseherin und starkes Medium erwiesen, aber das erschien mir nun harmlos neben diesen Erscheinungen.

Ich glaube nicht, daß Hellsehen eine besondere Gabe ist. Sie liegt in jedem Menschen, nur wird sie bei den meisten verschüttet. So war es schon vor Tausenden von Jahren, so ist es auch heute noch.

Die Türklinke wurde niedergedrückt, die Tür geöffnet und wieder geschlossen. Aber es war keiner zu sehen, vielmehr *ich* konnte keinen sehen.

«Was soll das bedeuten?»

«Denk dir nichts dabei. Er macht sich manchmal den Spaß, durch die Tür zu kommen. Meistens steht er einfach vor mir.»

«Du weißt, wer er ist? Ein Toter? Ein Jenseitiger?»

«Freilich. Er hat sich vor vier Wochen erhängt und versucht alles, um mich zu überreden, es ihm nachzutun. Er hängt sehr an mir und glaubt, ich könnte ihm in seinem Elendszustand helfen. Es ist gräßlich! Oft ringen wir auf dem Fußboden miteinander. Aber ich will nicht!»

Ich war entsetzt.

«Wenn ein Mensch stirbt, verläßt seine Seele den Körper; sie steigt hinauf zum Licht, ins Jenseits. Wie kann dieser Tote jetzt hier bei dir sein, um dich zu quälen?»

Sie lächelte.

«Aber Kind, das Jenseits ist nicht nur Licht, sondern auch tiefste Finsternis. Das wäre ja eine grenzenlose Ungerechtigkeit, wenn alles in einen Topf käme! Je nach ihren Taten scheiden sich die Geister. Die Guten zur Rechten, die Bösen zur Linken. Es gibt schon eine Hölle, glaube es mir, aber sie ist so, wie sie der Mensch bei Lebzeiten durch seine Taten und seine Gedanken selbst in sich errichtete. Dasselbe gilt für den Himmel. Ein Selbstmörder, wie dieser hier, geht grauenhaftten Qualen entgegen.»

«Aber wie kommt er denn wieder auf die Erde?»

«Zwischen Jenseits und Diesseits gibt es keine Grenze. Nur bleibt der materialistisch Gebundene oft an die Erde gefesselt, während es für die geläuterte Seele keine Hindernisse zum Lichtflug gibt. Die guten Wesen, wir nennen sie Engel, obgleich Engel viel viel höhere Lichtwesen sind, kommen herab, um uns zu helfen, zu trösten, zu belehren. Dagegen die Bösen, die Dämonen, treibt es immer wieder auf die Erde hinunter, um sich in ihren Rachegedanken und ihrem sinnlosen Zorn an den Menschen auszutoben.»

«Wie schrecklich. — Was tut er jetzt?»

«Er starrt dich an.»

«Mich!»

«Ja, dich. Du störst ihn, du bist ihm irgendwie im Wege. Er hat Angst vor dir und möchte doch . . . Aha, er ist verschwunden; der Feigling soll mich in Ruhe lassen! Übrigens kommt morgen eine Bekannte. Wir wollen mediales Schreiben versuchen. Schön, daß du dabei bist.»

«Aber ich verstehe so wenig von all diesen Dingen.»

«Dabei bist du selbst medial veranlagt.»

«Meinst du? Ich denke immer, alles was ich hören und sehen soll, wird mir zugeführt.»

«Na, ja, was sonst? So war es auch mit mir, schon als Kind. Du wirst es nicht gewußt haben, wie sehr ich an meinem ‚Inder' hing. Schon als kleines Mädchen fragte ich Mutter, was für ein Mann das sei, der jeden Abend an meinem Bett stehe; er trüge ein Handtuch um den Kopf geschlungen. Später erkannte ich, daß es ein Turban war.»

«Und was meinte Mutter?»

«Es sei mein Schutzengel.»

«Vielleicht war er es. Vielleicht war er zu Lebzeiten ein Inder.»

«Wie hab ich ihn geliebt!»

«Ist er noch immer bei dir?»

«Häufig fühle ich seine Nähe, aber ich sehe ihn schon lange nicht mehr. Vielleicht hat sich zu viel Gesindel bei mir eingenistet. Ich besitze nicht die Kraft, es loszuwerden. Und dann — da ist meine große Liebe; das unvergeßliche Erleben mit meinem Reisegefährten. Ich hab noch mit keinem Menschen darüber gesprochen.»

Wir setzten uns. Ich fühlte in mir starke Strömungen. Der Blick ihrer schönen, unwahrscheinlich großen blauen Augen ruhte auf mir. «Sonderbar, seit du hier bist, haben sich alle gedrückt. Du mußt etwas ausstrahlen, das ihnen unangenehm ist . . . Oh — was ist das?»

Sie beugte sich vor und starrte mich an.

«Weißt du auch, daß du ganz eingehüllt bist von einem lichtblauen Mantel? Wunderbar! — Oh, wie schön! Über deinem Kopf schwebt ein großer goldener Stern, er strahlt nach allen Seiten. Was ist das?»

«Ich weiß es nicht.»

«Auch in dem blauen Lichtschein um dich blitzen kleine goldene Sterne. Du siehst aus wie eine Madonna.»

«Hör auf!»

Sie strich sich mit der Hand über die Stirn. «Es war sehr schön.» ‚Ob sie das wirklich gesehen hat, oder phantasierte sie? Es ist doch sehr unwahrscheinlich! Vielleicht will sie sich wichtig machen mit ihrem Hellsehen. Wie sollte ich zu solchem blauen Lichtschein kommen? Das glaube ich einfach nicht.‘

«Du wolltest von deinem Inder erzählen.»

«Ja, früher hab ich oft seine Nähe gespürt. Aber der Lebenskampf war zu groß. Es versackte alles. Und dann kam das Reiseerlebnis. Ich fuhr damals nach München; im Schlafwagen. Mir gegenüber saß ein Herr — sonst war das Abteil leer. Sehr schnell kamen wir in ein Gespräch. Aber es war nicht das gewöhnliche Verplaudern der Zeit; er kam sofort auf sehr ernste Gebiete. Schon als Kind habe ich mich immer wieder mit den Fragen nach Gott und dem Sinn unseres Lebens herumgeschlagen, ohne eine Antwort zu finden. Hier, auf dieser Reise nach München erhielt ich sie. Es war, als führe er mich Stufe um Stufe hinauf in eine klare, reine Atmosphäre, in der es kein Grübeln und Fragen mehr gab, nur Gewißheit, beglückende Gewißheit.

Ich schämte mich vor ihm, denn er schien mich völlig zu durchschauen; schämte mich vieler Handlungen, mancher Entgleisung. Aber über alles schlug er eine Brücke, lenkte, ermahnte.

Ich kann es dir nicht beschreiben. Die Nacht verging wie ein geistiger Rausch, wie ein Auflösen alles Körperlichen. Meine Seele stand nackt vor ihm, und er umkleidete sie wie mit einem Strahlengewand. Um sechs Uhr morgens erreichten wir München. Da wir in zwei verschiedenen Hotels Zimmer belegt hatten, verabredeten wir, uns um zwölf Uhr mittags bei der Uhr auf dem Bahnhofsplatz zu treffen.

Beseligt wie noch nie zuvor in meinem Leben, warf ich mich im Hotel auf mein Bett, um noch einige Stunden zu schlafen. Als ich erwachte, war es drei Uhr nachmittags. —

Was nützte es, daß ich zu unserem Treffpunkt lief. Er war nicht da. In meiner Verzweiflung, die sich nicht schildern läßt, hastete ich nach dem Hotel, das er als Quartier angegeben hatte. Aber ich wußte ja nicht einmal seinen Namen. Trotzdem; es war kein Zimmer für den Tag belegt — Und so habe ich ihn nie wiedergesehen.»

Sie schwieg und blickte mit weltfernen Augen aus dem Fenster.

‚Wie bei Karl Ibel', dachte ich, ‚auch ich wußte nicht seinen Namen.'

«Ich kann ihn nicht vergessen», fuhr sie fort, «ihn liebe ich.

Er war wie ein Kristall, durch und durch leuchtend. Oft weine ich nächtelang vor Sehnsucht.»

Wir saßen uns stumm gegenüber. «Vielleicht», begann ich endlich, «vielleicht war er ein Engel. Ich habe es einmal mit Pingi erlebt, als wir in einen Wespenschwarm gerieten ...»

Aber sie wehrte heftig ab. «Nein! Wir haben stundenlang zusammengesessen. Er war ein Mensch aus Fleisch und Blut. Laß uns lieber nicht mehr darüber reden. Es macht mich immer wieder krank.»

«Deine Sehnsucht gilt dem Mann, der dir entrissen wurde; jedoch das, was er dir gab, trägst du in dir.»

«Ich bin noch nicht reif genug, um es in Worte setzen zu können. Eines nur weiß ich; die Menschen, vor allem die Jenseitsforscher, von denen jeder Einzelne sein eigenes Wissen und Erkennen für unumstößlich richtig hält, befinden sich noch in einem ungeheuren Irrtum.»

«Das glaube ich auch. Darum liegt mir das Grübeln sehr fern. Ich meine, man sollte hin und wieder sein eigenes Denken, Fühlen und Wissen in sich ausschalten, leer in sich werden, um bereit zu sein, alles in sich aufzunehmen, was ohne unser Hinzutun, in uns hineingelegt wird, damit es sich eines Tages herauskristallisieren kann.»

«Na hör mal, das wäre eine bequeme Art und außerdem eine gefährliche. Weißt du denn, wer es ist, der dir die Weisungen gibt? Gott oder Satan?»

«Oh ja, das würde ich fühlen.»

«Dann hast du eben keine Ahnung von der Macht der Dämonen. Sie können mit Engelszungen reden ...»

«Ich glaube, man kann nur mit dem Herzen fühlen und hören, welche Stimme zu uns spricht, nicht mit dem Verstand.»

«Mein liebes Kind, wer so von Dämonen umgeben ist, wie ich es bin, steht mitten im Kampf der Abwehr und zugleich der Überlegenheit. Da kannst du mit sogenannten ‚Gefühlen' nichts anfangen. Selbst sie können Täuschung sein. Ich weiß, was ich sehe. Ich sehe das Licht um dich, fühle starke, reine Kräfte von dir ausgehen und ich sah, wie die schwarze Meute vor dir Reißaus nahm. Aber sie kommt wieder, verlaß dich darauf. Sie wird versuchen auch an dich heranzukommen.»

«Ich habe keine Angst.»

«Das weiß ich. Trotzdem sei auf der Hut und bitte Gott um Kraft dem Teufelspack gegenüber, das mehr Unheil auf Erden anrichtet, als du es dir vorstellen kannst. Wenn du dich auch ganz dem göttlichen Willen fügst, darfst du niemals dein eigenes Selbst ausschalten, ich meine, die Kraft unbenutzt in dir ruhen lassen, die Gott dir gab, damit sich dein Selbstvertrauen verbindet mit deinem Gottvertrauen. Verstehst du, was ich meine?»

In der Nacht gab es allerlei Störungen. Es polterte und krachte, als wäre der wilde Jäger mit seiner Schar durchs Fenster hereingestürmt. Ich fühlte mich vor Schreck wie gelähmt. Meine Schwester schien fest zu schlafen, sie rührte sich nicht. Plötzlich kam mir der Gedanke, aufzustehen, um in Jesu Namen die Geister und Dämonen zu bannen. So betete ich laut und verwies die Polternden zur Ruhe. Nachdem ich voll Inbrunst ein Vaterunser gebetet hatte, verschwand der Spuk. In mir war ein großes Staunen. —

Am nächsten Tag erschien die Bekannte in Begleitung einer jungen Frau. Sie war sehr aufgeregt. «Ich besitze heute starke Kräfte. Lassen Sie uns gleich einen Versuch machen.»

Bevor ich noch recht verstand, was sie wollte, saß ich auf einem Stuhl, und sie stand mit gespreitzten Fingern vor mir. Nicht lange, dann ließ sie die Arme sinken.

«Unmöglich! Was für eine Willenskraft! So etwas habe ich noch nicht erlebt. Kein Mensch wird imstande sein, Sie zu hypnotisieren. Mein Himmel!» Sie war sichtlich erschöpft.

Nach mehreren Versuchen gelang es ihr, meine Schwester in einen allerdings nur sehr kurzen Schlafzustand zu bringen..

«Was haben Sie erlebt? Haben Sie etwas gesehen? Wissen Sie, Ihre Kräfte sind weitaus stärker als die meinen. Versuchen wir es einmal anders herum.»

Sie schlief sofort ein und begann gleich darauf zu reden.

«Was ist das für ein Mann, der neben Ihnen steht. Er trägt einen Turban. Ein Mohammedaner oder Inder. Er legt den Arm um Ihre Schulter, er zieht Sie zurück — ach!»

Mit einem Seufzer schlug sie die Augen auf. «Kennen Sie einen Mann aus dem Orient? Wahrscheinlich ein Verstorbener. Er scheint Sie zu beschützen.»

Sie redete sich selbst in Begeisterung hinein. Es war das erste Mal, so erklärte sie, daß sie so etwas erlebte. —

Als wir einen Augenblick allein waren, sagte Luise in tiefer Erregung: «Es handelte sich nur um Sekunden, die ich in Trance war. Wir, mein Inder und ich, schritten Hand in Hand eine breite, aufwärtsführende Straße hinauf. Oben auf dem Hügel lag ein schneeweißes Haus, dem wir zueilten. Ich war sehr glücklich.»

Dem kleinen runden Tisch wurden Teller unter die Füße geschoben. «Dann hebt er sich besser,» meinte die Bekannte. Mir war lächerlich zu Mute. «Weißt du noch,» fragte ich die Schwester, «wie wir auf Möhlhorst Tischklopfen machten und der ganze Tisch in die Höhe ging?»

«Ja, das war toll. Vater war fuchswild.»

«Er klebte oben an der Decke. Und als er herunterkam, drehte er sich wie ausgelassen im Kreise.»

«Es saß ein Foppgeist in ihm.»

«Wieso?»

«Platz nehmen!»

Wir hielten die ausgespannten Hände aneinander. Meine Schwester, als Medium, hatte Papier und Bleistift vor sich liegen. Sehr schnell begann es in dem Tisch zu klopfen und zu rumoren. Ich fühlte einen starken Strom.

Stellen Sie eine Frage» flüsterte die Bekannte. «Erst einmal etwas Alltägliches.»

«Was wird uns dieses Jahr bringen?»

«Blut und Tränen.»

Was sollte denn das bedeuten?

Schon kam die nächste Frage. Ich fühlte, wie sie ihr auf den Lippen brannte. «Wie heißt mein Reisegefährte und wo ist er?» Ein kleines Zögern, dann in großen, völlig fremden Schriftzügen die Antwort: «Warum quälst du dich! Ich war es — der Inder.» Sie ließ die Hände sinken. Ihr Blick ging über uns hinweg. Nichts konnte sie bewegen, weiterzumachen.

(Zwanzig Jahre später besuchte ich meine Schwester im Krankenhaus. Der Arzt erklärte mir, sie habe Schizophrenie. Aber sie erkannte mich. Ihr erstes Wort war: ‚Ich wußte nicht, daß du blaue Haare hast.' Ihre Seele war glücklich. Sie sprach nur von Gott, Seiner Liebe und Güte. In ihrer Wohnung herrschten tolle Zustände. Was mich fesselte, waren die unzähligen Briefbogen und Zettel, mit einer fremden Schrift bedeckt, derselben, die ihr an jenem Abend den ersten Gruß schickte. Ich bündelte sie zusammen, um sie daheim in Ruhe lesen zu können, aber sie waren plötzlich, auf rätselhafte Weise, verschwunden.)

Von Cottbus aus fuhr ich nach Melle im Wiehengebirge. Der Kurdirektor hatte mir vier Wochen freien Kuraufenthalt mit allem, was dazu gehört, angeboten, wenn ich dafür einige reklameartige Artikel in verschiedenen Zeitungen bringen würde.

Natürlich genoß ich die herrlichen Tage in dem bezaubernden Kurstädtchen mit seinen vielen Sehenswürdigkeiten; aber für einen Reporter war ich wohl doch nicht die geeignete Persönlichkeit. Ich glaube, ich habe ihn, trotz meiner hübschen Erzählungen, enttäuscht, denn ich war längst nicht sachlich genug eingestellt. Im Gegenteil, die alten Sagen um das Wiehengebirge fesselten mich weit mehr als die vorbildlichen Anlagen der Solbäder.

Ein Erlebnis blieb unvergesslich:

Da mir ein Wagen zur Verfügung stand, bat ich, mich nach den berühmten Sandsteinfelsen hinauszufahren. Man hatte dort gerade Abdrücke von Mammutfüßen aus der Quartärzeit festgestellt und versuchte, Gipsabdrücke zu nehmen. Das alles erregte mein großes Interesse. Die eigentliche Fundstelle endete links in einem Gebüsch. Sofort spürte ich den unwiderstehlichen Zwang, dahinter zu gelangen. Als es mir endlich glückte, gab es eine große Überraschung. Auf dem letzten Rest des Steilabhanges zeigten sich klar erkennbar die Fußtritte eines Mammuts und hart daneben die kleinen Stapfen eines Jungtieres. Das war so wunderbar ausgeprägt, abgezeichnet, wie der Rest einer Fotografie, auf der Mutter und Kind nebeneinander die große Todesstraße betraten.

Meine Entdeckung erregte unter den Wissenschaftlern Begeisterung.

Muß das sein?

1939

Reich an neuen Plänen und Ideen kehrte ich zurück von meiner Reise. Aber die Zeit spann dunkle Fäden, die sich langsam zu einem Gewebe des Grauens zusammenschlossen. —

«Mutti, ich hab' mich freiwillig zur Wehrmacht gemeldet.»

«Kind!»

«Einmal muß es doch sein.»

«Ja. Aber warum freiwillig?»

Er fiel mir ins Wort. «Spielt keine Rolle mehr. Sie gehen alle.»

Freilich, Worte wie Pflicht, Ehre, Heldentod hatte man der Jugend bereits genügend eingeimpft. Es riß sie hinein, die Ahnungslosen.

Krieg! — Sieg! — Heil! —

Ich blickte in sein junges Gesicht, sah den Ernst in seinen Augen.

«Mein Junge, ich weiß, daß es für dich nur diesen einen Weg gibt. Ich will ihn dir nicht erschweren. Ob früher oder später, freiwillig oder unfreiwillig — ihr müßt ihn alle gehen. Und wir Mütter müssen es ertragen, ohne die Möglichkeit zu besitzen, uns dagegen aufzulehnen. Aber — wie du ihn gehst und wie ich ihn gehe — darauf kommt es an.»

«Ich weiß, was du meinst. Hab' keine Angst. Sieh mal, diese letzten Jahre waren rauh, und ich war oft verbittert gegen mich selbst. Aber jetzt hat alles einen Sinn bekommen, man muß sich bewähren. Nicht nur in äußerer Disziplin, ich weiß wohl, worauf es ankommt. Es hat ja nicht jeder eine Mutti, wie ich sie habe.»

Er setzte sich an meine Seite auf das kleine Sofa und legte den Arm um meine Schultern.

«Mein Mütt, glaube mir, ich war oft sehr unglücklich über die Entfremdung zwischen uns. Ich stand zwischen zwei Feuern. Es riß mich mit, und ich wußte genau, daß ich sonst überall versagte. Oft dachte ich an deine Worte: Es ist gar nicht so wichtig, wie man den Nagel in die Wand schlägt, die Hauptsache ist, man trifft ihn auf den Kopf. — Aber jetzt weiß ich es, das alles war nur das Suchen nach einem großen Ziel, der Wunsch, sich für etwas voll und ganz einsetzen zu können. Und das ist es, was mich jetzt mit Kraft und Glauben erfüllt. Verstehst du das?»

«Ja, mein Junge. Eine Jugend ohne Begeisterungsfähigkeit ist wie ein Baum mit toten Ästen. Es gibt da aber noch andere, idealere Ziele. Der Krieg ist eine Geißel der Menschheit; versuche du, wo immer du auch hingestellt wirst, ihr mutig entgegenzutreten; nämlich, in deinem Waffenfeind auch deinen Brudermenschen zu erkennen, der niemals das Ziel unwürdiger Grausamkeit werden darf. Erfülle als Soldat deine für dich unvermeidliche und anbefohlene Pflicht, als Mensch aber deine Nächstenliebe. Das klingt paradox, aber so wie ich dich kenne, weiß ich, daß du den Sinn bald erfassen wirst. Schlachtfelder und Verwüstungen werden die Wegstationen deiner Jugend bilden. Es ist eine ungeheure Last, die dir zu tragen auferlegt wird. Nur der Gedanke der Gemeinsamkeit umhüllt sie mit dem Licht der Begeisterung.

Und noch eines: Halte dich selbst in deiner Hand und versuche nicht, verderblichen Lüsten, die ungewollt in dir erwachen werden, nachzugeben, indem du ihnen frönst und sie auskostest, sondern du sollst versuchen, die Kraft deines Willen an ihnen zu stählen, damit du fähig bist, über ihnen zu stehen.»

«Mein liebes Mütt, wie schön, daß ich dich habe. Schreib' mir oft solche Worte an die Front; sie geben so viel Kraft.»

Wir saßen lange Hand in Hand. Nichts stand mehr zwischen uns. Jedoch als ich abends an sein Bett trat, war es mir, als müsse ich Gott anflehen, ihn davor zu bewahren, eine Waffe gegen das Kind einer anderen Mutter zu erheben. Achtzehn Jahre lang hatte ich ihn den Weg der Liebe geführt, ihn gelehrt, Freud und Leid im gläubigen Vertrauen in Gottes Hände zu legen, und jetzt würde man ihm bedeuten, das sei nur eine Ideologie. Gott trete auf als Rächer, das blutige Schwert in der Hand. Haß! — Haß! — Nichts mehr von Liebe. Vater, lieber Vater — muß das sein?

Der erste Feldpostbrief kam aus Frankreich. Trotz der Freude, von dem geliebten Jungen zu hören, durchschüttelte es mich abermals. Jetzt hatte man diesem sonnigen, liebevollen Jungen eine Mordwaffe in die Hand gedrückt, um zu töten, jeden zu töten, der eine andere Uniform trug als er.

In Friedenszeiten ist das ‚Töten' Sünde, und der Verbrecher bekommt einen Strick um den Hals. Im Krieg wird es zur Heldentat und sogar mit dem Ritterkreuz belohnt. — Und die Kirche? Derselbe Geistliche, der diesen jungen Menschen Jesu Worte der Liebe und Barmherzigkeit predigte, segnet jetzt in Gottes Namen die Waffen, mit denen sie töten sollen. — Mein armer Junge!

Man könnte schreien, sich auflehnen, zur Besinnung rufen. Sinnlos! Es läuft ja alles unter ‚Gottes Namen', das Leid, die Tränen sowie die Prozente der Kriegsgewinnler. Es geht über Leichen ‚in Gottes Namen'. Der tiefste Stand eines Menschen ist da, wo die Seele aufhört, dem Zwange einer höheren Entwicklung zu folgen.

Auszüge aus Briefen an die Front

Niemals gleicht ein Mensch dem anderen. Aber Gut und Böse dienen nur gegenseitiger Erziehung und Abschleifung, denn der Wille zum Guten und der Wille zum Bösen ruht in jedem. Gott und Satan sind Gegensätze. Nur die Stimme des Gewissens, die so oft überhört wird, lenkt auf den rechten Pfad. —

Das Wort ist heilig, war es von jeher, denn es trägt in sich den Schöpfungsgedanken. Aus dem Wort wurde die Tat; nicht nur für den göttlichen Willen. Das Wort liegt in uns; wir sind Herr darüber. Darum sollen wir es nicht verschwenden, sondern Zügel anlegen, wenn der Zorn, mit allen seinen Begleiterscheinungen, hervorzubrechen droht. Es ist schneller ein böses Wort gesprochen, als eine gute Tat ausgeführt. Ein Wort allein vermag ein Paradies zu schaffen, aber auch eine Hölle.

Es fällt nicht schwer, eine Lüge auszusprechen, sobald sie Gewohnheit geworden ist und Hand in Hand geht mit der Gleichgültigkeit. Die Lüge ist aber ein Ziehkind der Sünde, von der sie gepäppelt wird, damit sie sich breit und üppig entwickelt und jedes freie Wollen verdrängt.

Ein Mensch, der anders spricht als er denkt, wird zum Lügner an sich selbst. Er achtet nicht mehr des inneren göttlichen Wortes, sondern folgt den äußeren selbstsüchtigen Gedanken. Somit gibt er falsch Zeugnis wider sich selbst. Und damit beginnt bereits seine innere Verurteilung. Er glaubt sich selbst nicht mehr, markiert den Gleichgültigen, während es ihn rastlos hin- und herreißt. Er sucht immer neue aufreizende Erlebnisse, betäubende Abwechslungen. Aber der fade Geschmack auf der Zunge bleibt. — Wer hingegen versucht, auf der Brücke der Wahrheit zu gehen, die über viele Anfechtungen hinweg zum wahren Menschentum führt, wird ungefährdet sein Ziel erreichen.

Das heutige Weltbild ist ebenso zerrissen wie die sittlich-moralische Grundlage der ganzen Weltanschauung. Eines ergibt sich aus dem anderen. Was seit Jahrtausenden auf geistigem Gebiet bestand, kann nicht durch Verflachung und dadurch hervorgerufenes Unverständnis ausgelöscht und modernisiert werden. Dazu bedarf es anderer Kräfte! Wer nicht mit der Welt fertig werden kann, suche den Grund in seiner eigenen Einstellung zu ihr. Nur aus einem in sich geordneten ‚Ich' kann sich das Für und Wider herausschälen zu selbständiger Entwicklung.

Man vermag aber unmöglich sich erst ein Weltbild zu schaffen, um dann Gott in ihm den für Ihn vorgesehenen Platz anzuweisen oder ganz zu streichen. Gott ist unwandelbar!

Es gehört nicht viel dazu, um zu verstehen, daß dämonische Kräfte im Spiel sind, wenn es sich darum handelt, sich völlig zu lösen von allem Geistigen, um unbehindert und skrupellos ins Seelenlose zu stürzen.

Der Gottesfunke ruht in jedem. Es liegt am eigenen Wollen, ihn wach zu halten oder zur Flamme zu entfachen, denn das Gute soll nicht hineingetragen werden, es soll herauswachsen wie der Baum aus fruchtbarer Erde. Erfasse den Sinn des Wortes: ‚Hilf dir selbst, dann hilft dir Gott.' Und zwar immer wieder in dem Erlangen der Fähigkeit, das Schlechte vom Guten zu trennen.

Alles menschliche Wissen und Erkennen geht im Zeitenmeer verloren und muß immer wieder erkämpft werden. Bei jeder Erfindung handelt es sich um eine jahrtausendealte Neugeburt. Es ist alles schon einmal dagewesen; allein die technische Ausführung vervollkommt sich durch Begünstigung planetarischer Entsprechungen. Die Entdeckung der Atomenergie führt die Wissenschaft zum Größenwahn, denn sie vergißt, daß sie sich nur Kräfte untertan macht, die göttlicher Wille erschuf. Selbst der winzigste Atomkern ist von Ihm abhängig. Alles, was Menschenhirne und Menschenhände zu erschaffen imstande sind, zerfällt vor einem einzigen Funken göttlicher Urkraft. — Jede wissenschaftliche Erforschung des Universums, seiner Gestaltung, seiner Kräfte und Zusammensetzung ist eine Bestätigung des Schöpfergedankens. Man verleugnet Ihn, den Schöpfer; bemüht sich aber, tief hinabzusteigen in Seine Werke, sie zu ergründen, zu zerlegen.

Der innere Drang zur fortschreitenden Entwicklung, zur Vollkommenheit lebt von jeher im Schaffenden. Nur gilt heute dieses Streben der Technik, während es in früherer Zeit weit mehr der Größe und Tiefe seelischer Kräfte zugewandt war. Ihr seid in das Zeitalter der Technik hineingeboren. Das besagt aber nicht, daß ihr alles andere ablehnt. In der Technik triumphiert der menschliche Geist — sofern er nicht der Dämonie verfällt — aber die Seele sucht einen Ausgleich, sie sucht Gott.

Ohne den Geist, den Gottesfunken, bliebe der Mensch auf der Tierstufe stehen. Das Tier besitzt wohl eine Seele (es könnte sonst nicht leben) — aber keinen Geist.

Die Geistseele ist also das Höchste, was ein Mensch besitzen kann. Wer sie verkümmern läßt oder gar ableugnen will, erniedrigt sich selbst zum Tier. Jeder aber, der sich seines Geistes voll bewußt ist, sollte nur darauf bedacht sein, ihn groß und reich zu entwickeln.

Urlaubstage

Du Wort, so reich an Dankbarkeit, an ein Wiederfinden, ohne sich jemals verloren zu haben.

Jubel, der überhaupt keine Grenzen kennt und das eifrige Bemühen, sich gegenseitig nur Freude zu bereiten.

Man geht Hand in Hand durch die schönen alten Parkanlagen, macht weite Wanderungen und findet kein Ende im Berichten und

Erzählen. Bomben fallen, Feuer lodern. — Angst? Nein, man geht an Gottes Hand. Man vertieft sich in die Lektüre von Büchern, ißt seine Lieblingsgerichte und schläft so herrlich im eigenen Bett.

Man buddelt auf dem neuen, am Waldrand gelegenem Grundstück, rodet Bäume aus und baut eine ‚bombensichere' Bude.

Das alte Spiel wird hervorgeholt. *Preisaufgabe:* aus den Worten gestern, heute, morgen ein kurzes Gedicht verfassen.

Mutti: Das *Heute* ist die Mutter von dem *Morgen*,
das *Gestern* schon die Ahne, die erwägt,
ob alles recht geschehen, die voll Sorgen
des Enkels Zukunft in die Urne legt.
Nur wenn die Mutter ihre Pflicht erkannte,
gesund und froh dem Kind das Leben gab,
aus einem *Morgen* jene Kraft entbrannte,
die, rückwärts schauend, dennoch vorwärts strebt.

Pingi: *Gestern* hatte ich Mutti lieb,
heute hab' ich Mutti lieb,
morgen hab' ich Mutti lieb.

Pingi erhielt den Preis. —
Und dann wieder Abschied.
Keine Träne — keine Klage.
Ein fester Händedruck am Zug.
Gott schütze dich und mich.

Aufzeichnungen im Tagebuch

Tolkemit, Sommer 41

Von einer Stunde zur anderen faßte ich den Entschluß, nach Tolkemit in Ostpreußen zu fahren. Pingi lag dort mit seiner Einheit im Quartier. Er war Funker in einer Panzerjäger-Abteilung. Von dort aus wollte ich dann zu einer Bekannten nach Danzig fahren.

Es war alles so, wie ich es mir während der Reise, oft in großer Ungeduld, ausgemalt hatte. Im Hause des Briefträgers, bei dem er in Quartier lag, fand sich tatsächlich auch noch ein Winkel für mich zum Schlafen. — Drei Tage lang gingen wir Hand in Hand wie zwei glückliche Kinder durch die Weite der Landschaft bis hinaus in die Nehrung. Über uns sangen die Lerchen. Wie viel gab es zu erzählen. Er hatte den ganzen Frankreich-Feldzug mitgemacht. Und nun lagen sie startbereit, in Rußland einzumarschieren.

Er war frisch und froh. Wir ließen keinerlei trübe Gedanken aufkommen.

«Du siehst aus wie ein junges Mädchen», meinte er zärtlich, «keiner glaubt es, daß du meine Mutter bist.»

Darauf erzählte ich ihm von den zwei Heiratsanträgen, die ich unterwegs auf der Reise bekommen hatte.

«Du, mach mir keine Geschichten! Ich werde fuchswild, wenn du mir da einen Mann heranschleppst!»

Ich konnte endlich einmal wieder von Herzen lachen.

«Mein Mütt», meinte er später, «wir hatten da in der Kompanie einen jungen Menschen aus Schlesien, ein feiner Kerl, aber völlig einsam, ohne Angehörige. Könntest du dich nicht seiner annehmen? Er ist jetzt bei der Infanterie. Hier ist seine Feldpostnummer. Willst du?»

«Aber klar, mein Pingi.» —

Nach drei Tagen wurden sie nach Tilsit abkommandiert. Er schaffte es noch, mich bis zum Bahnhof zu bringen.

Nur kein trauriges Gesicht zeigen! Aber es fiel mir dieses Mal doch schwer. Ich verharrte hinter dem Fenster und konnte den Blick nicht von ihm wenden. Groß, blond, strahlend stand er da. Ich weiß, es sind unzählige Mütter, die sich von ihrem Liebsten losreißen müssen. Und alle tragen dasselbe Gebet in ihren Herzen. ‚Herrgott, beschütze ihn!'

Aber ist es nicht so, daß man nur etwas verlieren kann, was man vorher besessen hat? Sie sollten alle daran denken und nie der Dankbarkeit vergessen.

Der Zug setzte sich in Bewegung. Noch ein liebes Winken. — In diesem Augenblick sah ich — oder bildete ich es mir ein? — wie sich eine Hand schützend auf seine Schulter legte, eine weiße, sehr schlanke Hand. — Es war aber kein Mensch auf dem Bahnsteig anwesend. — Konnte es sein Schutzengel gewesen sein, der mir zeigen wollte, daß er an der Seite meines Kindes stand? Von diesem Augenblick an glaubte ich an sein Heimkommen. Ich hütete den Gedanken in mir, wie ein heimliches Gebet.

Von Danzig aus unternahm ich einen Abstecher nach Zoppot. Es interessierte mich, das internationale Spielkasino kennenzulernen. Mein Ausweis als Schriftstellerin öffnete mir die Türen. Anfangs überwältigte mich die ganze Atmosphäre, die nervöse Spannung, die sich auch in den Zügen der Spielenden widerspiegelte. Angst, Gier, Triumph und Hoffnung, aber auch Schadenfreude. Nicht mehr zu haltende Spielleidenschaft neben der aufpeitschenden Hoffnung einer letzten Chance. Der Weg bis in diese dämonische Tiefe mochte oft am steilen Abhang der Verzweiflung entlanggeführt haben.

Nein, niemals ein Urteil fällen oder gar den Stab brechen, bevor man nicht weiß, welche Schattenwand zwischen dem gestern und heute steht. Auf jeden Fall konnte man hier Studien betreiben.

Plötzlich legte sich eine Hand auf meinen Arm. Es durchfuhr mich wie ein glühend heißer Strom. Ein Herr, noch jugendlich, mit leicht angegrauten Schläfen, stand neben mir.

«Sie wollen nicht spielen?»

«Nein. Aber es ist ungeheuer fesselnd, die verschiedenartigen Auswirkungen der Spielleidenschaft zu beobachten.»

«Ja, das ist es. Ich spiele allerdings ohne jegliche Leidenschaft, nur einem Ruf folgend, der mich hierher führt. Manchmal in kürzeren, häufiger in längeren Intervallen.»

Er legte die Hand auf seine Brusttasche und sagte leise: «Sechzigtausend. Es genügt für heute.»

«For heavens sake!» entfuhr es mir.

«Ich sagte es schon, ich werde geführt. Von einem Engel oder einem Dämon, ich weiß es nicht. Der Tag wird mir bestimmt, der Tisch, an dem ich spiele, die Zahl, die Farbe — ich arbeite wie ein Blinder. Und ich weiß auch genau, wann ich aufhören muß. Heute habe ich allerdings den Faden selbst abgebrochen; etwas zwang mich dazu. Nun brennt er mir in den Fingern, weil er noch nicht abgerollt ist.»

Er sah mich nachdenklich an. «Ich beobachte Sie schon eine

ganze Weile. Sie sind mein Typ. Wenn Sie wollen, spiele ich für Sie. Wieviel gedenken Sie zu riskieren?»

Der Gedanke erschreckte mich; für Hasardspiele habe ich persönlich nichts übrig. Aber er ließ nicht locker.

«Ich hole Ihnen die Chips. Also — wieviel?»

«Nun denn, zehn Mark.»

«So habe ich Sie eingeschätzt. Nicht ängstlich, aber vorsichtig.» Er nahm den Schein und eilte an die Umtauschkasse.

Nun, zehn Mark Verlust würden mich nicht arm machen.

«Ich habe es abgerundet auf hundert», sagte er fröhlich. «Bitte, jetzt überlassen Sie alles mir, auch den Zeitpunkt des Absetzens.»

Roulette!

Faites votre jeu!

Die Scheibe begann sich zu drehen. Die rollende Elfenbeinkugel lief nun auch für mich. Wie geschäftig sie war — rot — schwarz. Ein wenig prickelte es doch. . . .oh ja. — Wie konnte er hundert Mark setzten, . . . wenn ich nun verliere. Er rührte sich nicht, stand wie eine Statue. Einsatz und Gewinn blieben stehen, und die Kugel rollte. Welch unheimliche Macht bewegt sie, daß selbst der Nichtspieler von ihr mitgerissen wird. Ist es das von den erregten Spielern ausströmende Fluidum? Jetzt bin ich doch wieder weitaus mehr von Beobachtungen gefesselt. Diese alte Frau da drüben! Wie ein Geier. Auch die Finger haben sich zu Krallen gekrümmt.

«Schluß. Nicht eine einzige Runde mehr!» Er stand wieder neben mir.

«Habe ich verloren?»

«Wenn Sie das so nennen wollen.» Sein Blick ließ mich abermals erschauern. «Kommen Sie.»

Stumm folgte ich ihm in eine Fensternische.

«Wollen Sie selbst einlösen, oder soll ich . . .?» Er war schon fortgegangen, bevor ich antwortete; kehrte ebenso schnell zurück und zog einen Packen Scheine aus der Tasche.

«Jetzt darf ich nicht mehr spielen. Die Uhr ist abgelaufen. Sind Sie zufrieden? Zweitausend Mark.»

«Mein Himmel, wie ist das möglich?»

Er stopfte das Geld in meine Handtasche. «Kommen Sie! Wir trinken noch ein Glas Wein zusammen.»

Plötzlich hatte ich Hemmungen. Natürlich bedankte ich mich; es erschien mir alles unfaßbar. Aber mich jetzt hinzusetzen, um mit einem fremden Menschen Wein zu trinken, während mein Junge jeden Augenblick in Rußland einmarschieren konnte ... nein! Außerdem war mir der Mann außerordentlich sympathisch, gefährlich sympathisch. Engel oder Dämon, ich glaube nicht, daß ihn ein Engel in die Spielhölle führt, es sei denn, um seine Charakterstärke zu prüfen. Nein, nein — Schluß. ‚Mach mir keine Geschichten', hatte Pingi gesagt. ‚Nein, mein Geliebtes, dein Mütterlein kehrt hübsch brav zurück in ihre Gifthöhle.'

«Sie wollen nicht?»

«Ich möchte nicht.»

Behutsam ergriff er meine Hand und zog sie an die Lippen. Dann war er im Gedränge verschwunden. —

Ich saß während der Heimfahrt in Danzig im Bahnhofsrestaurant. Es war überfüllt von Soldaten und Zivilreisenden. Schnell kam ich mit einem jungen Mädel, das neben mir Platz gefunden hatte, in ein Gespräch. Es erzählte von dem entsetzlichen Schicksal seiner Familie. Sie besaßen in der Nähe von Krone im Brahetal einen Hof und waren damit dem Haß der Polen bis zum Einzug der Deutschen ausgeliefert gewesen. Seit Jahrhunderten dasselbe: Rache, endlose Rache dessen, der gerade die Zügel in der Hand hielt.

Ihre Schilderungen erschütterten mich und spontan entschloß ich mich, ein Buch über das Schicksal dieser Familie zu schreiben. Sie lud mich ein, als Gast bei ihr zu verweilen. Das Angebot sofort ausnutzend, fuhr ich mit ihr.

Da Gertrud Kollberg noch einige Gräber besuchen wollte, nahmen wir unseren Weg über Bromberg. Der Anblick der endlosen Gräberreihen, die alle dasselbe Datum trugen, den 3. September 1939, alles Opfer des Bromberger Blutsonntags, wird mir unvergeßlich bleiben. Jetzt fest entschlossen, das Buch zu schreiben, sprach ich noch mit mehreren Augenzeugen, machte Notizen, horchte herum und fühlte mich bereits völlig in die neue Aufgabe hineinwachsen.

Abend für Abend saß ich nach dem Nachtmahl mit Gertrud Kollberg an dem Eßstubentisch. Sie erzählte und ich schrieb. Der ganze Lebenslauf des Mädchens, verflochten mit dem Schicksal des Hofes, erstand vor mir. Oft packte mich das Grauen.

Entsetzlich dieser Ausbruch bestialischen Hasses, der aus jahrhundertelanger Unterdrückung hervorbrach und das Drama der in Polen ansässigen Deutschen besiegelte.

Das Schwert der Rachegöttin trieft vom Blut Unschuldiger. Hier wie dort.

Blickte ich dann in das stille klare Gesicht der Erzählerin, fühlte ich mich klein und hilflos dieser Not gegenüber. Geht es bei den Polen, wie bei den Deutschen, wirklich nur um Rassenhaß? Ist es nicht die Bestie Mensch, ganz gleich, welcher Nation sie angehört? Der Rassenhaß ist nur ein aus Neid und Größenwahn hochgezüchtetes Entschuldigungsmittel für eine bestialische Triebhaftigkeit, der jede Gelegenheit recht ist, schamlos und brutal hervorzubrechen. So hab' ich es damals in Mexiko erlebt, und so muß ich es hier wiedererkennen. Einer versucht den anderen in Unmenschlichkeit zu überbieten. Das Recht des Einzelnen ersäuft im Blutrausch. Die Masse der Polen umkleidet ihre menschenunwürdigen Taten mit dem Gewand des Freiheitskämpfers, der Deutsche sucht sie mit dem Schwert der Rache auszustatten und zu veredeln.

Der Krieg vermag nur dort alle guten Regungen auszulöschen, wo der Mensch bereit ist, die Bestie aus sich hinauszulassen. Darum sollte man nie verallgemeinern, nicht von der Masse sprechen, sondern vom Einzelnen. Der eine verroht, der andere zieht sich zurück in sein gemartertes Selbst und — leidet. — Nicht der Soldat: die hinter ihm Stehenden, die ihre Teufelspläne ausbrüten, selbst aber in Sicherheit bleiben, sind es, die das Tor zur Hölle öffnen.

Am letzten Abend, — wir mußten unterbrechen, denn ich nahm ihr zu viel Zeit, — drückte ich ihr die auf so seltsame Art gewonnenen zweitausend Mark in die Hand. Ich hatte das Geld nicht nötig, aber hier war jegliche Hilfe mehr als angebracht. Natürlich sträubte sie sich, damit war zu rechnen; aber dann füllten sich ihre Augen mit Tränen der Freude. Es war ein solch wunderbarer Augenblick, daß ich selbst weinen mußte.

Aber diese Ergriffenheit entsprang der Dankbarkeit gegenüber dem plötzlichen Begreifen göttlicher Fügung und Führung.

Nun saß ich und schrieb das große Werk. Die Worte flossen aus der Feder, als würden sie hineingelegt. Das Einfühlen in dieses Grauen aber machte mich oft schwach.

Als ich heimkam, erwartete mich eine unangenehme Überraschung. Ich hatte, bevor ich fortfuhr, abends spät in ein Gebüsch ein tiefes Loch gegraben und dort allerlei versteckt, das mir wichtig erschien, um es vor Bomben zu sichern. Da waren Durchschläge von sechs Manuskripten mit den dazugehörigen Verträgen. Der Druck mußte zurückgestellt werden, als der Verleger eingezogen wurde. Er fiel später am Don.

Das Verlagshaus ging in Flammen auf; ebenfalls meine Manuskripte, worunter sich eine Erzählung über Pelztierzucht befand, die mir viel mühselige Arbeit im Zusammentragen alles Wissenswerten, sowie eigene Besichtigungen von Pelztierfarmen, gekostet hatten. Auch die Sammlung aller Kritiken über meine Werke, zum Teil mit Fotos, waren verschwunden. Nur die Schreibmaschine hatte man nicht gefunden. Später hörte ich, Kinder hätten mit den Papieren ein Lagerfeuer gemacht.

So war es doch geschehen. Deutsche Truppen waren in Rußland einmarschiert. Zweifellos gehörte mein Junge mit zu den Ersten.

Franz, mein Pflegesohn, ist in Südrußland eingesetzt. Er schreibt liebe Briefe, überstömend vor Dankbarkeit. Auf seinem nächsten Urlaub soll er mich besuchen.

Der beständige Fliegeralarm hinderte mich sehr beim Schreiben. Da erhielt ich von der Reichsschrifttumskammer das Angebot, für vier Wochen nach Jena zu fahren, um dort, in einem für schaffende Künstler eingerichteten Heim, in Ruhe arbeiten zu können.

Es war eine schöne Zeit; keinen Augenblick hab' ich die Reise bereut.

Es handelt sich um große Dinge

Es ist Winter geworden.

Vor sechs Wochen sandte ich mein fertiges Manuskript (400 Seiten) an einen Verlag in Prag. Ein Bremer Verleger gab mir diesen Rat. Trotz Anfragen erhalte ich keine Antwort.

Von heute auf morgen entschloß ich mich, im Eisenbahnzug selbst nach Prag zu fahren. Die Schreiberei nützte nichts.

Es war eine traumhaft schöne Fahrt, immer am verschneiten Elbufer entlang. Zum ersten Mal in meinem Leben sah ich deutsche Burgen.

Prag

Als ich mich am Morgen nach der Ankunft auf den Weg zum Verlag machte, überwältigte mich die Schönheit dieser alten, ehrwürdigen und doch so verjüngend wirkenden Anlagen, Paläste, Häuserblocks. Gotik und Barock reichen sich die Hände und vollenden ein abgerundetes Stadtbild. Irgendwie fühlte ich mich emporgehoben, verzaubert.

Heute weiß ich, daß mich die okkulten Schwingungen dieser geheimnisvollen Stadt in ihren Bann zogen.

Der Verlagsleiter war anwesend. Mir fiel ein Stein vom Herzen. So ließ ich mich anmelden und wurde sofort vorgelassen. Als ich ihm mein Anliegen vortrug, lachte er schallend.

«Und da machen Sie kaltblütig die weite Reise, setzen mir die Pistole auf die Brust: Einen Vertrag oder das Leben!» Er lachte abermals. «Natürlich kenne ich Ihr Manuskript nicht. Kommen Sie, ich will Ihnen etwas zeigen.»

Er führte mich in einen anstoßenden Raum. Auf zwei Tischen lagen Manuskripte neben Manuskripten, eines über das andere gestapelt. Ein beklemmender Anblick.

«Die armen, auf Antwort wartenden Schriftsteller, die können ja alt und grau darüber werden», entfuhr es mir.

Er streifte mich mit einem belustigendem Blick. «Kennen Sie die Geschichte von dem Pfannkuchenberg?»

«Ja. Der Junge Klaas Avenstaken mußte sich hindurchfressen, bis er — »

«Richtig. So muß ich mich hier durchfressen, allein, denn man hat mir meine Lektoren genommen. Es ist keiner da, Ordnung in dieses Chaos zu bringen. Und nun frage ich Sie, wie soll ich jetzt wissen, wo ihr Manuskript liegt?»

Ich lauschte in mich hinein, fühlte den Strom in mir.

«Lassen Sie mich einen Augenblick allein; ich bringe es Ihnen.»

«Bitte sehr.» Wieder dieser belustigte Blick.

Es war mein erster Versuch, mich aus eigenem Wunsch heraus, auf ein bestimmtes Objekt zu konzentrieren. Schon fühlte ich mich wie im Schraubstock meines Willens. Und dann kam sehr schnell der Augenblick, da ich wie eine Schlafwandlerin auf den ersten Tisch zuging, in der dritten Reihe einige Manuskripte hochhob, das zweitletzte herauszog. Es war meines.

Ganz schwindlig wurde mir. Einen Augenblick verharrte ich in Dankbarkeit für diese, mir nun schon wohlbekannte wunderbare Gabe. Dann eilte ich ins Zimmer.

«Nun?»

«Hier ist es.» Ich legte es vor ihn auf den Schreibtisch.

Sein intelligentes Gesicht wirkte für einen Augenblick überwältigend dumm, dann sagte er ruhig:

«Na ja, was soll ich dazu sagen. Es gibt Dinge zwischen Himmel und Erde — Sie wissen wohl?»

«Genau».

Er versprach mir, das Manuskript durchzusehen. Ich sollte am nächsten Tag wiederkommen.

«Und jetzt bestelle ich Ihnen einen Fiaker mit einem Original-Prager-Kutscher, der Sie in unermüdlicher Gründlichkeit mit den Sehenswürdigkeiten der alten schönen Stadt bekannt machen wird.»

Er hatte recht. Es war fast zu viel, was dieser einmalige Original-Kutscher in mich hineinstopfte. Unvergesslich war natürlich die Fahrt über die Moldau auf der fünfhundert Meter langen und zehn Meter breiten — so sagte er — Karlsbrücke zum Hradschin.

Zwischen unzähligen Türmen und Bogen, durch die das Wasser floß, reihten sich dreißig barocke Standbilder aneinander. Auf jedes einzelne deutete er mit dem Peitschenstiel und gab seine Erklärungen.

«Hier wurde der heilige Nepomuk ins Wasser gestürzt.» Oder «da drüben ist das Ghetto mit dem Judenfriedhof.»

Ich konnte unmöglich alles in mich aufnehmen. Außerdem zerrissen und durchquerten seine Erklärungen häufig meine eigenen Gedanken, denn es lag etwas Weihevolles über der Schönheit dieser einmaligen Brücke. Und dann erreichten wir doch endlich die Burg mit ihren 707 Gemächern, die ich alle durchwandern mußte. Nie hätte ich mich dem inneren Zwang widersetzen können, denn die Zahl sieben ist in allen Begebenheiten meines Lebens ausschlaggebend. Angefangen damit, daß ich meinen Eltern als siebentes Kind geboren wurde, hing jedes tiefere Ereignis zusammen mit einer Sieben.

Der Anblick von der Burg hinab auf die vielen Kirchen, Paläste, Klöster, alten Befestigungen und Mauern war wohl der Höhepunkt dieser Fahrt.

Natürlich mußte ich noch in der ‚Goldgasse' das einem uralten Brunnen gegenüberliegende Häuschen bewundern, in dem Böttger Gold für Wallenstein herzustellen versuchte.

Die ganze Stadt ist angefüllt mit historischen Denkmälern. Gern hätte ich das berühmte Prager Jesuskind, ein wundertätiges Gnadenbild, gesehen, aber wir erreichten es nicht mehr.

Ich mußte tief in die Tasche greifen, um mich dem Repertoire würdig zu erweisen. —

Um sieben Uhr morgens ging das Telefon neben meinem Bett.

Nanu! Der Verlagsleiter!

«Haben Sie bereits gefrühstückt?»

«Welche Zumutung! Ich schlafe noch halb.»

«Und ich hatte Ihretwegen eine schlaflose Nacht! Also in einer Viertelstunde bin ich im Hotel. Wir werden zusammen frühstükken.»

Schluß. —

Als ich hinunterkam, saß er tatsächlich bereits in einer Fensternische und wartete auf mich. Das war ja eine tolle Sache! Was plante er eigentlich?

Ich sollte es schnell erfahren.

Mit ausgestreckten Händen kam er mir entgegen. «Liebe gnädige Frau, verzeihen Sie meinen Überfall! Ich war vollkommen kopflos. Ihr Roman hat mich umgeworfen. Ich habe ihn bis auf die letzte Zeile durchgelesen. Er ist einmalig!»

«Sie werden ihn herausbringen?»

«Sofort. Und zwar in einer Auflage von hunderttausend.»

Ich hatte das Gefühl, als ob mich das alles gar nicht anginge. Warum der gute Mann sich so aufregte. Ich habe nur Tatsachen, die man mir erzählt hat, geschildert.

«Es ist menschlich ein derart großes Werk, wie ich es noch nicht in den Händen gehalten habe. Bitte, erzählen Sie, wie Sie dazu gekommen sind. So etwas kann man doch nur selbst erlebt haben.»

«Ich besitze eine sehr starke Einfühlungsgabe in die Schicksale anderer. So erlebe ich Dinge, von denen ich eigentlich nichts wissen kann, und doch erlebe ich sie so, wie ich sie schildere. Vielleicht steht ein Geistwesen an meiner Seite, das mir die Worte in die Feder legt. Ich weiß es nicht. Außerdem erhielt ich die meisten Unterlagen von einer Bauerntochter, die durch dieses Grauen gegangen ist. Es beruht alles auf Wahrheit. Ich war auch selbst in Bromberg.»

Er war noch immer wie fasziniert. Andauernd mußte ich ihn ermahnen, das Frühstück nicht zu vergessen.

«Das Manuskript ist bereits mit einem Kurier unterwegs nach Berlin. Wenn Sie mit dem nächsten Zug fahren, wird die Sache genau klappen.»

«Was soll ich in Berlin?»

«Hier in Prag ist nur das Lektorat. Den geschäftlichen Teil müssen Sie in Berlin bei Direktor X erledigen. Bis Sie dort sind, hat er das Manuskript bereits in Händen. Meine Ausführungen genügen, sofort einen Vertrag abzuschließen.»

Ging das nicht alles viel zu schnell? Ich war noch kaum zur Besinnung gekommen. Andernfalls lag es in meiner Natur, von einem Augenblick zum anderen Entschlüsse zu fassen und durchzuführen. Aber hier fühlte ich mich etwas unsicher. Es war kein starker Drang in mir.

«Ihr Zug fährt in einer halben Stunde. Ich bringe Sie selbstverständlich mit dem Wagen zum Bahnhof. Vorerst noch eine Frage:

Sind Sie frei und bereit, ein Buch über Wallenstein zu schreiben? Und zwar ‚Wallenstein als Wirtschaftler'.»

Jetzt war es an mir, laut zu lachen. Aber er nahm es nicht ernst und erklärte mir, ich sei einfach fähig, *alles* zu schreiben. Natürlich würde ich die betreffenden Unterlagen erhalten. Sehr energisch versuchte er meine Bedenken zu zerschlagen. Ich blieb eisern.

«Dann habe ich noch eine Sache, die mir seit Jahren auf dem Herzen liegt. Die Unterlagen dafür befinden sich ebenfalls bei mir. Es handelt sich um einen Auftrag; aber ich fand noch keinen Autor dafür.»

Das war eine Sache, die mich sofort begeisterte. Die Lebenserinnerungen eines Mannes, der noch als Kind mit seinem Vater, einem Glasbläser, auf einem Karren von Ort zu Ort gezogen war und jetzt eine der größten Glasbläsereien Böhmens besaß.

«Er würde Sie einladen, auf seinem schloßartigen Besitz sein Gast zu sein, so lange, wie es Ihnen gefällt. Sie können das Manuskript direkt dort schreiben.»

Dieses Angebot erfüllte mich mit heller Schaffensfreude. Die Aussicht einer Buchausgabe von hunderttausend Exemplaren trat davor völlig zurück.

Der Abschied war herzlich und reich an Hoffnungen.

Das Gefühl, irgendwie verzaubert zu sein, wich nicht von mir.

Der Direktor kam mir schon im Vestibül entgegen und führte mich persönlich in sein Arbeitszimmer.

«Ähnliches haben wir an unserem großen Skeptiker und Kritiker noch nicht erlebt. Er ist völlig eingenommen von Ihrem Werk. Leider hat er eines vergessen, nämlich, daß Polen für unsere Politiker ein rotes Tuch bedeutet. Wenn man auch augenblicklich versucht, freundschaftliche Saiten aufzuspannen, Rachegedanken schwelen hier wie dort. Es gibt Greuel, die gen Himmel schreien. Ihr Roman muß auf jeden Fall erst einer politischen Prüfung unterzogen werden.»

«Ich glaube nicht, daß er daran gedacht hat.»

«Nein, nein, bestimmt nicht. Politik steht ihm fern. Ich werde es auch sofort in die Wege leiten und hoffe, Ihnen bald eine gute Nachricht geben zu können.»

Wir unterhielten uns noch eine Weile. Sein Sohn befindet sich auch im Norden Rußlands. —

Da ich nun einmal in Berlin war, nahm ich eine Taxe und fuhr nach dem großen neuerbauten Märchentheater, in dessen Auftrag ich ein Märchen geschrieben hatte.

Nach der Begrüßung des Direktors mit den Worten: «So ist es mir doch vergönnt, unserer großen Märchendichterin die Hände zu drücken» — wurde es mir allmählich unheimlich mit meinen Erfolgen auf dieser Reise.

Wollte Gott mich prüfen, ob ich alles in Demut und Bescheidenheit hinnahm — dann mußte einmal ein Ende kommen, und was dann blieb, durfte nichts anderes sein als der Sieg des Geistes über die Materie. Das Wissen der inneren Festigkeit den äußerlichen Erfolgen und Lobhudeleien gegenüber, beglückte mich. Ich wußte und weiß, daß mir jede Eitelkeit und Selbstbewunderung fern liegt. Dafür nehme ich meine Aufgabe viel zu ernst.

Ich denke dabei in Dankbarkeit an meinen gestrengen Lehrherrn, Direktor Wiegand vom Schauspielhaus. Einmal warf er mir ein Märchen über den Schreibtisch hinüber. «Sie können es besser! Schreiben Sie es noch einmal!» — Ich las, prüfte und fand, daß er recht hatte. Später sagte er einmal: «Sie sind der seltene Fall eines Menschen, der aus Tadel lernt, anstatt sich darüber erhaben zu fühlen. Nur so kann etwas aus Ihnen werden.» —

Bei meiner Heimkehr steckte ein Brief von Pingi im Kasten. Er lag in Gronau (Hannover) im Lazarett.

«Wir mußten einen völlig zugefrorenen See überqueren. Ich gehörte mit meinem schweren Funkapparat zu den Letzten. Plötzlich warf es mich zu Boden, als hätte mich jemand niedergeknallt. Und da war's geschehen. Armbruch. Mußte zurück zur Etappe. Sämtliche Kameraden sind im See abgesoffen. Wahrscheinlich unterminiert. Arme Kerle.»

Drei Tage später saß ich neben ihm und breitete meine mitgebrachten Schätze auf seiner Bettdecke aus. Er war frisch und munter und sehr glücklich über mein Kommen. Natürlich durfte er nicht wissen, daß seine Mütt die Nacht in einer Autogarage zugebracht und sehr gefroren hatte. Es gibt kein Unterkommen in der Stadt.

Ich bot meine Kräfte an als Pflegerin und wurde mit offenen Armen aufgenommen. Erst vier Tage vor Pingis Entlassung fuhr ich heim, um alles für seinen Rrholungsurlaub vorzubereiten. —

Als er noch klein war, tröstete mich mein Bub in Augenblicken, in denen ich den Tränen nahe war, mit seinen lieben zärtlichen Worten: ‚Nicht weinen, Mutti, und nicht traurig sein.'

Ach, mein Junge, jetzt mußte ich doch tapfer schlucken. Ich hatte mich so sehr auf seinen Urlaubsbesuch gefreut. Und nun schrieb er, die Freude müsse verschoben werden, er käme sofort nach Fallingbostel zum Fahnenjunker-Lehrgang und von da aus nach Prag, um die Offiziersprüfung zu machen.

Ich entsinne mich, daß er einmal sagte: ‚Ich möchte Leutnant sein. Es sind so viele Schnotterbarsche dazwischen, denen möchte ich zeigen, wie und wo die Pflichten eines Offiziers sind.'

Und deshalb wollte ich mich mit ihm freuen.

Es war am Anfang des Krieges, als ich überraschend das Schreiben eines bekannten Komponisten — sein Name ist mir entfallen — erhielt. Er hatte in Mannheim die musikalische Umrahmung für ein dort gespieltes Märchen von mir verfaßt und schrieb ungefähr folgendes: ‚Ihr dramatisches Können ist ebenso erstaunlich wie faszinierend. Ihre Worte sind bereits Musik. Ich suche seit Jahren nach einem Libretto für eine romantische Oper. Haben Sie eine Idee? Können wir uns irgendwo treffen? Bitte, machen Sie Vorschläge!'

Ich sandte ihm einen Entwurf. Er war Feuer und Flamme. — Acht Tage später wurde er eingezogen und fiel kurz darauf in Frankreich.

Das Libretto verbrannte später mit vielen anderen Manuskripten und Entwürfen.

Anstatt Pingi kam der Franz. Er ist ein lieber Bursche; fassungslos über die Fürsorge, die ihn umgab. Nur langsam gelang es mir, ihn aus dem Traumzustand seiner Seligkeit herauszulösen. Er half mir eifrig beim Roden und Graben auf unserem Grundstück. Einen großen Teil hatte ich bereits als Garten angelegt. So konnte ich wenigstens Kartoffeln und Gemüse ernten. Auch Obst gab es schon in reichen Mengen.

Der Arme hat seine Mutter nicht gekannt. Der Vater überließ das Kind einer Frau, die nur das Pflegegeld einsteckte, aber um die *Pflege* sich wenig kümmerte.

Als ich mich am ersten Abend auf den Bettrand setzte und die Hände zum Gebet faltete, so wie ich es bei meinem Jungen gewohnt war — verdeckte er sein Gesicht.

«Du willst nicht beten?»

«Ich habe es noch nie getan.»

«Glaubst du nicht an Gott?»

Er schwieg.

«Mein lieber Junge, es ist nicht jeder, der die Achseln zuckt, ein ‚überzeugter' Atheist. Tief in ihm brennt die Frage: Warum dieses Suchen nach Antwort in mir? Es muß doch etwas da sein, das mich nicht zur Ruhe kommen läßt. Gott? Wer und was ist Gott? — Oder ist dir der Gedanke tatsächlich noch nie gekommen?»

«Doch. Aber es ist wie ein Abgrund. Ich finde keinen Halt.»

«So will ich versuchen, es dir zu erklären:

Alles Bestehende ist das Ergebnis des Willens einer schöpferischen Kraft, die nicht belebt, sondern Leben erzeugt. Dagegen ist nicht ein einziger Mensch imstande, nur einen Regenwurm zu erschaffen, ihn mit dem Instinkt zu beleben, auf dem Wege seiner Nahrungssuche das Erdreich aufzulockern, um dem Pflanzenreich Sauerstoff ins Wurzelwerk zu leiten. Der Mensch kann wohl ein Herz, dessen Muskelkraft versagte, künstlich neu erregen, aber es besitzt kein Chirurg die Fähigkeit, ein völlig neues Herz entstehen zu lassen. Er vermag Organumpflanzungen vorzunehmen, die kaum glaubhaft sind, jedoch sie können nie gelingen, wenn nicht eine höhere Kraft helfend eingreifen würde.

Das gewaltige Rad im Universum kennt keinen Stillstand, weder ein Entgleisen noch ein Versagen. Die Kraft, die darüber steht, lenkt, verbindet, erhält und immer Neues schafft, diese unsichtbare Kraft nennen wir in unserer Sprache *Gott*.

Wie steht es mit der Elektrizität oder dem Magnetismus, den großen Helfern der Menschheit? Den kosmischen Strömungen und Übertragungen, den Wärme- und Lichtausstrahlungen der Sonne, der Macht des Sturmes? Keine Hand kann sie umschließen, kein Auge sie erblicken, doch ihr Vorhandensein wird niemand bezweifeln können. Und da will man Gottes Existenz ableugnen, nur weil er dem menschlichen Auge unsichtbar ist? Gottes Selbst ist astral, ist das reinste Licht. Da aber Seine Kräfte unbegrenzt sind, gibt es nur dort eine Strahlengrenze, wo es Sein Wille gebietet. So wandelt der Mensch im Licht Gottes. Verfolge deinen Weg klar und aufrecht, weise alles Zwiespältige zurück, und ganz plötzlich stehst du im Licht, das heißt, im Selbstvertrauen. Sobald du davon durchflutet bist, sind alle Schwierigkeiten einer Rückkehr zu Gott überwunden. Du wirst Kraft ausstrahlen, niemals Bedauern hervorrufen. Suche weder Rat noch Hilfe bei anderen. Nur du allein, an Hand deines Gottvertrauens, kannst dir helfen. Laß dich nicht vertrösten, sondern meistere dein Schicksal selbst. Du sagtest, du wärest sehr naturverbunden. Das bedeutet aber nicht nur, Freude zu empfinden an dem, was da grünt und blüht, alle Schönheit der Schöpfung enthüllend.

Natur ist alles unverzerrte noch unverfälschte Empfinden, so wie es einem reinen Herzen entsteigt. Immer sind es Naturkräfte, die sich gegen das Böse auflehnen. Naturverbundenheit bedeutet Sehnsucht nach Vollkommenheit, Sehnsucht nach *Gott* und umfaßt damit den Sinn des wahren Menschtums: An das Gute glauben und danach handeln ... Keinen niedriger achten als sich selbst. Das eigene Ich zurückstellen können vor der Not anderer und Liebe geben von Anfang bis zu Ende.»

Ich gab ihm einen Kuß auf die Stirn und löschte schnell das Licht.

Als ich am nächsten Abend an sein Bett trat und abermals die Hände faltete, preßte er sein Gesicht darauf.

«Hilf mir, daß ich das Beten lerne.»

«Ja, Franz, dafür ist es niemals zu spät.» Plötzlich sah ich, einen Herzschlag lang, daß Blut über seine Stirn floß und das lichtbraune Haar rot färbte. War sein Tod bereits beschlossen? Der Gedanke erfüllte mich nicht mit Trauer, sondern wie immer, wenn einer die große Reise antreten muß, mit einem tiefen Frieden, fast wie Freude. Ich legte meine Hand auf seine Stirn. Er wußte jetzt um den Weg zu Gott. Das Samenkorn war gelegt, ich würde es Tag um Tag mit Liebe umhüten, bis sich die Blüte voll entfaltete.

Es wurde eine schöne Zeit. Franz war froh und ausgeglichen. Mein Garten gedieh unter seinen Händen und unsere Gespräche wurden immer schöner und reicher. Nachdem er den Grundgedanken an eine göttliche Macht und Liebe in sich aufgenommen hatte, konnte ich ihn hineinführen in den Glauben an Gott als Vater, Schöpfer und Erhalter, der den Werdegang eines jeden Menschen in Liebe verfolgt, beglückt, oder im tiefsten Schmerz. Was von Ihm kommt, muß zu Ihm zurückströmen. Andernfalls greifen dunkle Kräfte ein und versuchen den göttlichen Willen zu zerstören.

So steht der Mensch während seines ganzen Lebens im Kampf zwischen ‚Gut' und ‚Böse'. Aber die Entscheidung ruht in jedem selbst. —

Wie schnell er mich begriff. Ich hatte meine helle Freude an ihm.

Der Abschied fiel ihm schwer und mir war eigen ums Herz.

Wir würden uns niemals wiedersehen.

Heilsame Fröhlichkeit

Ganz überraschend erhielt ich die Anfrage einer Sängerin, ob ich bereit sei, eine Tournee mit ihr zusammen zu unternehmen, mit dem Versuch, den Verwundeten in den Lazaretten Freude und Abwechselung zu bringen. Sie würde den ernsten Teil übernehmen, und ich sollte dann Puppenspiele machen.

Ein herrlicher Gedanke! Ich hatte ihn schon einmal erwogen,

aber allein war es für mich unmöglich. Beim Spiel und beim Tragen des Gestelles brauchte ich Hilfe. Es war nicht so einfach, wie wir es uns gedacht hatten. Erstens setzte immer häufiger Fliegeralarm ein und zweitens hatten wir nicht mit den Schwierigkeiten des Eisenbahnverkehrs gerechnet. Ein Auto wäre für die Besuche der Feldlazarette eine große Hilfe gewesen. Wir hätten uns an die Wehrmachtsbetreuungszentrale wenden müssen, aber wußten wir denn, ob unsere Leistungen auf Erfolg rechnen konnten?

Oh ja, sie taten es. Vor allem unternahmen die Puppenspiele wieder einmal einen Siegeszug.

Lachen ist gesund!
Lach' mit Herz und Mund,
lache, wenn die Sonne scheint,
lache, wenn der Himmel greint
und vertraue jedermann,
der von Herzen lachen kann.

Wie die Kinder freuten sich die Verwundeten allein schon über den Aufbau der kleinen Bühne. Der übermütige Schwank ‚Die Karten lügen nicht!', den ich noch schnell geschrieben hatte, brachte Lachsalven hervor. Manchmal mußte er zweimal nacheinander «steigen», so groß war der Applaus.

Einmal fragte mich ein Soldat, wie es möglich wäre, daß die Puppen die Augen verdrehten und die Lippen bewegten.

Suggestion, mein Lieber, nichts weiter. —

Nachdem wir in vierzehn Lazaretten gespielt hatten, war ich völlig erschöpft. Wie habe ich das damals nur aushalten können? Nein, dieser Anstrengung war ich nicht mehr gewachsen. Allerdings gab es in der Zeit noch keinen Fliegeralarm und keine schlaflosen Nächte. Auch die Sängerin, deren Mann in Rußland stand, war am Rande ihrer Kräfte.

Seltsames Erlebnis

Ein Traum, im Gefühl des Wachseins, erschütterte mich derart, daß ich nachher wie gelähmt war, unfähig ein Glied zu rühren. Mein Kissen war naß von Tränen. Nachdem sich die Starre gelöst hatte, ergriff ich Bleistift und Papier und schrieb in großer Hast Wort für Wort nieder:

Langsam, in tiefer Besinnlichkeit Stufe auf Stufe ersteigend, schritt ich empor zu einer weiten, überdachten Halle. In ihrer Mitte stand das steinerne Bildwerk eines Jünglings.

Ein alter Mann trat an meine Seite.

«Ich gehe jeden Tag hinauf, mir ist's, als ob es sich in ihm regt.» Während er das sagte, sah ich aus dem Gestein grüne Keime hervorbrechen. Wie von unsichtbaren Händen gezogen, wuchsen und rankten Blätter und Knospen aus den Falten der steinernen Gewandung. Ich hielt es für Gladiolen, aber der alte Mann sagte: «Es sind Schwertlilien.»

Wenige Augenblicke später stand das ganze Bildwerk überrankt von Blüten. Gleichzeitig war es mir, als ob sich die steinerne Brust hob und senkte. Die Lippen bewegten sich lautlos, die Augen öffneten sich, Leben pulsierte durch den Körper. Nur die Füße hafteten an dem steinernen Sockel. Ich sah zu dem alten Mann hinüber. Er war verwandelt, trug das zerrissene Wams eines Landsknechts, schlug sich mit den Fäusten auf die Schenkel und sang ein Landsknechtslied. Es war wie Trommel und Pfeifen.

Da neigte mir das steinerne, jetzt lebende Standwerk das Gesicht entgegen und rief: ‚Mutter'! — Zugleich fühlte ich mich wachsen und von ungeheuren inneren Kräften erfüllt. Ich breitete die Arme aus und zog den Kopf des Jünglings an meine Brust. Was ich jetzt erlebte, können keine Worte schildern.

Das Gesicht blieb das gleiche, nur die Gestalt wechselte ununterbrochen ihr Aussehen. Ich fühlte aber in jeder das Herz klopfen und dachte: Es ist immer derselbe Schlag. —

Jünglinge aus grauer Vorzeit, in ihrer Bekleidung und Bewaffnung sich immer weiter entwickelnd, Ritter, Krieger in Ausrüstungen und Trachten, wie man sie nur noch in Museen erblickt. Immer mehr näherte sich die Verwandlung der Jetztzeit. Endlich waren es Matrosen, Flieger, Soldaten. Jeder Einzelne legte den Kopf gegen meine Schulter.

‚Mutter!' —

Der alte Mann trug jetzt nicht mehr die Landsknechtstracht. Er schien sich langsam in Nebel aufzulösen. Gleichzeitig begann sich alles um mich in hin und her wogende Schleier zu hüllen.

Ein ungeheurer Jammer stieg in mir auf und ein Schluchzen, so gewaltig, als wollte es mich zerreißen.

Eine Hand legte sich auf meine Stirn, und eine Stimme sagte:

«Ewige Mutter, weine nicht. Kein Anfang ohne Ende und kein Ende ohne Anfang.»

Aus Aufzeichnungen

Endlich ein Brief vom Verlag. Die politische Ablehnung erschütterte mich nicht im geringsten. Das perlt an mir hinunter wie das Wasser am Seehund. Ich habe es längst geahnt. Da alle Gedanken Wellen sind, liegen manchmal Wellen in der Luft, noch bevor man weiß, daß sie unbedingt kommen müssen. Man spricht dann wohl von ‚Ahnungen'. Mein Freund in Prag wird sehr enttäuscht sein.

Sie schreiben: ‚Wir können keine Bücher herausbringen, in denen man Deutsche und Polen auf dieselbe Stufe stellt. Es geht in unserem Kampf um andere Dinge, als um den Versuch, Menschenrechte höher zu werten als Gesetze, die der Krieg verlangt und unerbittlich durchführen muß.' — Manchmal glaubt man, sich in einem Irrenhaus zu befinden. Die Menschen pflanzen und säen Lüge, doch erwarten sie Vertrauen und Verständnis.

Eines Tages wird Gott die Worte der Schöpfung wiederholen:

‚Es werde Licht!' Aber dann handelt es sich um die innere Dunkelheit der Menschheit. Nur wer die Stimme in sich sprechen hört, macht den ersten Schritt zur Neugeburt. —

Feldblumen!
Wie das Lächeln eines Sonntagmorgen,
der sich segnend über den Werktagsfleiß erhebt,
blüht ihr am Wege.
Ihr gebt uns mehr als eure stolzen Schwestern
in geordneten Gärten,
deren Wachsen und Gedeihen
man sorgsam behütet.
Keiner bewässert euch in den Tagen der Dürre,
wenn der Staub auf Blättern und Blüten lagert,
oder schützt euch vor Sturm,
Hagel und Unwetter.
Aus eigener Kraft ringt ihr euch durch
zum Leben,
zur aufwärtsstrebenden Blüte,
zur Saat.
Tapfere kleine Feldblumen!
wir gehen an euch vorbei, dankend,
daß ihr uns den Weg zeigt,
wie man Alltag, endlose Wege
durch Mühsal und Eintönigkeit,
mit einem Lächeln schmückt.

Göttliche Gnade

Es war am 17. Januar 1943.

Es war eine große Unruhe in mir. Ich setzte mich auf unser ‚Liebessofa' und begann zu lesen.

Plötzlich erging es mir seltsam. Ich stieg und fiel, stieg und fiel. Und dann tat sich ein Tor vor mir auf, ein großes, schwarzes Tor. Etwas versuchte mich hineinzustoßen. ‚Nein!' schrie es in mir, ‚ich gehe nicht! Ich muß beten! Für mein Kind! — Wenn ich hineintrete bin ich von ihm abgeschlossen, dann kann ich nicht mehr beten!' Immer wieder wollte es mich zwingen; ich rang mit dieser unsichtbaren Macht, stürzte auf die Knie und betete in heißer Inbrunst für mein geliebtes Kind.

Und da sah ich, wie sich das Tor schloß und verschwand.

Es war ein ungeheures Erlebnis.

Das plötzliche Wissen ‚mein Junge ist in Gefahr' — die hinausströmende Kraft meines Gebets, die erlösende Gewißheit ‚er ist gerettet' brachten mich einer Ohnmacht nahe.

Was war geschehen? Wo hatte er sich in Gefahr befunden?

Noch zwei Monate mußte ich auf Antwort warten, dann kam eine Karte, bekritzelt mit wenigen Woren.

Er lag in Altenau im Erzgebirge, in dem zum Lazarett eingerichteten Höhenkurhaus ‚Raupennest'.

Fleckfieber!

Als ich zwei Tage später in sein Zimmer geführt wurde, wiederholte sich eine Begebenheit, die ich schon einmal erlebt hatte. Dieselbe Bewegung, die gleichen Worte wie damals bei seinem Vater.

Zwei Knochenarme streckten sich mir entgegen.

«Mein Mütt! Bleib bei mir!»

Und wieder gab mir der himmlische Vater die Kraft, mit einem frohen Lächeln an das Bett zu treten.

«Mein Herzenskind, wie schön, daß du hier bist. Wir wollen dich schon wieder herauspäppeln.»

Er hatte kein Haar mehr auf dem Kopf. Die Tätigkeit aller fünf Sinne war bis auf ein Minimum herabgesetzt, seine Stimme zu schwach, um längere Sätze bilden zu können.

Mein armer und doch so glücklicher Pingi, denn er hatte diese furchtbarste aller Krankheiten, an der 98 Prozent der von ihr Erfaßten starben, überwunden.

Ich sprach noch an demselben Tag mit dem Oberstabsarzt. «Ihr Sohn ist unser Wunderkind. Er hat bei einem der schwersten Fälle von Fleckfieber durch die Kraft seines Willens und bemerkenswert gesundes Blut den Tod besiegt.»

«Und durch göttliche Gnade.»

Er lächelte. «Vielleicht auch das.»

Ich lauschte in mich hinein. Waren es nicht fast dieselben Worte, mit denen der Professor damals meine Errettung vor Sepsis begründete? Das gesunde Blut. Und meinem Vater wurde 1870, nachdem er von neun Kugeln zerrissen war, dasselbe gesagt.

Der Arzt legte die Hand auf meine Schulter. «Was ich Ihnen

jetzt sagen muß, fällt mir schwer auszusprechen. Ich halte es aber für richtiger. Ihr Sohn hat die Krankheit selbst überwunden, aber Komplikationen müssen und werden unweigerlich eintreten. Kopf und Herz sind die Leidträger.»

«Sie meinen, — es handelt sich um eine Gnade, ein Geschenk des Himmels für — nur kurze Zeit?»

«Wann der Fall eintreten wird, kann ich Ihnen nicht sagen. Es können Jahre darüber hingehen, es kann auch schnell kommen.»

«Mein Sohn darf das niemals wissen! Bitte, versprechen Sie —»

Er nickte und folgte dem dringenden Ruf einer Schwester.

Ich blieb reglos stehen.

Und warum hielt er es für richtig, *mir* das zu sagen? Änderte das irgend etwas an der schicksalschweren Diagnose?

Ein Geschenk der Gnade. — Mein Gott und Vater, ich danke Dir dafür, wenn es auch schwer erscheint, — so schwer.

Bleibe stark, Pingimütt, stark für dein Kind.

Jetzt gehen wir beide an Gottes Hand, wissend und doch voll Vertrauen.

«Geliebtes, ich habe Lebertran mitgebracht, in rauhen Mengen. Du weißt, das hat dich immer schnell wieder auf die Beine gebracht.»

Oft war er ungeduldig, dann tröstete ich ihn: «Du bist ja nun nicht irgendwer; es gehört schon allerhand dazu, deinen Alabasterkörper wieder aufzubauen. Bedenke, die Brutzeit eines Spatzeneis dauert vierzehn, die des Kondors vierundfünfzig Tage. Gut Ding will Weile haben.»

Schon nach kurzer Zeit konnte er die ersten Gehversuche machen. Und nun erfuhr ich auch, warum er so lange nicht geschrieben hatte und hörte erschüttert von dem Wunder seiner Errettung.

Sie befanden sich auf dem Rückzug, fuhren mit Panzern über den zugefrorenen Donez. Er fühlte sich matt und krank. Als sie Schachty erreichten, hatte er bereits 41 ° Temperatur. Im offenen Wagen von einem Ort zum anderen transportiert, kam er endlich in ein Feldlazarett. Man gab ihm Kampfer- und Fleckfieberspritzen. Die Füße waren im zweiten Grad erfroren.

Am dritten Tag seines Aufenthaltes fühlte er selbst, daß er vor der Krise stand.

Es war am 17. Januar 1943, abends neun Uhr.

Er hatte das Gefühl, als ob er mit einem Fahrstuhl nach unten fuhr, tiefer und tiefer, dem Ende entgegen. Es schien ihm ein schönes, stilles Hinabgleiten, bis sich ihm, bereits auf der Schwelle des Todes, etwas entgegenstellte, eine Kraft, die ihn zurückhielt, ihn umklammerte. Seine Gedanken und Empfindungen schienen sich plötzlich aufzubäumen gegen das Ende. Und dann stand es vor ihm wie ein aufleuchtendes Signal: meine Mutti! Nein, er konnte sie nicht allein lassen, er mußte sich wehren, dieser Lethargie trotzen. Lieber Gott, hilf, ich muß ihr erhalten bleiben, es kommen schwere Zeiten, — ich darf jetzt nicht sterben!

Ein furchtbarer Willenskampf durchrüttelte seinen Körper, es ging hart auf hart, und dann — er fühlte es deutlich, ging der Fahrstuhl langsam wieder nach oben. In demselben Augenblick versank er in einen tiefen, ruhigen Schlaf.

Als der Arzt am Morgen an sein Bett trat, schüttelte er nur den Kopf ‚Das grenzt ja wohl an ein Wunder. Er hat es geschafft.' —

Es gingen aber Monate dahin, bevor er mir ein Lebenszeichen schicken konnte.

17. Januar 1943, abends neun Uhr. So steht es auch in meiner Aufzeichnung.

Ein Geschenk der Gnade.

Ich blieb vier Wochen in Altenberg, dann fuhr ich zurück nach Bremen, um festzustellen, ob die Albrechtsburg noch existierte.

Acht Tage später war ich wieder bei ihm. Wir konnten jetzt schon kleine Spaziergänge unternehmen.

In Altenberg befand sich damals das einzige Zinnbergwerk mit eigener Schmelze auf dem ganzen europäischen Kontinent. Pingi machte mich darauf aufmerksam, das würde einen wunderbaren Stoff für einen kultur-historischen Roman geben. Darauf unterhielt ich mich mit Bergleuten, unternahm eine Einfahrt in die sagenhafte Welt untertage und war völlig gepackt von allem, was man mir erzählte.

Sofort wechselte ich über von meiner Pension zu einer schlichten Bergmannsfamilie. Jeden Abend saß ich zusammen mit dem alten Hauer; er ließ mich Schritt für Schritt eindringen in eine mir bisher fremde Welt. Jetzt hieß es weiter Stein auf Stein zusammentragen. Fürs erste gab die alte Stadtchronik reichliche Auskunft.

Von da aus fuhr ich nach Freiberg und unterhielt mich mit Bergsachverständigen. Da war keiner, der mir von meinem Unternehmen abriet ... In Meissen besuchte ich das Heimatmuseum, erhielt unzählige Unterlagen und fuhr endlich nach Dresden. Dort sammelte ich in der Landesbibliothek unerhörte Schätze, bei deren Ausgraben mir der Direktor selbst zur Seite stand. Das äußere Gebäude stand fertig vor mir.

Aus eigener Kraft

Bereits drei Jahre nach Beendigung dieses grauenvollen Krieges stand auf unserem Grundstück in St. Magnus ein Haus, durch eigener Hände Arbeit errichtet.

Anfangs diente ein alter Maurermeister als Lehrherr, aber schon bald übernahm Pingi allein das Werk.

‚Wer nur den lieben Gott läßt walten
und hoffet auf Ihn allezeit.
den wird Er wunderbar erhalten
in aller Not und Traurigkeit.
Wer Gott, dem Allerhöchsten traut,
der hat auf keinen Sand gebaut.‘

Wir haben wahrlich das Lied in unser Haus hineingemauert. Aber es diente uns auch weiterhin als Richtschnur im Chaos der Nachkriegszeit, der Geldentwertung, der Hungersnot, dem Zusammenbruch aller moralischen Gesetze und Werte.

‚Was helfen uns die vielen Sorgen,
was nützt uns unser Weh und Ach,
was nützt es, daß wir alle Morgen
beseufzen unser Ungemach?
Wir machen unser Kreuz und Leid,
Nur größer durch die Traurigkeit.‘

Pingi sprach selten über den Krieg und seine persönlichen Erlebnisse, wie es so viele ausgiebig zu tun pflegen. Ich wußte es, er litt unter den Erinnerungen. So meinte er einmal:

«Es ist ein schweres Verbrechen wider die Seele, wenn man die unwissende Jugend mit dem Fahneneid belastet und damit in die widerstreitendsten Gefühle hineinreißt. Du hattest Recht, was wußte ich davon.»

Sein Wunsch, Medizin zu studieren oder Architekt zu werden, mußte ins Wasser fallen. Die Geldentwertung warf alle Pläne über den Haufen. So beschloß er im Verlagsbuchhandel zu lernen und trat, anfangs als Volontär, in die Druckerei, nachher in den Carl Schünemann Verlag, Bremen, ein.

Während dieser Zeit machte ich die Bekanntschaft einer klugen, geistvollen Frau, der Begründerin der «World Citizen League» (Weltbürger Liga) in London.

Jede Seele besitzt eine Sphäre, aus der heraus sie ihre Umgebung beeinflußt. Sie stößt ab oder sie zieht an, je nach dem geistigen Zusammenklang.

Diese Frau stand mir sofort sehr nahe. Da mir der Mensch immer mehr bedeutete als seine Rasse oder Nationalität, erstand vor mir, durch ihre Anregung, eine große, schöne Aufgabe.

«Sie werden zweifellos geführt», sagte sie, «ich spürte es sofort, als ich Sie sah. Schade, daß sie hier versinken in ‚Haus- und Gartenarbeit'. Behalten Sie Ihre geistige Aufgabe im Auge, meine Liebe, Sie befinden sich noch in der Entwicklung. Was wissen Sie vom Buddhismus?»

«Nur das eine: er verneint ein Weiterleben nach dem Tode, er kennt keine Wiedervereinigung, an die ich fest glaube.»

«Ersteres stimmt nicht ganz. Nach dem leiblichen Tod soll sich die Seele mit ihrem Karma, der irdischen Schuld, vereinen und einen neuen Kampf mit sich selbst aufnehmen.»

«Also eine endlose Angelegenheit.»

Sie lächelte. «Glauben oder Nichtglauben, es spielt keine Rolle im großen Mysterium der Göttlichen Weisheit. Aber eine andere Frage. Wie stehen Sie den neuerdings auch bei uns auflebenden

Lehren von Yoga gegenüber? Haben Sie bereits darüber etwas gelesen?»

«Nein.»

«Es ruht in Ihnen. Eines Tages wird es aus Ihnen hervorbrechen, denn wo die meisten erst studieren müssen, um die Weisheiten ihnen fremder Forscher in sich hineinzustopfen — wird es mit Naturgewalt aus Ihrem eigenen Grund herausquellen. Aber Ihr Weg ist noch weit.» —

Einmal erzählte sie von einem wunderbaren Erlebnis.

Als sie in größter wirtschaftlicher Not um die Gründung der W. C. L. kämpfte, fühlte sie sich häufig der Verzweiflung nahe. Sie flehte um Gottes Hilfe. Schwach vor Hunger irrte sie durch die regennassen Straßen Londons. Nichts geschah. Aber das Wunder hatte sich an ihre Sohlen geheftet. Als sie nach ihrer Heimkehr die durchnäßten Schuhe auszog, haftete, festgetreten an der Sohle ihres rechten Schuhs, eine Pfundnote. —

Durch ihre Anweisungen lernte ich ebenfalls die Wichtigkeit der Atemgymnastik. Sie selbst hatte bei einem Inder Unterricht genommen. Sehr bald wurde es auch mir zur Selbstverständlichkeit, denn ich erkannte, wie selbst bei völliger geistiger Übermüdung durch richtiges Atmen Kraft und Wille den Körper durchströmten.

Kurze Zeit darauf wurde ich Ehrenmitglied der «World Citizen League». Zwei Jahre später überraschte mich die Tatsache, in dem amerikanischen großen Nachschlagewerk «Who's who in Germany» (wer bedeutet etwas in Deutschland) aufgenommen zu sein.

Dein Weg ist vorgezeichnet

«Ich weiß nicht, was da mit meinem Kopf los ist. Ohne Tabletten kann ich überhaupt nicht mehr arbeiten.»

Es war mir, als müsse ich mich festhalten, irgendwo mich anklammern — ‚Komplikationen müssen und werden unweigerlich eintreten. Kopf und Herz sind die Leidträger.' —

Du mein Gott im Himmel, war es soweit? Es können Jahre darüber hingehen, es kann auch schnell kommen.

Ein Geschenk der Gnade.

Mein Junge!

Nur sich nichts anmerken lassen! —

Was der geliebte Mensch in den kommenden Jahren an Willenskraft aufbrachte, grenzt fast ans Übernatürliche.

Tapfer, immer ein frohes Lächeln im Gesicht, ging er seinen Pflichten nach. Er liebte seinen Beruf und war nur unglücklich, wenn ein neuer, schwerer Anfall ihn aus seiner Arbeit riß. Das wurde immer häufiger der Fall, und endlich mußte er seinen Posten bei Schünemann aufgeben. Nach einem halben Jahr trat er in den Wirkungskreis eines Hamburger Verlags, der weniger Ansprüche stellte.

Die Trennung fiel uns beiden schwer, aber es gab nur eines: Kraft und Freude ausstrahlen, sich ganz beherrschen lassen von dem Gedanken: Jeder Tag, jede Stunde ist eine Gnade. Im Licht wandeln und nicht in Dunkelheit versinken.

Sehr bald stand der Entschluß fest, den herrlichen Besitz in St. Magnus zu verkaufen und ganz nach Hamburg zu ziehen. Die Fahrt hin und her war für ihn zu angreifend. —

Es war am 21. Februar 1957.

Ich war rechtzeitig ins Bett gegangen und erwachte ganz plötzlich. Schritte gingen ums Haus — ich hörte es deutlich — und dann ein seltsames Kratzen an der Haustür, an den Fenstern. So erhob ich mich und blickte hinaus. Es war nichts zu sehen.

Fünfmal wiederholten sich diese unerklärlichen Geräusche; dann herrschte Ruhe. Aber nun war es mir, als ob jemand an mein Bett trat. Ich fühlte einen kühlen Hauch und gleichzeitig in mir eine wohltuende Wärme. Ganz deutlich hörte ich die Stimme meines Jungen in mir aufklingen: Nicht weinen, Mutti, und nicht traurig sein.

Ein unbeschreiblicher Friede erfüllte mich, und, als müßte ich seine Worte beantworten, sagte ich laut: «Nein, nein, mein Junge, ich bin ja so dankbar.»

Damit versank ich in einen tiefen Schlaf.

Er hatte es häufig gesagt: Ich glaube, wenn ich sterbe, wirst auch du die Augen schließen. Es besteht zwischen uns eine zu starke seelische Verbundenheit.

Geliebtes Kind, mein Leben ist noch nicht abgeschlossen, ich muß den Weg allein weitergehen. Aber mehr denn je weiß ich es, wie beseligt wir beide an Gottes Hand gingen.

Als man mir morgens die Nachricht von seinem Tod, hervorgerufen durch einen Schlaganfall, überbrachte, erfüllte mich noch immer der Friede, den ich in der Nacht empfunden hatte, als er bei mir war, um Abschied zu nehmen. Keiner wird es begriffen haben, woher ich die Kraft nahm, mich ohne Jammern und Klagen in diese Trennung zu fügen.

Fünfzehn Jahre Gnadenfrist! Ein Geschenk göttlicher Liebe. Die Dankbarkeit dafür war größer in mir als das Bewußtsein, jetzt das Letzte hergegeben zu haben; freilich, das Letzte, das Gott selbst mir geschenkt hatte.

Mein Sohn lebte. Ich fühlte seine Nähe. Hauchzart strich es oft über meine Stirn.

Die größte Gnade des Sterbens ist die Gewißheit der Unsterblichkeit. —

In der dritten Nacht nach seinem Fortgang erwachte ich von einem lauten Gepolter. Sein neuer Wecker, auf den er so sehr stolz war, lag auf dem Fußboden. Er hatte vorher fest und sicher auf dem Bücherschrank gestanden. Es war zwölf Uhr nachts. Ebenfalls war meine, sowie auch seine Armbanduhr in der Minute seines Todes stehengeblieben. Die von ihm selbst gepflanzte Birke vor der Terrasse lag am Morgen mit völlig geknickter Krone am Boden.

Ich fuhr in Begleitung der Eltern seiner Braut sofort nach Hamburg. Er lag noch auf seiner Couch, still, unendlich friedlich, als fühlte auch er die große Gnade des himmlischen Vaters, seine Seele fortgerufen zu haben in dem Augenblick, da ihn das Glück der Liebe umschlungen hielt. Kein Schatten lag auf ihr. Ich bat, mich mit ihm allein zu lassen.

Diese Stunde wurde mir zum höchsten Geschenk weihevoller Gnade. Mir war's, als gingen wir noch einmal gemeinsam durch die siebenunddreißig Jahre seines Lebens.

Stand seine Seele neben mir? Groß, gen Himmel ziehend, war der Friede in mir. Ein völliges Begreifen und Sichhineinfügen in Gottes Willen. Dieses Gefühl der Weihe blieb auch in mir, als man seinen irdischen Leib in die Erde versenkte.

Weder Schmerz noch Trauer — nur Dankbarkeit.

Ich achtete nicht der Worte des Pastoren; was wußte er von dem Band, das unsere Seelen umschloß!

Keine Träne, kein Aufschluchzen. Es hätte die seine belastet. Der Schmerz seiner Braut mußte sie schon genug erschüttern. Jetzt gab es für mich nur eine Aufgabe: seiner noch hin- und herschwankenden Seele Kraft zuströmen zu lassen und auf das ewige Ziel hinzuweisen. Als dann die Orgel auf meinen Wunsch unser beider Lieblingslied spielte, «Die Himmel rühmen des Ewigen Ehre», fühlte ich seine Nähe fast greifbar neben mir. Die vielen Trauergäste, der blühende Kranzhügel über seinem Sarg, das stille Brennen der Kerzen — alles versank. Es hob mich empor, als schwebte ich im Astralleib neben dem Einzigen hier auf Erden, der meiner Seele näher gestanden hatte als mein eigenes Selbst.

Gleichzeitig wußte ich, daß noch viele große Aufgaben auf Erden meiner harrten und daß ich ihm jetzt nicht weiter folgen durfte.

Als man den Sarg in die Erde versenkte, trat ich an die offene Gruft und, abermals der Trauergäste nicht achtend, sagte ich: «Mein Junge, ich danke dir für jede Stunde, die du mein Leben reich und glücklich gemacht hast. Ich weiß, daß wir uns wiedersehen.»

Will nicht mit Tränen an die Stunde denken,
da sich für immer deine Augen schlossen.
So wie die Sonne Tag für Tag versinkt,
um neu am nächsten Morgen zu erstrahlen,
so schlugst auch du die Augen wieder auf
in höh'ren Sphären, wurdest neu geboren.
Dein Tod — Geburt im Jenseits, in der Heimat,
in unbegrenzter Seligkeit. Bei Gott.
Wie könnte ich dein großes Glück
nur messen wollen mit dem eignen Trennungsschmerz!

da meine Seele tief mit dir verbunden
und bei dir weilt in stiller Traumesnacht,
kann sie hier nicht im Jammern sich verlieren.
Nein, aufwärts treibt es sie, dem Licht entgegen,
in dem du unvorstellbar glücklich bist.
Geburts-, nicht Todestag will ich es nennen,
da hier dein Leib verging, dein Geist jedoch
auf Ätherschwingen in die Höhe stieg.
Durch meine Liebe, meiner Seele Kraft,
obgleich ans Menschlich-Irdische gebunden,
empfind ich dich und deines Wesens Helle;
empfinde sie als tiefstes Dankgebet.

Schnelle Entschlüsse

Die Menschen sahen mich scheel an oder zeigten sich entrüstet. Ich trug nicht, wie es ordnungsgemäß von mir verlangt wurde, Trauerkleider, ebensowenig wie ich es nach dem Tod meines Mannes getan hatte. Mochten sie denken und sagen was sie wollten, es glitt ab an mir. Da war nur ein Wesen, mit dem ich über alles verborgene Leid, aber auch über das tiefe Wissen eines einstigen Wiedersehens sprechen konnte; das war meine Dobermannhündin Perra. Unzählige gemeinsame Erinnerungen rankten sich um dieses liebenswerte Geschöpf. Immer war ihr Wesen getragen von überströmender Lebensfreude und Dankbarkeit. Wir erhielten sie, als sie sechs Wochen alt war. Welche Mühe hatte sich Pingi gegeben, die Ohren mit Heftpflaster hochzuhalten, damit sie hübsch steil standen. Für seinen Fotoapparat war sie ein unentbehrliches Objekt. Ihre frohe Art brachte Entspannung nach geistiger Arbeit. Sie hatte niemals einen Schlag bekommen, noch ein böses Wort gehört. So blieb auch ihre Wesensart freundlich und liebenswürdig, nach der bekannten Redensart: wie man in den Wald hineinruft, so schallt es zurück. —

Eines Abends konnte ich sie nicht bewegen, vors Haus zu gehen. Erschrocken erkannte ich, daß sie hohes Fieber hatte. Sie begann zu röcheln, der Atem ging schwer, und das Thermometer zeigte fast 41 Grad.

Der Tierarzt stellte fest: Doppelte Lungenenzündung, die Herztöne nur noch sehr schwach.

«Hoffnungslos», sagte er. «Wenn Sie wünschen, gebe ich ihr eine Spritze, aber Sinn hat es nicht. Sie wird die Nacht nicht überleben.»

Ich bat ihn trotzdem, am nächsten Morgen wieder hereinzusehen. Kaum war er gegangen, machte ich meiner Perra einen Umschlag und setzte mich auf einen Fußschemel an ihre Seite.

Meine Hand ruhte auf ihrem schmalen Kopf.

«Du wirst nicht sterben, meine Perra. Ganz fest will ich den lieben Gott bitten, daß Er Hilfe schickt.»

Während der ganzen Nacht wich ich nicht von ihrer Seite. Immer wieder legte ich ihr meine Hände auf Kopf und Brust und übertrug den eigenen Gedanken auf sie: Morgen bin ich wieder gesund.

Um acht Uhr morgens läutete die Haustürglocke. Der Arzt kam.

«Ich kam hier doch vorbei und wollte . . .»

Weiter kam er nicht. Mit frohem Gebell kam meine Perra angesprungen, um ihn, stummelschwanzwedelnd, zu begrüßen. Sie war vollkommen gesund.

«Was haben Sie gemacht?»

«Gott um Hilfe gebeten.»

Er zog die Mundwinkel herunter. —

Der wahrhaft schöne Besitz in St. Magnus war schnell verkauft. Manchmal konnte ich es nicht fassen, wie göttlicher Wille alles in die richtigen Bahnen lenkte. Was sollte ich hier anfangen, ohne Geld, ohne Aussicht auf größere Einnahmen?

Pingi hatte von dem sehr guten Erlös bereits einen Neubau in Hamburg-Poppenbüttel gekauft. Es lagen, für meine Verhältnisse, hohe Zinsen auf dem Besitz. Nach zwei Jahren wußte ich es: hier arbeite ich nur, um das Haus zu erhalten. — Für wen? — Schluß also, eine gesunde Basis schaffen und hinaus aus diesem Großstadtbetrieb.

Meine Schwester hatte einmal geschrieben: Ich sehe dich in einem entzückenden Häuschen wohnen, oben auf einer bergigen Anhöhe, mit dem Blick auf einen See. —

Aber wo?

Man sollte sich immer nur voll Vertrauen führen lassen.

Eines Abends fiel mein Blick, wie angezogen, auf eine Seite des Hamburger Fremdenblattes, in das meine Schuhe eingewickelt waren, als sie vom Schuster kamen. Er heftete sich, als sollte es so sein, auf eine Anzeige: ‚Grundstück in Ratzeburg mit Blick auf den See sofort zu verkaufen'. —

Im nächsten Augenblick stand ich am Telefon und zwei Tage später war ich Besitzerin dieses wirklich schönen Fleckchens Erde.

Es liegt genau so, wie es meine Schwester vorausgesehen hatte. Oben auf einer bergigen Anhöhe mit dem Blick auf den Ratzeburger See und den alten Dom.

So gewann ich, bereits am Rande meines Lebens, eine kleine, mir lieb gewordene Heimat.

Hier, in den herrlichen Buchenwäldern, mußte das Bedrückende, unter dem ich in Hamburg gelitten hatte, endgültig von mir abfallen.

So wie damals in Chattanooga ging ich mit ausgebreiteten Armen durch das Knospen und Blühen, kaum wissend, wohin mit der inneren Freude.

Und wieder empfand ich das Gefühl des Schwebens.

ZWEITER TEIL

AUF GEISTIGEN WEGEN

Die größte menschliche Weisheit besteht darin, sich mit offenem Herzen vor der göttlichen Weisheit zu beugen.

Dem Ziel entgegen

Ein jeder Mensch ist sein eigener Priester, und seine Handlungen sind der Altar, auf dem er Gottes Wort in die Tat umsetzt.

Ich glaube, meine grenzenlose Verbundenheit mit der Natur begründet sich darauf, daß ich auch das Unscheinbarste in der Schöpfung lieben muß, eben weil es zum Gesamtbild der Schöpfung gehört.

Aus reiner Daseinsfreude heraus entseigt das Gefühl einer Verbundenheit mit Gott, ein Untertauchen im Kosmos, das eine Glückseligkeit auslöst, wie man sie nur empfinden, niemals in Worten ausdrücken kann.

Vater, lieber Vater.
Alles, was mein Denken bewegt,
umschließt dieses Wort.
Ich glaubte bisher im Licht zu gehen,
Aber es war wie ein Wandeln
im Schatten der Bäume,
durch deren Zweige das Sonnenlicht
nur spärlich fiel.
Jetzt sehe ich den wolkenlosen Himmel über mir.
Ich halte meine Arme ausgebreitet wie Flügel,
die mich emportragen müßten,
und meine Füße versuchen es,
sich von der Erde zu lösen.
Vater, lieber Vater.
Ich habe immer an Deine Liebe geglaubt;
jetzt trage ich sie wie einen Edelstein
in meiner Brust,
den ich hüten und pflegen muß.
Je heller er aufstrahlt
durch die Kraft meiner eigenen Liebe,
umso stärker fühle ich das Band zwischen uns.

Es ist wie ein Strom der tiefsten Wonne.
Alle Himmel scheinen sich zu öffnen,
dann bin ich Dein Kind,
Dein dankbar glückliches Kind,
Vater, lieber Vater.
Wie könnte ich den Jubel meines Herzens
hinausströmen lassen,
ohne zu wissen, daß da nichts ist,
was mir nicht durch Gottes Liebe
offenbar werden könnte.
In der Stille meines Herzens
höre ich den Glockenton Seiner Stimme.
Er öffnet mir alle Sinne,
sodaß ich nicht nur die Wunder der Schöpfung
erfasse, sondern in mir aufsaugen darf,
wie die Blume den wohltuenden Regen.
Diese innerste Harmonie
ist eine Ausstrahlung der göttlichen Liebe.
Sie entspringt aber auch gleicherweise
meiner eigenen Dankbarkeit für die Gnade
die uns Menschen zuteil wird,
nämlich: mit offenen Augen und Ohren
alles das zu empfinden,
was dem reinen Schöpfungsgedanken entströmt.

Erst im Alter fand ich endlich die Muße, mich in Geisteswissenschaften vieler Richtungen zu versenken. Es schien mir, als wäre ich bisher unbewußt den Weg der Mystik gegangen, ohne mich in Übungen und Konzentrationen zu verlieren. Es war einfach in mir.

Mystik ist die Verbundenheit mit Gott, beziehungsweise das unmittelbare Erleben Gottes in sich selbst. So begann ich mich der Esoterik, dem nach *Innen* gerichteten Wissen zuzuwenden. Immer häufiger hatte ich das Gefühl: ‚das ist dir alles längst bekannt.'

Es bleibt aber ein köstliches Geschenk, in dem durch andere Suchende und Forscher niedergelegten Gedankengut die eigenen Beobachtungen bestätigt zu finden oder durch ein ablehnendes Urteil zu eigenem Nachdenken gezwungen zu werden. Aus ungeordneten

Gedanken entstehen plötzlich klare Erkenntnisse. Andererseits mußte ich die Erfahrung machen, daß es nicht immer gut ist, die Menschen, deren Einführungen und Lebensweisheiten groß und begeisternd geschrieben sind, persönlich kennenzulernen. Man kann da bitter enttäuscht werden — wenn die Tat hinter ihren gottverbundenen Worten bedenklich einherhinkt. Dazu kommt in den meisten Fällen eine pedantische Engstirnigkeit allen Gedankengängen gegenüber, die nicht dem eigenen Hirn des Schreibers entsprangen.

Im Jenseits gibt es keine Theorien, keine ehrgeizigen Forscher, die nur «ihrer» Idee leben. Da fügt sich eines in das andere, wie ein nicht endendes Räderwerk, getrieben von der göttlichen Allmacht.

Ich las, um mir ein Urteil bilden zu können, und dann ging ich still meinen Weg, denn bald konnte ich feststellen, wie mir alle Dinge, die zu meiner inneren Erkenntnis nötig waren, zugeführt wurden.

Da war das wunderbare «Neue Evangelium» von Jacob Lorber. Noch nie zuvor hatte mich eine Schrift derart gepackt und innerlich erfüllt wie die Worte dieses großen Mystikers. Es war wie ein Strom, der mich hineinriß in die Liebe zu Jesus Christus. Er hatte mir bisher fern gestanden. Nun schien alles in mir aufgerissen. Eine Saat ging auf, die ich unbeachtet gelassen hatte. Nicht eine der Stufen, die ich bisher beschritten hatte, kam an innerem Reichtum dieser gleich.

Der Mensch besteht aus einem geistig-seelischen oder astralen, und einem materiell-körperlichen Teil. Beim Tode lösen sie sich voneinander. Es geschieht selten ohne Kampf. Besitzt die astrale Kraft in einem Menschen die Oberhand, besteht die Möglichkeit, sich bereits im irdischen Leben vom Körper zu trennen. Die Seele bleibt jedoch durch eine unsichtbare Schnur mit ihm verbunden und kann jederzeit zurückkehren.

Astrale Erlebnisse lernte ich jetzt begreifen.

Einmal betrat ich eine große Halle. Eine Welle tiefsten Entzückens umfing mich. Lichtgestalten standen beisammen. Stumm verharrte ich, bis sich aller Blicke mir entgegenwandten. Da fand ich Kraft, die Frage auszusprechen: ‚Ist mein Sohn glücklich?‘

Wie Aufrauschen von Musik ertönte es von allen Seiten: ‚Er ist sehr glücklich!'

Im gleichen Augenblick näherte sich von rechts eine von Licht umflossene Gestalt. Es riß mich hinein in einen Strom tiefster, über allen menschlichen Empfindungen stehender Glückseligkeit. Ich hob den Blick und versank darauf sofort in Dunkelheit. Ich war erblindet. Trotzdem fühlte ich, wie die Gestalt langsam auf mich zuschritt. Es war, als rückte mir die Sonne mit ihren belebenden, alles durchdringenden Strahlen näher und näher, umhüllte mich. Eine Hand legte sich auf meinen Scheitel und eine Stimme, deren Kraft und zugleich erbarmende Liebe alle Fasern meines Selbst umschloß, sprach:

«Sei gesegnet».

Darauf strich die Hand über meine Stirn und die Stimme sagte: «Werde sehend». —

Lange lag ich mit geöffneten Augen im Bett, unfähig mich zu rühren, nur von einem Gedanken durchflutet: ‚Ich muß ihn gehen, den einsamen Weg. Ich muß Kraft und Liebe ausstrahlen, um dieser Segnung wert zu sein.' —

Ein weiteres Erlebnis, das mir noch heute immer wieder vor Augen steht:

Ich stieg eine hohe Treppe empor; alles war luftig, wie Wolken. Getragen von einer großen Sehnsucht hatte ich bald das Ende erreicht. Dort stand, mir zugewandt, eine hohe menschliche Gestalt, umflossen von Licht und Klarheit. Ich wußte es, fühlte es im tiefsten Erschauern der Liebe, — war es Christus? — Er streckte mir, wie ein Vater der endlich Heimkehrenden, beide Hände entgegen. Während ich glaubte vergehen zu müssen vor Glückseligkeit und auf die Knie sank, sagte Er warm und gütig nur das eine:

«Mein Kind.» —

Später erlebte ich folgendes:

Ein Mann stand in der Tür, alt, zerlumpt, — ein Bettler.

Jedoch aus seinen Augen strahlte die Schönheit tiefverinnerlichter Liebe. Sie waren es, die mich zwangen zu sagen: Tritt ein. —

Er lächelte, ging ins Zimmer und setzte sich auf den Stuhl neben dem Ofen.

«Ich habe einen Auftrag auszuführen», begann er sofort; «der mich sendet, ist kein anderer als der himmlische Vater.»

Erschrocken sank ich auf den Schreibtischsessel.

«Sprich weiter.»

«Obgleich das, was ich dir zu sagen habe, eine ernste und schwere Aufgabe für dich bedeutet, zweifelt Er nicht, daß du Seiner Weisung folgen wirst. Siehe, du wohnst hier in einer besonders lieblichen Umrahmung der Natur. Dein Haus ist licht, der Garten, in seiner Blütenpracht, beglückend. Harmonie und Friede, wie du sie dir erwünschtest, sind um dich. Du wandelst dahin als eine der wenigen Glücklichen auf Erden.»

«Ja. Darum ist auch mein ganzes Denken ein Dankgebet.»

«Ich weiß. Eben deshalb sendet mich der Vater. Worte wiegen nicht schwer auf der göttlichen Waagschale. — Er fragt dich, ob du bereit bist, dieses alles aufzugeben, um den schweren Weg nach Golgatha anzutreten. Arm, dürftig, verhöhnt, verspottet, eingehüllt in das Gewand, in dem ich vor dir stehe.»

«Aber was wird aus meinem Hund, meinen Blumen?» fragte ich erschrocken.

«Ich werde für alles sorgen. Indem du meine Gestalt annimmst, trage ich die Deine. Alle Pflichten hier übernehme ich. Keiner wird den Wechsel bemerken.»

«Und wie willst du es beweisen, daß du wirklich ein Sendbote Gottes bist?»

Er schlug die Lumpen auf seiner Brust auseinander. Dort, wo sich das Herz befindet, leuchtete mir eine strahlend helle Flamme entgegen.

«Gottvater legte Seine Hand darauf», sagte der Alte leise.

«So groß bist du gesegnet?»

«Ich ließ alles irdische Wünschen und Begehren hinter mir und lebte nur der Liebe. Gott ist die Liebe.»

«Aber ist nicht auch mein ganzes Denken und Empfinden nur Gott geweiht? Diene ich Ihm hier nicht in voller Hingabe, folge ich nicht getreu dem inneren Wort, das mich bald hier- bald dorthin sendet, um Kranken und Schwachen zu helfen? Mein ganzes Inneres lebt nur Gott, Seiner Liebe und meiner Dankbarkeit.»

«Es ist leicht, dankbar und glücklich zu sein, wenn man, wie du, nichts entbehrt. Alles floß dir zu.»

«Ich habe es mir selbst erkämpft.»

«Durch Gottes Hilfe und durch Seine Liebe.»

«Ja, durch Gottes Liebe. Und jetzt soll ich Ihm beweisen, daß sie mir höher steht, als aller irdischer Besitz?»

«So ist es. Es ist der Weg des *Verzichtenkönnens.*

Aber bei jedem Schritt wird die Liebe in dir wachsen. An drei Wegweisern wirst du dich neu entscheiden dürfen.

Der erste: Festigkeit des Herzens — oder fröhlich dahinplätschernde Gleichgültigkeit.

Der zweite: Innerer Reichtum — oder weltlicher Aufstieg.

Der dritte: Zwiesprache mit Gott — oder Untertauchen im Trubel irdischer Lust.

Entweder du gehst weiter an Gottes Hand, oder du folgst den ausgetretenen Fußstapfen der anderen, der Verirrten. Je weiter du gehst, umso stärker wird in dir die Sehnsucht nach Gott, bedrängt dich deines Herzens Seligkeit, bis du vor dem Hügel stehst, auf dem das Kreuz gerichtet ist, deinem irdischen Ziel. Deine Geistseele löst sich vom Vergänglichen, die Liebe führt dich der Ewigkeit entgegen.»

Während der Alte sprach, breitete sich die Flamme auf Seiner Brust aus und umhüllte seine ganze Gestalt wie mit einem leuchtenden blauen Mantel. Sein Blick umfing mich.

Da sank ich vor ihm auf die Knie.

«Vater, lieber Vater, ich bin bereit!»

Geführt und geleitet

Nach diesem wundervollen geistigen Erlebnis richteten sich meine Gedanken nur auf das eine Ziel: Sich selbst ausschalten, ganz aufgehen in der Liebe zu den Mitmenschen, helfen, wo immer es nur möglich ist, alle weltlichen Vergnügungen hinter sich lassen, persönliche Wünsche zurückstellen, ganz Sichhineinversenken in die innere göttliche Stimme und ihr rückhaltslos gehorchen, durch die Menschheit für die Menschheit eintreten.

Glaube keiner, so sagte ich mir, daß Gott Einzug hält in ein Herz, in dem nicht alles vorbereitet ist, so wie man einen lieben Gast empfängt und, dessen heimliche Wünsche und Erwartungen berücksichtigend, das Haus schmückt. Wer in seinem innersten Selbst alles nach Gottes Willen gestaltet, wird bald die Gnade Seiner Einkehr spüren. —

So gab es viele ernste Gespräche mit meinem Schutzgeist, dem treuen Gewissensfreund. Noch nie zuvor hatte ich es erlebt, daß sich Frage und Antwort zu einer solch klaren, innerlichen Aussprache entwickeln konnten.

Der kleinste Fehler, jedes Abgleiten wurde in der «stillen Stunde» des Abends besprochen und richtiggestellt.

Wer sich der Stimme des Gewissens verschließt, gelangt niemals zur Selbsterkenntnis. Aber gerade sie bewirkt den ersten Schritt von der Dunkelheit zum Licht, von der Selbstsucht zur Gottesliebe. Der größte Feind des Menschen ruht in ihm selbst. Ihn zu bekämpfen, das heißt, seinen Fehlern und Entgleisungen nachzuforschen, fördert den ersten Schritt.

Erst aus dem Erkennen wächst die Tat. Wo kein Erkennen, bleibt sie unvollendet, und immer neues Erkennen muß aus ihr emporsteigen, solange, bis die Tat vollkommen und in sich abgeschlossen ist.

Oft währt der Kampf, das Suchen und Leiden durch ein ganzes Leben. Beginnt der innere Mensch zu sprechen, muß der äußere schweigen. Dazu bedarf es einer großen Stille. Der weitere Schritt zur Selbsterkenntnis bedeutet, der inneren Stimme mit dem inneren Ohr zu lauschen. Nur so kann das Erwachen zum Gottesbewußtsein in sich vollkommen sein.

Jeder Mensch ist sein eigener Schatzgräber. Der eine schürft tief, der andere bleibt an der Oberfläche.

Was ich hier in der Stille meines Hauses erlebte, wird manchem durchaus nicht fremd sein, sofern er sich mit geistigen Dingen beschäftigt. Aber mein Lebensweg würde sich nicht abrunden, wenn ich mein Erkennen höherer Dinge verschwiege oder zum mindesten nicht andeutete. Häufig sind es nur kleine Erlebnisse; dennoch fühlte ich mich durch sie emporgehoben und geleitet.

Ebenso erscheint es mir, daß das aus den Werken Anderer sich selbst angeeignete Wissen niemals zur inneren Erkennnis führen kann. Das Wahrhaftige Wissen entsteigt dem Unterbewußtsein oder göttlichen Eingebungen. So möchte ich kurz angeben, wie ich in Erkenntnisse hineingeführt wurde, die mir bisher völlig fremd waren.

Ich *erlebte* sie, denn ich habe immer mehr nach den Gesetzen meines inneren Selbst gehandelt, als mich in Konzentrations- oder ähnliche Übungen zu versenken. Außerdem stehen mir die Menschen fern, die bemüht sind, göttliche Weisheit zu sezieren, um sie zur menschlichen Wissenschaft umzuprägen.

So begab ich mich zunächst auf das Gebiet der Esoterik, das heißt der nach innen gerichteten Lehren. Sehr bald fühlte ich, wie hier das geistige Wissen Hand in Hand geht mit göttlicher Gnade und vorgeschriebenen Gesetzen. Das schien mir besonders bei Spiritismus, der Beweisführung für ein Leben nach dem Tode, und Okkultismus, der Lehre über das Verborgene, der Fall zu sein. Das Göttlich-Gesetzmäßige steht unwandelbar fest. Außerdem wurde jeder Gedanke schon einmal, vielleicht sogar viele Male gedacht. Es ist nur immer wieder die äußere Umrahmung, die ihn verändert, gleich wie ein Edelstein durch seine Fassung verschieden wirkende Ausstrahlungen erhält.

Der Gedanke, mich auf Fragen einzulassen, sei es der Materialisation, der Wiedergeburt mit ihrem Karma oder andere immer wieder umstrittene Probleme, auf die es heute die widerstrebendsten menschlichen Antworten gibt, liegt mir fern. Für mich hat es immer nur eine Frage gegeben: «Wie befreie ich mich am sichersten von allem irdischen Ballast, um meinem Geist die Pforte geöffnet zu erhalten, durch die das göttliche Wollen in ihn hineindringt?» Auf diesem Standpunkt werde ich verharren.

Solange wir auf Erden sind, bleiben wir, trotz des mit esoterischem Wissen gefüllten Ranzens, — Anfänger, müssen Schritt für Schritt von der Elementarschule bis zur letzten Stufe hinaufsteigen. Jedoch die Reifeprüfung können wir erst vor Gott ablegen. Wer sich einsam fühlt, trotz großem Wissen auf allen esoterischen Gebieten, steht Gott noch sehr fern! Je näher aber der Mensch Gott ist, um so größer ist die innere Seligkeit.

Heilende Kräfte

Oh Mensch,
der Freude diene, nicht dem Leid.
Und sei es nur, den namenlosen Wand'rer
mit einem warmen Lächeln zu beglücken.
Wir haben alle hier dasselbe Ziel;
Doch ist kein Pfad zu dornig und zu steil,
um nicht der Freude eine Rast zu gönnen.
Sie ist es, die das Herz gen Himmel trägt!
Oh Mensch,
der Liebe diene, nicht dem Haß!
Und mögen Hohn und Mißgunst dich umgeben.
Fühl' ihre Armut, die so nackt und hilflos
wie Ackerkrume, der die Saat gebricht.
Bevor jedoch der Tag der Ernte naht —
öffne dein Herz, verschließ nicht deine Lippen!
Gib Liebe, und der Weg ins Licht liegt frei!

Heilende Kräfte und Ausstrahlungen besaß ich seit meiner frühesten Kindheit. Als ich die Entwicklung dieser Kräfte als ein starkes Gebot des Helfens in mir verspürte, bat ich Gott, mir körperlich oder seelisch leidende Menschen zuzuführen.

War ihr Kommen Zufall? Oh nein, sie wußten es oft selbst nicht, warum und weshalb es sie zu mir trieb. In den meisten Fällen genügte das einmalige Auflegen meiner Hände, ganz gleich, um welche Art Schmerzen es sich handelte. Oft fühlte ich ein Strahlen von ihnen ausgehen, als schössen Blitze aus den Fingerspitzen, und ein starker, meistens schmerzhafter Strom brach aus der Handmitte hervor.

Andere baten um Hilfe aus der Zerfahrenheit ihrer Seelen. So wurde ich selbst auf der Straße angesprochen.

«Sie strahlen so viel Licht und Freude aus», sagte ein Mann zu mir, «darf ich Sie ein Stück Weges begleiten?» — Er befand sich wirklich in großer seelischer Not und mir wurde das Geschenk, ihm helfen zu können. Langsam bildete sich ein immer größer werdender Kreis um mich. Es ist eine Gnade, die mir oft unfaßbar erscheint.

Ich glaube, wenn man sein ganzes Vertrauen auf Gott setzt, und sich uneingeschränkt den inneren Eingebungen fügt, kann man, auch ohne Psychotherapie studiert zu haben, mit seelischen Kräften helfen und heilen.

Außerdem bin ich der Überzeugung, daß keiner an der Not, den Verwirrungen, den Greueln und dem oft unfaßbaren Leid der Menschheit vor innerem Erbarmen zusammenbrechen oder im Jammer vergehen darf. Nein, gerade dann Glaube und Willensstärke hervorbringen! Durch die Ausstrahlung von Kraft und Freude hilft man den Menschen mehr, als wenn man stundenlang sitzt und längst auswendig gelernte, womöglich noch für die jeweilige Situation vorgeschriebene Gebete gen Himmel sendet.

Und mag es auch den Anschein haben, als sei man gänzlich ohne Mitgefühl.

Hart sein können ist schwerer, als sich einzuhüllen in weichherziges Mitleid für Andere. Auch sollte man niemals versuchen, die Zuchtrute Gottes mit Zuckerwerk zu behängen. Selbst die Liebe muß *hart* sein können, wenn es darum geht, jemand vom falschen Weg abzubringen. So wurde mir bisher dreimal die Gnade gegeben, seelisch Verzweifelte vor dem Selbstmord zu bewahren. Es ging wahrlich hart auf hart, da die meisten Menschen sich in dem törichten Wahn befinden, durch den Tod endlich Ruhe und Frieden zu finden.

In Wahrheit aber stürzen die Folgen dieses Eingreifens in feststehende Gesetze die armen Seelen in größere Finsternis und Verzweiflung, als es sich ein Diesseitiger vorstellen kann.

So erfüllt mich immer wieder die Rettung eines Menschen aus solcher geistigen Verwirrung mit tiefster Dankbarkeit.

Auf einem Spaziergang wurde ich von einem schweren Gewitterregen überrascht und suchte Unterschlupf bei einem Siedler. Ich mußte mich an den Herd setzen und eine Tasse Milch trinken.

«Mein Mann ist krank», sagte die Frau, «keiner kann ihm helfen.

Seit Wochen liegt er schon im Bett. Ich muß alle Arbeit allein machen.»

«Was fehlt ihm denn?»

«Keiner weiß es. Schmerzen im Rücken. Kann kein Bein rühren.»

In diesem Augenblick wußte ich, daß ich dem Mann helfen sollte.

Kurz darauf stand ich an seinem Bett. Der Ärmste lag auf dem Bauch, steif wie ein Brett und jammerte.

Sofort fühlte ich den Strom in mir und bat, mich allein zu lassen.

Während ich dem völlig Hilflosen mit der Hand über die feuchte Stirn strich, erflehte ich Hilfe vom himmlischen Vater. Darauf ließ ich mich auf der Bettkannte nieder, legte meine Hände auf den Rücken des Leidenden. Es war ein völliges Versenken in die göttliche Liebe, aus der fest und unerschütterlich der Glaube emporstieg. So verharrte ich eine Weile. Der Schweiß stand mir auf der Stirn.

Und dann drängten sich Worte auf meine Lippen, wie ich sie aus eigenem Ermessen niemals ausgesprochen hätte:

«Stehen Sie auf! Sie sind gesund.»

Der Mann erhob sich, ging, öffnete die Tür und rief: «Komm herein, Mutter!» —

Es war am Abend dieser mir selbst unfaßbar erscheinenden Heilung, als das Glück mich zu überwältigen schien.

‚Mein Gott', dachte ich, ‚durch Dich ist alles Leben heilig. Du ewige Liebe, die Du mich in Deine Arme zogst und mich mit Licht erfülltest, war es Dein Wunsch und Wille, daß ich mich dieser Aufgabe zuwandte?'

Während es mich wie ein Strom durchflutete, hörte ich klar und deutlich die Antwort in mir aufklingen: «Bleibe dir selbst treu! Dein Herz ist rein und frei von Schuld. Deine Seele ist an mich gebunden. Bleibe so, wie ich dich will. Folge meinem Wort. Es wird dir offenbar werden durch die Stimme meines Sendboten.»

Ich stand völlig fassungslos, den Kopf vornübergebeugt — lauschend; obgleich die Stimme schwieg, war es mir, als schwänge sie noch jetzt durch die Weite des Raumes, mich ganz in sich einhüllend. Aufschluchzend sank ich auf die Knie.

In tiefster Spannung, oft Ungeduld, harrte ich jetzt auf die Erfüllung dieser göttlichen Botschaft. — Wie würde das geschehen? —

Nachdem ich das wunderbare Werk ‚*Geistheilung*' von Harry Edwards gelesen hatte, schien es mir, als eröffnete sich vor meiner inneren Erkenntnis die Weite einer neuen Offenbarung.

Jetzt wußte ich es: Du bist auserwählt, seelisch Trostsuchenden und körperlich Leidenden zu helfen. Einerseits durch den Reichtum deiner in dich hineingelegten geistigen himmelweisenden Werke, das Hinausströmen göttlicher Offenbarungen, die Unzähligen Halt und innere Kraft gaben und noch geben — andererseits durch den Glauben an die in dir ruhenden heilenden Kräfte, die sich nicht nur auswirken in der körperlichen Gesundung, sondern auch im aufbauenden Lebensmut. Alle persönlichen Empfindungen, Sympathien und Antipathien müssen ausgeschaltet werden. Ein völliges Aufgehen in Nächstenliebe.

Aus der Märchendichterin wurde eine Mystikerin und Verkünderin göttlicher Liebe.

Aus der jungen, hilfsbereiten Schwester eine Geistheilerin. Wie ein roter Faden läuft diese Entwicklung durch mein ganzes Leben.

Geistheilung

Wenn du betest, entströmt dir eine große Kraft der Liebe. Sie wird aufgefangen von Hilfsbedürftigen, so daß es sie durchrinnt wie ein Gruß aus den Himmeln. So halte nie auf im Gebet, es ist die Brücke vom ‚Ich' zum ‚Du'.

Heilungen von Krankheiten und Gebrechen sind nicht allein abhängig von einer großen Gottgläubigkeit und persönlichen magnetischen Kräften, sondern vor allem von der Medialität des vermittelnden Werkzeugs, die eine Verbindung zwischen dem göttlichen Willen sowie den jenseitigen Heilern bewirkt.

Ich habe wunderbare Heilungen erlebt! Man möchte sie alle rufen, die Kranken und Leidenden, jedoch der Unglaube in der Bevölkerung ist groß. Der Weg war mir vorgeschrieben. Es gab auch kein Versagen. Durch Fernheilen durfte ich einen Mann von einem sehr schmerzhaften Nierenstein befreien. Er verschwand spontan. Einem anderen, der am grauen Star operiert werden sollte, wurde das volle Augenlicht wiedergegeben.

Das Erlebnis mit einem noch jungen Menschen erschütterte mich tief. Eine Nachbarin erzählte von dem Unglücklichen. Nach acht Monaten schwerster Erkrankung an Krebs ging es nun unaufhaltsam dem Ende entgegen. An eine Operation war nicht mehr zu denken, da er bereits alle Organe erfaßt hatte. Er lag völlig unter Morphium! Die Frau hatte mir seine Anschrift gegeben. Er wohnte, für mich fast unerreichbar, weit draußen vor der Stadt.

Sofort bat ich Gott um Hilfe und setzte mich in Verbindung mit meinen Geisthelfern.

Im Zustand tiefster Versenkung berührte mich recht unangenehm ein starker Karbolgeruch. Am nächsten Tag erfuhr ich, man habe den Patienten inzwischen einem Lübecker Krankenhaus übergeben. Ich hatte also den Karbolgeruch richtig in mich aufgenommen. Ebenso empfand ich am zweiten Abend einen Gestank nach Verwesung. Nachher hörte ich, daß der Mann sich stark erbrochen hatte. (Ich erlebte auch häufig die Schmerzen der behandelten Kranken im eigenen Körper.)

Das Gefühl in mir, mich für diesen armen Menschen mit aller Kraft einsetzen zu sollen, wich nicht von mir.

Nach ungefähr acht Tagen erbot sich die Nachbarin, mich zu ihm hinauszufahren; er sei längst wieder im Hause. Noch immer empfand ich eine wunderbare, tiefgläubige Verbindung mit Gott und ließ mich willig führen.

Bis zum Skelett abgemagert lag der Unglückliche auf seinem Lager. Große, gläubige Augen blickten mir entgegen, bildeten sofort einen Kontakt zwischen uns und den Himmeln.

Und nun erfuhr ich, was geschehen war, nachdem ich Gott um Hilfe angefleht hatte. Der Kranke mußte nicht allein der wahnsinnigen Schmerzen wegen unter Morphium liegen. Seine Lebensgeister bäumten sich auf gegen das Sterben, tobten und wüteten, so daß man ihn für besessen hielt und ihn in eine Zelle brachte.

Das war der Tag, an dem ich mich für ihn einsetzte.

Da strich der Hauch Gottes über den Todgeweihten hinweg und die Schmerzen verschwanden.

Nachdem seine Frau ihn heimgeholt hatte, lag er im stillen Dämmerzustand.

«Ihre Hand ist wohltuender als Morphium», sagte er zu mir, «sie bringt Frieden und Geborgenheit. Ich fühle es immer stark, wenn Sie mit Ihren Ausstrahlungen bei mir sind, dann muß alles um mich schweigen. Sie sind ganz in mir.»

«Es ist Liebe, die Sie umfängt — und die kommt von Gott.»

«Ja. Aber ich habe es früher nie so stark empfunden.»

An einem Nachmittag trieb es mich, ihm meine Ausführungen zum «Vater unser» vorzulesen.

Er lag lange unbeweglich, flüsterte nur immer wieder «Wie schön». Und dann schlug er die Augen voll auf. «Legen Sie Ihre Hand auf meine Stirn. Ich möchte mit diesen Gedanken einschlafen.»

So ist er still hinübergeschlummert.

Ich empfand es als ungeheure Gnade.

Wahrscheinlich hatte man von mir erwartet, Hilfe zur völligen Genesung zu bringen. Für diesen armen, ausgezehrten Körper war es eine gnadenreiche Erlösung und göttliches Erbarmen, *ohne* Morphium und *ohne* Schmerzen sich loszulösen vom Irdischen, um bewußt hinüberzuschreiten ins Jenseits. —

Dagegen ist die innere Freude, sobald man einem Kranken geholfen hat, nicht in Worte zu fassen. Sich freuen können mit anderen, ihre Freude als eigene, in Dankbarkeit gegen die erwiesene Gnade, zu empfinden, geht Hand in Hand mit der Liebe, die sich an keiner Grenze stößt, sondern jedes Hindernis wegräumt oder zur Seite drängt. Und dabei handelt es sich durchaus nicht um *Wunder*.

Ein echtes Wunder ist immer abhängig von einer großen göttlichen Machtauswirkung. Es geschah zum Beispiel an dem von mir so sehr geliebten Priester und Apostel *Pater Pio*, im Kloster Giovanni Rotondo. Stigmatisiert an Händen und Füßen und einem Lanzenstich an der rechten Seite, aus dem täglich ein Tassenkopf voll Blut hervorsickert, trägt er öffentlich das Zeichen seiner demütigen Seele: die Ergebung in Gott. Unzählbar sind seine Heilungen, seine segnenden Taten.

Bei der Geistheilung jedoch ist alles klar verständlich, sofern man sich die Mühe gibt, die Zusammenhänge zu verstehen. Immer wieder muß ich es den Zweiflern erklären:

Der ganze Luftraum, im Freien, wie im Zimmer, ist erfüllt von Ätherwellen, die Musik und Stimmen aus der fernsten Ferne herbeitragen. Jedoch nur durch Antenne und Radioapparat sind sie dem menschlichen Ohr vernehmbar. Ebenso ist es mit der Anwesenheit von Astralwesen, den Geistern der Jenseitigen im Ätherraum. Bei Heilungen handelt es sich hier wahrscheinlich um Ärzte, die schon im Diesseits Hervorragendes leisteten und im Jenseits eine Ausbildung erhielten, vor der jede irdische medizinische Wissenschaft zerrinnen und verblassen muß. Aus einer Zusammenarbeit von jenseitigen Helfern und diesseitigen Ärzten könnte ein großes Hilfswerk für Kranke hervorgehen. Jedoch, es gibt erst sehr wenige Mediziner, die sich dazu bekennen. Es kommt hinzu, daß nur denjenigen die Möglichkeit offen steht, sich mit den unsichtbaren Helfern in Verbindung zu setzen, in denen sich die Gnade der Medialität entwickelt hat und somit eine Antenne bildet.

Und dennoch gibt es Stunden, in denen mich Zweifel befallen. Ist es wirklich Gottes Wille, daß man seine geistigen Kräfte darauf verwendet, einen Kranken von körperlichen Leiden zu befreien, die ihm vielleicht auferlegt wurden, um vom äußerlichen Materialismus zur inneren höheren Erkenntnis zu finden? Werden nicht die meisten Krankheiten hervorgerufen durch ein Zuwiderhandeln gegen Naturgesetze? Wir sind wahrlich nicht auf der Welt, um unserem Leib zu frönen, sondern um uns geistig zu entwickeln! Sollte man es da nicht ganz allein Gott überlassen, ob Hilfe am Platz ist? Gibt Er den Menschen durch ein Gebundensein ans Krankenlager die Möglichkeit, sich auf sich selbst zu besinnen und zu Ihm zurückzufinden, ist der Gedanke geradezu widersinnig, daß nun ein Heiler auftritt und Gott um Hilfe bittet, diese armen Menschen von ihren Leiden zu erlösen. Versagt nun die Hilfe, weil sie dem göttlichen Willen widerspricht, dann beruht, nach Ansicht der enttäuschten Angehörigen, alles auf Schwindel.

Wie kann man Gott bitten, barmherzig zu sein, da Er doch selbst Quelle aller Barmherzigkeit ist!

Ich glaube, Gott führt uns selbst an die Schmerzenslager jener

Leidenden, denen geholfen werden soll. — Außerdem bin ich davon überzeugt, daß eine Errettung aus schwerer Krankheit davon abhängig ist, ob die dem Betreffenden gesetzte Todesstunde erreicht wurde oder nicht. Liegt es jedoch im göttlichen Willen, daß der Kranke, trotzdem ersteres der Fall ist, genesen soll, kennt Sein Erbarmen keine Grenzen. So war es damals bei meinem Jungen und mir, als ich um sein Leben rang. — Dann ist es Gnade. —

Aus der Tiefe meiner Erinnerung steigt plötzlich ein kleines Erlebnis empor, daß ich fast vergessen hatte. Bestimmt steht es in Verbindung mit den geheimnisvollen Kräften, die schon damals in mir ruhten.

Die Futterschale in der Hand betrat ich meinen kleinen Hühnerhof in St. Magnus. In einer abgezäunten Ecke tummelte sich eine Schar vielleicht achttägiger Kücken. Nur eines aus der Schar der munteren Dinger lag steif-leblos im Sand. Was mochte ihm gefehlt haben? Es war tot. Ich nahm den kleinen Körper in die Hand, um ihn zu begraben, denn er war kalt und starr. Die Augen waren geschlossen. Wie es kam, weiß ich nicht mehr. Ich fühlte einen starken Strom in den Händen. Fast mechanisch umschloß ich den kleinen Körper und dachte: es wird leben — ich will es.

Mein Atem ging stark und ruhig, alles Denken war auf das Tierchen und sein Erwachen zum Leben gerichtet.

Plötzlich zuckte es mit einem Bein — noch einmal — ich verstärke meine Konzentration.

Wenige Augenblicke später lief das kleine Geschöpf, als wäre nichts geschehen, hurtig zum Futternapf. —

Der Mensch, der Baum und das Leid

... und gäbe es auf Erden ewig Tag, Sonne, Blühen ohne Vergehen, wo bliebe da die Stunde des Nachdenkens, des Begreifens von Leben und Sterben, Licht undDunkelheit? Es beständen keine Grenzen und dadurch keine Selbserziehung in Geduld, Vertrauen und Erkenntnis der eigenen Kräfte.

Ich saß im Schatten der Eiche. Ein herrlicher Baum. Was für geheimnisvolle Kräfte leben und weben hinter dieser borkigen Rinde. Lege ich meine Arme um den Stamm, fühle ich einen Strom von ihm ausgehen, der mich wunderbar durchflutet und mit großer Lebensfreude erfüllt. — Es wird der Baumgeist sein, der meine Liebe zu ihm spürt und seine Dankbarkeit zeigen will. Die Wurzeln der Eiche sind verankert in der Erde, das heißt in dem Bewußtsein ihrer Kraft. Nur dadurch ist sie imstande Sturm und Unwetter zu trotzen. Ein Baum, dessen Wurzeln angekränkelt sind, der nicht in sich selbst ruht, sondern haltlos hin und her schwankt, ist unfähig die Last seiner Krone zu tragen.

Ohne es eigentlich zu wollen, gerate ich ins Sinnen: *Ein Mensch,* so denke ich, der feststeht in seinem Glauben an die Notwendigkeit und Erfüllung der Naturgesetze, sollte das ihn heimsuchende Leid weder als eine Strafe noch als eine Prüfung betrachten, sondern einzig als naturbedingte Voraussetzung zur Förderung des inneren Wachstums.

Strafe ist eine menschliche Einrichtung. Gott straft nicht, er lenkt. Das Leid wird uns nicht auferlegt — es wächst aus uns heraus wie das Unkraut aus einem ungepflegten Garten.

Auch der Baum muß die Entwicklungsstufen durchmachen, die allem Lebenden vorgeschrieben sind. In der Dunkelheit der Keimzelle, im Kräfte ausstrahlenden Schoß der Erde ruht das keimende ‚Werde'. Der Drang zum Licht läßt es wachsen, seiner Bestimmung entgegenreifen. Jedoch immer sind zerstörende Mächte vorhanden, die das Erwachen verhindern wollen. — Der Baum befindet sich, jedenfalls was Schicksalsschläge anbelangt, in der gleichen Gefährdung wie der Mensch.

Schon ein einziger Blitzstrahl vermag ihn zu zerschmettern, Ungeziefer nagt an seinen Saugwurzeln, ständiger Sonnenbrand läßt Zweige und Wurzeln verdorren. Die kraftbringenden Säfte steigen nicht hoch bis ins Geäst, sondern verzehren sich im Wurzelwerk. Nur ein kräftiger Gewitterschauer, Sturm und Hagel treiben sie empor, erfüllen das Mark mit anschwellendem Strom von Lebenswillen.

Betrachtet man das Leid als eine Prüfung, erwartet man zweifellos für seine Standhaftigkeit eine Belohnung. Leid ist aber keine gottgewollte Prüfung, sondern der Weg zur inneren Freiheit. Dieser Weg verlangt Opfer und Mut, ganz gleich, ob es sich handelt um ein seelisches Leid oder ein körperliches Leiden (Erleiden). Die Wurzelkraft ist dieselbe, sie basiert im Willen, das Leid tragbar zu machen, indem man sich darüber erhebt.

Ein *Mensch,* der alles Leid hinnimmt in dem törichten Wahn: Es ist Gottes Wille, — ich darf nicht klagen, — ich muß es still ertragen, — hat seinen Sinn nicht erkannt. Leid ist die Brücke zur geistigen Entfaltung. Aber die meisten können und wollen es so nicht verstehen.

Sei es trostlose Ergebenheit, Aufbegehren, Zorn oder Gotteslästerung, der Mensch findet nur hinaus aus dem Labyrinth irdischen Leidens, wenn er es betrachtet als eine Leiter, die, über oft steile Schicksalsstufen, zu Gott führt.

Jeder Baum, der freistehend, ohne Schutz allen Wettern trotzen muß, entwickelt sich kräftiger und widerstandsfähiger als einer, der sich im Schutze anderer verbirgt.

Ein Mensch, allein auf sich, seine eigene innere Kraft und sein Gottvertrauen angewiesen, findet schneller den Weg zur Selbsterkenntnis als der verzärtelte Allerweltsliebling, von dem alle versuchen, das Leid fernzuhalten, bis er, völlig in sich erschlafft, nicht mehr imstande ist, einem Schicksalsstoß standzuhalten.

Jedes Leid, ob körperlicher oder seelischer Natur, birgt Ursache und Wirkung. Der Mensch trägt die Verantwortung für seine geistigen Widerstandskräfte in sich selbst. Deshalb formt das Leid den Menschen je nach dessen innerer Substanz, denn die Begriffe von

Leid sind verschieden. Der eine keucht unter der Last, der andere trägt sie leicht und froh, wie ein Wandersmann seinen Ranzen.

Der Baum verliert im Herbst seine Blätter, weil sie ihren Lebenszweck erfüllten und nun Platz machen müssen für ein neues Werden. Er wirft von sich, was nutzlos geworden ist.

Der Mensch ist nicht immer bereit, seine Seele von Gerümpel zu befreien, er macht keine klare Bahn, sondern häuft auf wertlosen Stoff neuen wertlosen Ballast. Damit wird die Entwicklung gehemmt, die Tiefe verschüttet und fruchtbarer Boden verschlackt.— So wie der *Baum* im Lenz neue Säfte emporsteigen läßt, zur Förderung des Wachstums, sollte der *Mensch* daran denken, sein Innenleben nicht zu belasten, sondern frei zu halten für drängendes Streben zur Höherentwicklung.

Der Baum folgt dem Gesetz der Ordnung und Selbsterhaltung. Er schließt im Winter seine Poren, läßt alle Säfte hinabsinken wie Quecksilber im Thermometer und setzt sich in den Ruhestand.

Der Mensch kann nicht Maß halten mit seinen Kräften, weder geistig noch körperlich. Er läßt ununterbrochen alle Räder rollen, auch wenn sie schon hin und wieder aus dem Geleise springen. Er will keinen Stillstand, kein ‚Insichruhen'. Es könnte ihn ja während dieser Zeit ein anderer überholen. — Jedoch eine überhitzte Maschine steht in Gefahr zu explodieren. Ein überbeanspruchter Kräfteverbrauch treibt zum Zusammenbruch. Und schon steht das Leid an der Tür. Im gleichen Verhältnis wie der Mensch durch bewußtes Atmen dem Kosmos lebenswichtige Energien entzieht, sammelt der Baum seine Aufbaukräfte aus der Atmosphäre. Sie lagern sich im Grün seiner Blätter als eine Sonnenquelle göttlicher Weisheit, die alles Lebende erfüllt. Und so wie der Baum Kräfte bewahrt in seinem Laubgrün, kann der Mensch eine Energiequelle in sich aufbauen, die imstande ist, nachlassenden Lebenswillen immer wieder neu aufzufüllen. Gottvertrauen und Selbstvertrauen sind die Leidüberwinder der menschlichen Seele.

Es gibt Menschen, die ihr Leid mit einem Panzer umhüllen, so daß jeder Keim ersticken muß, der noch anfangs ausschaute nach Licht und Erlösung. Sie erstarren in sich selbst. —

Worte der Ermahnung

Wir müssen aus Gott schöpfen, um selbst Schöpfer zu werden

Es war noch zu Anfang meiner geistigen Entwicklung, als ich eines Abends einen hellen, reinen Ton vernahm, so wie ich ihn noch nie zuvor in mir aufklingen hörte. Gleichzeitig trieb es mich, an den Schreibtisch zu gehen. Fast automatisch ergriff ich einen Bogen Papier und nahm einen Bleistift in die Hand. Alles Denken in mir war ausgeschaltet.

Und plötzlich jagte mein Bleistift über das Papier, ohne daß ich wußte, was ich schrieb. Erst am nächsten Morgen konnte ich die Worte entziffern:

«Wo immer du wandelst, wo immer du auch stehen magst, fürchte dich nicht vor Dingen, die du nicht siehst. Blicke nur tief in dich selbst hinein und du wirst fühlen und hören, welche Stimme zu dir spricht. Sieh, es ist ein weiter und langer Weg, der zum Ziel führt, und du würdest straucheln, wenn nicht eine liebevolle Hand dich leitete. Aber was auch immer geschehen mag, es ist der ewige Ruf der Liebe, der dich ermahnt, lenkt, dich weiterführt, damit du nicht hinabgleitest vom schmalen Pfad. Warum glaubst du oft zögern zu müssen, dich zu besinnen, ob es auch der richtige Weg ist, den du einschlugst? Wenn du ganz durchdrungen bist von der großen göttlichen Liebe, dürfte nie ein Zweifel in dir auftauchen. Nur kämpfen mußt du, von falschen Einflüsterungen dich nicht beirren lassen. Du weißt noch längst nicht, welcher Art die Berufung ist, die für dich schon damals auserwählt wurde, als du das Licht der Welt erblicktest. Darum mußtest du immer einsam sein, du trugst in dir eine große Mission, und alle Sehnsucht konnte nicht ahnen, warum sie dich zutiefst erfüllen mußte. Es ist gut, daß du nicht forschst und fragst, sondern still wartest, bis der Strom dich ergreift und dich dorthin führt, wo alle Sehnsucht enden wird in der ewigen Liebe. — Laß dich durch nichts beirren, immer glaube und horche in dich hinein. Du gehst stille Wege, nichts kann dich hineinreißen in das große Fragespiel, in das so viele untertauchen, weil sie keinen festen Halt in sich besitzen und suchen müssen. Siehe, wie begnadet du bist, denn das alles liegt weit hinter dir. Alle die schweren Stunden voll Leid und Einsamkeit waren Stufen, die dich immer höher hinauftrugen. Jetzt bist du so weit, daß du getrost zurückblicken kannst, um zu lernen aus dem Vergangenen.»

Meine Hand blieb reglos liegen. Staunen und Dankbarkeit erfüllten mich . Keinen Augenblick zweifelte ich an der Erfüllung der göttlichen Voraussagung, auf die ich schon so lange gewartet hatte, ohne den geringsten Zweifel in mir zu fühlen, daß sie nicht kommen könnte. ‚*Folge meinem Wort. Es wird dir offenbar werden durch die Stimme meines Sendboten*'. —

Nun war es so weit! Immer häufiger vernahm ich die Stimme. Bald spürte ich mein eigenes seelisches Wachsen, aber auch Versagen. Es war ein inneres Erleuchten und Entfalten. Immer war aufstrahlendes Licht um mich oder ein lichtblaues Gewölbe, in dem helle Wolkengebilde oder Sterne auf und nieder schwebten.

Einer der Sterne bleibt mir unvergeßlich. Er hatte ungefähr einen halben Meter Durchmesser und leuchtete in Farben, schöner und intensiver als ein Regenbogen. So blieb er sekundenlang vor mir stehen.

«Nirgends findest du die Tiefe der selbstlosen Liebe, wenn du nicht bis in den Urgrund deines Seins hinuntersteigst, dorthin, wo alles, was dir entquillt, seinen ewigen Ursprung in der Gotteserkenntnis hat. Das ewige Licht leuchtet nur denen, deren Seelen frei sind vom Dunkel der finsteren Mächte. So gibt es auch keine innere Erleuchtung ohne vorherigen Kampf. Das Gefäß muß sauber sein, in das die Fülle der Gnade hineinfließt. Alles Ringen um Weisheit und Erfüllung bleibt nutzlos, sofern nicht die Seele alles abgelegt hat, was ihrer Höhenentwicklung hemmend entgegentritt. Darum sollst du immer wieder versuchen, denen die Hand zu reichen, die noch nicht fest auf den Füßen stehen, obgleich sie glauben, mit ihrem Wissen das Firmament umspannen zu können. Wissen kann oft zum Ballast werden auf dem Weg zu Gott. Und immer wieder sind es satanische Kräfte, die einzugreifen versuchen in den Aufbau himmlischer Mächte, um niederzureißen, was sich groß anbahnte.—

Alles, was dich bewegt, wurde schon längst in dir geboren. Viele

Jahrtausende alt ist die Liebe, die dein ganzes Denken erfüllt, die dich bewegt und alle anderen Fragen überflutet. —

Wohl dir, du suchende Seele, du gehst deinen Pfad wie eine Nachtwandlerin, weil die Triebkraft des Glaubens in dir keine Hindernisse kennt und unbeirrt ihrem Ziel entgegenstrebt. So laß dich nicht ablenken, die Höhe zu errreichen. Erstrebe aber nichts, was nicht im Rahmen deiner Erfüllung liegt. — Darum bleibe frohen Herzens, jedoch immer in Demut den Kräften verbunden, die es nie aufgeben werden, dich zu stützen und zu führen, bis du dort stehst, wo du stehen sollst.»

Es ist unmöglich, aus der großen Fülle der an mich gerichteten Lehren und Ermahnungen diejenigen herauszuwählen, die einen Einblick geben in die Entwicklung meines Seelenlebens.

Alle umherirrenden Gedanken ballten sich zusammen unter der Kraft dieses Einflusses und harrten ihrer erlösenden Verinnerlichung.

Als die aufbauenden Worte endeten, fühlte ich mich anfangs bedrückt und irgendwie verlassen, bis ich begriff, daß ich nun den Weg allein gehen sollte. Jetzt lag es an mir, den Beweis meiner inneren Aufgeschlossenheit und den Willen zur handelnden Tat zu erbringen.

Außerdem, — hatte ich nicht Gottvater und eine beständige Verbindung mit Ihm durch das Gebet?

‚Da ringt sich kein Blatt zum Licht empor‘, so sagte ich mir, ‚ohne die vorerst dunkle Umhüllung, in die es vom Geist der Schöpfung eingeschlossen ward, aus eigener Kraft zu durchbrechen. So ruht auch in jedem menschlichen Herzen der nach Licht strebende Keim göttlicher Liebe. Es liegt an uns selbst, ihn zum Wachstum zu bringen. Sobald er die Hülle durchbrochen hat, die Hülle der Gleichgültigkeit, der geistigen Trägheit, der seelischen Vernachlässigung, öffnet er sich dem Licht, denn‘ — so schloß ich immer wieder meine Betrachtungen — ‚nicht der Verstand ist der Schlüsselwärter für die Seligkeit, sondern die Liebe‘.

Gelenkt und geführt

Tropfen rinnen, Tropfen fallen
aus dem Urquell in die Tiefe,
zu erquicken, die da dürsten.
Kunst ist Gottheit, Gottheit — Gnade.
Nur mit Händen, die nicht brennen,
schöpfe aus dem Quell der Reinen.
Wasser rauschen, Wasser fließen
aus dem Strom des ew'gen Lebens,
alle Wesen zu beglücken.
Kraft ist Wille,
Wille — Dasein.
Ohne Schranken kämpft der Glaube,
unbegrenzt bleibt die Natur.
Wünsche steigen, Wünsche fallen,
himmelstürmend, erdgebunden.
Kraft ist Können, Können — Freude.
Nur der Mensch in seiner Urkraft
spürt den Kreislauf der Natur.

Im Mai 1961, wurde mir noch einmal eine Mitteilung gemacht. «Du wirst jetzt viele geistige Anregungen bekommen. Sei ohne Sorge, daß du nicht folgen kannst. In Anbetracht deiner seelischen Reinheit wurdest du auserwählt, einen Menschen, der jeden inneren Halt verloren hat, in hellere Sphären zu führen, denn Gott verwirft nichts. Er versucht immer wieder aufzurichten ... So lege dein Herz und deinen Willen in Seine Hände.»

Ich konnte mir keine Vorstellung machen, um wen es sich handeln würde. Und dann fügte es sich doch völlig selbstverständlich ineinander.

Als er mir gegenüberstand, erschrak ich. So beruhten die Worte, die mir vor zwei Jahren, bevor ich zu einer Tagung nach Wiesbaden fuhr, mitgeteilt wurden, doch auf Wahrheit!

«Du wirst jetzt den Mann kennenlernen, dessen geistiges Wissen befruchtend, wenn auch nicht wegweisend, auf dich einwirken wird. Andererseits sollen deine Liebesschwingungen ausgleichend einwirken auf seine innere Zerrissenheit. Achte genau auf seine Worte. ‚Suche ihn an einer Tür, durch die viele Menschen ein- und ausgehen'.

Ich habe an fünf Tagen unermüdlich Ausschau gehalten, dann gab ich es auf, indem ich mich selbst verlachte. Wie konnte ich nur an diese Worte, die ich völlig automatisch niedergeschrieben hatte, glauben! — Und jetzt fiel es wie Schuppen von meinen Augen.

Am letzten Tag, während einer Pause, setzte ich mich an einen Tisch direkt neben der Eingangstür zum Saal. Nur ein junger Mensch saß mir gegenüber. Er schrieb eifrig; ich hielt ihn für einen Reporter. Wir sprachen einige Worte miteinander. Sein Wesen erschien mir fahrig und nervös. ‚Armer Kerl', dachte ich, weiter nichts. Und nun stand dieser Mann mir in meinem Hause gegenüber. Es gibt kein Ausweichen vor höherer Führung! Während unseres häufigen Beisammenseins erlebte ich wunderbare göttliche Fügungen, die mir den Glauben an meine Mission nur bestätigen konnten.

Eines Tages besuchte mich ein bekannter Hellseher. Als ich die Tür öffnete, rief er spontan: «Wäre ich Ihnen im Wald begegnet, hätte ich sofort gewußt, daß nur Sie allein es sein können! Sie haben eine unwahrscheinliche Aura! Lichtblau mit goldenen Sternen.»

«Das haben mir schon viele gesagt. Auf einer Tagung erklärte mir ein medial veranlagter Mann: ‚Als ich den verdunkelten Saal betrat, sah ich nichts weiter als einen Kopf mit weißem Haar, umgeben von einer wunderbaren Aura, — Es ist aber nichts Neues. Meine Schwester sah mich bereits vor über dreißig Jahren in diesem blauen Lichtschein. Damals wußten wir noch nicht, daß es sich um die Sphäre des Ätherleibs handelt.»

«Hat sie Ihnen auch gesagt, daß Sie auf Ihrer Stirn das Zeichen der Lotusblume tragen und darüber den großen goldenen Stern?»

«Nein, das hat sie nicht. — Was bedeutet die Lotusblume?»

«Nach meiner Auslegung die große Vielseitigkeit der Ihnen verliehenen Gaben. Der Stern darüber die ‚Gnade der ausübenden Kraft'.»

«Wie seltsam. Alles, was ich im Leben anfaßte, gelang mir. Hängt das damit zusammen?»

«Zweifellos.»

«Da möchte ich Ihnen noch etwas erzählen. Schon lange wünschte ich mir eine Erklärung dafür. Aber kommen Sie erst einmal herein.»

Wie alle, die mich besuchen, war auch er völlig angetan von der Harmonie meines Hauses. Erst später, auf einem Spaziergang, erzählte ich ihm von der Lichtgestalt, die, als ich ein Kind war, an mein Bett trat, einen Kranz über mich hielt und mich auf die Stirn küßte.

Seine Erklärung lautete: Der Lorbeerkranz ist immer ein Zeichen späterer oder kommender Anerkennung. Der Stirnkuß würde in diesem Falle die ‚Verstärkung der Gunst für den Auserwählten' bedeuten.

«Sie sind ein reich gesegneter Mensch», fügte er hinzu.

‚Er weiß nicht, daß ich an Gottes Hand gehe', dachte ich beglückt und sehr, sehr dankbar.

Ich möchte hier die Antwort meines Geistführers auf meine Frage nach der Wiedergeburt niederschreiben:

«Stelle alles Erlesene und Erdachte zurück und folge den dir eingegebenen Erwägungen. Da ist nirgends von Wiedergeburt auf Erden die Rede, sondern nur von der Geistigen Geburt im Jenseits. Es ist oft unfaßbar, wie sich hochdenkende Menschen in dem Spinnennetz von ausgefallenen Gedanken verwirren und sich umklammern lassen. Nie und nimmer sind die Mutmaßungen einer Rückkehr auf die Erde möglich, es sei denn, wie du es selbst erkannt hast, auf den Befehl des Höchsten, dessen Weisheit Wege anordnet, die wichtig, aber nicht gebräuchlich sind.

Wie fern stehen die Menschen dem großen Schöpfungswillen, der sich nicht im Kleinen verwirrt, sondern dort handelnd eingreift, wo es die höchste Weisheit verlangt und anordnet. Warum zanken sich die Toren über Sein oder Nichtsein einer Wiedergeburt der menschlichen Seele? Sollten sie sich nicht besser besinnen, die Erdenspanne, die ihnen gegeben wurde, so auszufüllen, daß jeder Schritt himmelwärts führt und nicht im Größenwahn stecken bleibt?

Wurden sie deshalb berufen, die irdische Wanderung zu erfüllen, um sich über Dinge zu streiten, die sie nur ablenken von dem eigentlichen Sinn ihres Erdendaseins? — Solange ein Mensch sich in dem Glauben bewegt, dem großen Schöpfer und Lenker des Universums Vorschläge machen zu können, wie sie am vorteilhaftesten seien, um zur ewigen Seligkeit zu gelangen, bleibt der Vorhang geschlossen, hinter dem göttliches Gericht schaltet und waltet.

Es gibt wahrlich auf Erden andere Dinge, über die wissbegierige Menschen grübeln sollten, nämlich um ihr eigenes Seelenheil in der ihnen gesetzten irdischen Laufbahn. Und dann stelle ihnen, den angeblich großen Sehern, die Frage, warum alle Rückerinnerungen nur so weit zurückgehen, wie sie geschichtlich durch Umgebung, Laster und Tugenden der damaligen Zeit nachzuweisen sind!

Sieh, der menschliche Verstand ist wie ein Globus, der sich wohl drehen und wenden kann, aber niemals imstande ist, zwei Seiten gleichzeitig zu beleuchten. Er kann nicht links sondieren und rechts ein unsichtbares Verhängen aller Kräfte hervorrufen. Bevor die Zeit nicht erfüllt ist, und das Gewicht des Wissens sich dem Ziele nähert, da es sich zur Gewißheit formt, was wie ein Fragespiel der Weisheit mit der Unzulänglichkeit menschlicher Kräfte zusammenhängt — wird es kein Licht geben ohne Enttäuschung der innersten Erwartung. Darum laß deine Grübeleien, dein Fragen ohne Antwort, denn was den Menschen verborgen bleiben soll, kann kein Verstand enthüllen.

Ist es denn so wichtig zu wissen, was aus der Einigkeit allein sich formen und entwickeln kann, solange der Geist nicht selbst die Wege geht, die völliges Erkennen bringen im Verlangen nach Erfüllung? Siehe, der Weg ins Licht ist wie eine Kette, deren Ende nur zu erreichen ist, wenn Glied auf Glied auseinandergetrieben wird, bis es nur noch ein lockeres Gewebe bedeutet, durch das alles Licht hindurchdringen kann, wie ein unbeschränktes Geschenk höchster Gnade.

Deine Wahrhaftigkeit ist zu streng verbunden mit Gedanken unüberbrückbarer Verständigung der Zukunftsgedanken, die dir fern liegen sollten, denn wer wird dir den Weg erhellen, solange du noch im irdischen Dunkel wanderst? Du weißt es, es steht wie ein Gesetz in dir, richte dich danach und versuche nur die Fragen zu klären, die für deine geistige Entwicklung den Weg öffnen, aber nicht belasten, wie Felsblöcke den schmalen Pfad der Erkenntnisse. Oh, sei getrost, was auch geschieht, was geredet und geschrieben wird, — keiner erhält Gewißheit, bevor er sich nicht dem ewigen Gesetz fügt, dem Gesetz des schweigenden *Vertrauens*.

Yoga

Eines Abends fesselte mich ein Aufsatz über Runen, deren Schrift ich früher beherrschte, und ich glaubte es einmal mit der IS-Stellung versuchen zu müssen.

Es war ein großer Schreck. Auf Zehenspitzen taumelnd wurde ich hochgerissen, schwebte, klammerte mich an einen Tisch und gelobte: nie wieder! —

Auch sonst in dieser Zeit hatte ich die wunderbarsten Erlebnisse. Es war wie ein inneres Erleuchten und Entfalten. So hatte ich häufig abends im Bett das Gefühl, als würde ich emporgehoben; dabei schien mein Körper steif wie ein Brett zu werden. Starke Strömungen ließen mich erschauern. Aus der Fußmitte stieg es wie ein glühendheißer Strom bis zur Wirbelsäule herauf und verbreitete sich dort. Sofort ging ein Vibrieren durch den ganzen Körper, bis er wie von Licht und einer fast himmlischen Seligkeit durchdrungen war. Sobald dieser Strom den Kopf erreichte, begann er sich ruckartig auf und ab zu bewegen. In der Scheitelmitte entwickelte sich schnell eine Eiseskälte, die erst verschwand, wenn der Strom in die Herzmitte zurückflutete, wo er ein unbeschreibliches Glücksgefühl auslöste.

Dieses Erleben hat sich bis heute nicht geändert, allerdings verwandelte sich die Eiseskälte in der Scheitelmitte in Wärme. Die Strömungen sind völlig andere als die der magnetischen Heilkräfte. Ein Esoteriker, mit dem ich über diese Dinge sprach, meinte, es könne sich hier nur um *Kundalini*, die geheimnisvolle Schlangenkraft handeln, die in jedem Menschen ruht, und deren Erwachen und Wirksamheit in seltenen Fällen auch durch Yoga-Übungen erreicht werden kann.

Freilich, mir fiel sie in den Schoß, wie ein Geschenk der Gnade. Der Mensch muß aus der Kraft seines eigenen Geistes heraus handeln. Sobald aber Weisheit wie ein Quell aus ihm hervorbricht, wird es ihm ins Herz gelegt, ob durch Yoga oder nicht Yoga.

Bei einer Tagung für Geisteswissenschaften, die ich besuchte, stieß ich eines Abens auf einen von einem Yoga-Lehrer gehaltenen Vortrag über Kundalini. Seine praktischen Vorführungen gingen alle fehl. Ich schloß mich an und erlebte eine wunderbare Levitation (Erbebung). Es begann sofort mit der mir bekannten aufsteigenden Glut, und dann zog es mich hoch, so daß ich wohl einen Viertelmeter über dem Erdboden schwebte.

Besteht zwischen solchen Schulungen und Übungen ein Zusammenhang mit jenen nächtlichen Ausflügen, die ich schon als Kind und jetzt wieder erlebte? Die Frage drängte sich mir unwillkürlich auf.

Der geistig-seelische Teil des Menschen, sein ‚Fluidalkörper', vermag sich bei bestimmten Voraussetzungen aus seiner materiellen Umhüllung zu lösen und seine eigenen Wege zu gehen; ins Licht oder in die Dunkelheit. Ich erwähnte es bereits.

Dagegen handelte es sich bei dieser Yoga-Levitation um eine Körpererhebung im voll-wachen Zustand.

Einem Yoga-Forscher, dem ich darüber sowie noch über andere Erlebnisse schrieb, antwortete, ich ginge zweifellos den Weg des *Bhakti Yoga*, das heißt, den der Liebe zu Gott und der gläubigen Ergebung in Seinen Willen.

Der Gedanke beschäftigte mich sehr, und ich bat Gott um eine Erklärung. Wieder bekam ich, wie schon so oft, Antwort auf meine Frage.

Als der Postbote kam, fand ich unter den Briefen eine Drucksache: «Aus der Schatzkammer des Wissens und Glaubens.» —

Ich schlug das Heft auf und las:

«Die Vereinigung des Menschen mit Gott wird ‚Yoga' genannt. Die Yogalehre ist somit die Lehre von der Vereinigung mit Gott oder, was dasselbe ist, der «Weg zu Christus», dem Gottmenschen, der im Herzen aller wohnt. Sie ist die höchste von allen Lehren, sie lehrt den Weg zur Freiheit, Erlösung, Vollkommenheit.» —

Die Worte sind einem Kapitel aus Dr. Hartmanns «Yoga und

Christentum» entnommen. Sie versetzten mich in Staunen. Warum erhielt ich diese Antwort? —

Freilich, im Grunde genommen entspringt alles derselben Quelle, nämlich der Liebe. Und sie werden alle hineinfließen in das ewige Meer. — So begann ich jetzt ernsthatft, Bücher über Yoga zu studieren. Danach ging ich tatsächlich, ohne es zu wissen, den Weg eines Bhakti Yogi — von meinem Standpunkt aus den Weg der Liebe in Christi Namen.

Mystik

Jede neue Erkenntnis ist ein Bekenntnis zur Selbstverständlichkeit der führenden Liebe. Sie steigt aus Erkenntnissen der Gnade, innerer Schau und nicht zuletzt aus dem bewußt empfundenen Liebesverhältnis eines völligen Verschmelzens mit Gott.

Nach meinem Empfinden gehen Yoga und christliche Mystik Hand in Hand. Eines schließt das andere nicht aus, weil beide das gleiche Ziel verfolgen und suchen, nämlich: Vollendung in und durch Gott. Darum sind ihnen bei dem Suchen nach absoluter Wahrheit die gleichen Schranken gesetzt, und man sollte keine törichten feindlichen Mauern errichten, ob von dieser oder jener Seite, sondern an dem einen Grundsatz festhalten:

«Christentum und Yoga gehen den gleichen Weg, nur dort auseinanderweichend, wo es Volkstum und Auffassungsvermögen verlangen. Was auch geredet und geschrieben wird, ob Gott, Buddha, Brahma, es gibt für alle Erdbewohner nur eine, dem Urschöpfer entsprungene Macht, der sich alle hingeben sollten, um das Ziel zu erreichen, das ist die ‚Macht der Liebe'.»

Mein Glaube, sowie das in mir selbst empfundene Gottesbewußtsein, haben wahrlich nichts zu tun mit intellektuellen Forschungen oder Lehrsätzen. Daher liegt es mir fern, Behauptungen aufzustellen. Alle Betrachtungen steigen aus mir selbst empor oder werden in mich hineingelegt, erfassen das Licht und drängen zur Entfaltung, wie Seerosen, deren Wurzeln in der Tiefe, dem eigenen Selbst, verrankt sind, um nur ihre Blütenstengel dem Sonnenlicht entgegenzusenden, denn erst aus der Blüte kann sich die Frucht, das Erkennen entwickeln. Weniger aus den Lehren von Forschern, die nicht aus ihrem Lichtkreis heraustreten, an den sie gebannt sind, und der nur bis zu einer bestimmten Grenze Kreise zieht, als aus dem eigenen Selbst erwachsen Erkenntnisse.

Der Mensch muß aus seinem eigenen Geist heraus handeln. Sobald aber das Wollen zur Tat wie ein Quell aus ihm hervorbricht, wird es ihm durch einen göttlichen Sendboten ins Herz gelegt. So ist der Mystiker erwählt, Mittler zu sein zwischen Gott und den Menschen. Er ist ein Werkzeug, nicht aber der Meister. Sein eigenes Selbst muß schweigen, wenn Gott in ihm spricht. —

Von den vielen Erlebnissen mystischer Natur möchte ich einige niederschreiben.

Eines Nachts erwachte ich von ungeheuren Schmerzen, die mich hin und her warfen. Es war mir, als würden Brust und Leib zerrissen. Noch nie in meinem Leben hatte ich Ähnliches erlebt. Der Schmerz war so groß, daß der Schrei in der Kehle erstickte. Qualvoll stieg es über die Augen, die Stirn bis zur Scheitelmitte. Mit dem Empfinden, völlig steif zu werden, glitt ich hinab ins Unbewußte. Als ich erwachte, fühlte ich mich eingehüllt in ein maßloses Glücksgefühl. Ich begann zu sprechen, mir selbst Antwort zu geben auf Fragen, die aus dem Weltall zu kommen schienen. Es war wie ein völliges Verschmelzen mit dem Göttlichen, als ruhte ich körperlos und frei von allem Irdischen an Gottes Brust.

Man sagte mir später, es sei zweifellos der sogenannte ‚Mystische Tod' gewesen, den ich erlebte. Ich weiß es nicht. Jedoch vermochte dieses Erlebnis vieles in mir zu lösen, das noch an das «Ich» gebunden war. Es erschien mir wie ein über die Dinge des Alltags hinauswachsendes Erkennen von Kräften, die im eigenen Selbst wurzeln und damit auch alles Göttliche umschließen oder vielmehr sich mit ihm zu vereinen suchen. Jedoch die Worte, die ich hörte, waren nachher stets wie ausgelöscht.

Geistige Erlebnisse

Wenn dich dunkle Schatten streifen
und versuchen dich zu greifen,
einzudämmen alles Licht,
hebe stolz dein Angesicht.
Nicht verkriechen vor dem Bösen,
tapfer ihm entgegensehn,
nur du selbst kannst dich erlösen
durch ein offnes Widerstehn.
Biet' ihm lächelnd deine Stirne,
ein Gebet im Stillen sprich
und in keines Teufels Hirne
ruht die Macht zu beugen dich!

Daß Christus in engster Verbundenheit mit Gott, dem ewigen Schöpfer, steht und nicht ein vollendeter großer Weiser war, wie man es immer wieder hinzustellen versucht, beweist mir, unter vielen anderen, die Tatsache, daß allein durch das Aussprechen seines Namens die dunklen Mächte verbannt werden. Gerade diese Tatsache habe ich unzählige Male erfahren. Mit dem Kreuz in der Hand und den Namen «Jesus Christus» auf den Lippen, ist selbst der Satan in die Flucht zu treiben! Nur der Gott-Verbundene ist fähig, solche göttliche Macht auszustrahlen und das Böse zu bannen. Alle Kräfte, die Adepte oder Magier anwenden, wenn sie das Böse bannen, werden ihnen entweder durch das Kreuz oder die Machenschaften der Hölle eingegeben. Es bedarf da oft nur eines Schrittes, — aber dieser Schritt ist das Entscheidende.

Anfangs hatte ich mich gegen den Versuch dunkler Mächte, bei mir einzudringen, zu wehren. Jedoch fühlte ich sofort, wer sich mir nahte. So erwachte ich einmal von einem schaurigen, markdurchdringenden Miauzen. Am Fußende meines Bettes stand aufrecht ein riesengroßer schwarzer Kater. Gleichzeitig empfand ich dunkle Kräfte, die versuchten, meinen Körper zu umstricken. Ich erschrak über die Kraft meiner Stimme. «Fort mit dir. Nicht einen Schritt kommst du mir näher. Verschwinde, im Namen Jesus Christus!» Mit der gleichen Gewalt betete ich das Vaterunser. Der nächtliche Besuch war verschwunden. Ich schlief still und zufrieden weiter. —

Dreimal stand nachts der Satan an meinem Bett. Ich sah seine furchtbaren, glühend roten Augen und fühlte seine umklammernde Gier. Mit großer Kraft betete ich laut das Vaterunser und darauf ‚Eine feste Burg ist unser Gott'. —

‚Und wenn die Welt voll Teufel wär...', das glühende Licht der Augen erlosch. Ich fühlte mich selig befreit. Fühle es bis heute.

Bevor «er» zum dritten Mal erschien, hatte ich ein grauenvolles astrales Erlebnis. Ich befand mich plötzlich in einer großen Gesellschaft, die sich auf einem Gartenfest belustigte. Der Gastgeber war ein ganz besonders liebenswürdiger Mensch, dessen Charme sich jeder gern hingab. Nach einem sehr guten Essen zog er sich, wie er sagte, auf ein kurzes Ruhestündchen zurück. Jedoch schon nach wenigen Augenblicken erhob sich ein nervenzerreißendes Gebrüll, das Gebrüll eines Löwen. Es war so furchterregend, man mußte glauben, die Erde geriete aus den Fugen. Die Gäste saßen wie versteinert oder sanken ohnmächtig von ihren Stühlen.

«Das ist er, der Satan! Rettet euch!» schrie eine Stimme. Aber keiner vermochte ein Glied zu rühren.

Das entsetzliche Gebrüll war jetzt in unmittelbarer Nähe; da fühlte ich mich emporgehoben, ich schwebte. Im nächsten Augenblick erwachte ich in meinem Bett.

Viel später stieß ich mit höchstem Erstaunen auf einen Satz im Neuen Testament:

I. Petr. 5/8. ‚Der Teufel gehet umher wie ein brüllender Löwe und suchet, welchen er verschlinge.' —

In diesem Jahr standen am ersten Mai die Bäume noch völlig kahl. In den großen Buchenwäldern war noch nicht das geringste knospende Leben zu erblicken.

Trotzdem hatte es mich, wie alljährlich, in den Wald getrieben, um einen junggrünen Buchenzweig ins Haus tragen zu können, denn: der Mai ist gekommen die Bäume schlagen aus...

Keine Rede davon. Es zeigte sich nicht eine einzige grüne Blattspitze. Enttäuscht machte ich mich wieder auf den Heimweg.

Ich war nur wenige Schritte gegangen, als gerade vor meinen Füßen, wie soeben hingestreut, mehrere grüne Buchenzweige lagen. Woher kamen sie? Ich war den Weg erst vor wenigen Minuten gegangen und kein Mensch ist mir nachher begegnet.

Mein großes Staunen wich jedoch schnell dem beglückenden Gefühl: «Der Himmel will es dir sagen, Geduld! Es muß doch Frühling werden.» Erst später, als ich in medialer Verbindung mit meinem Geistführer stand, erfuhr ich, daß er mir die Zweige gebracht hatte.

In den ersten Jahren nach seinem Fortgang, hatte ich weitaus häufiger das Gefühl der Anwesenheit des geliebten Sohnes als später. Damals litt er noch an Heimweh, und ich bat ihn, sich im Jenseits ganz seinen Aufgaben zu widmen, nicht müde zu werden an sich selbst zu arbeiten, um Gott immer näher zu kommen. Wieder und wieder bemühte ich mich, mein eigenes Leid vor ihm zu verbergen, denn erst jetzt konnte seine große, gütige Seele sich voll entfalten. Ich ließ bewußt den Schmerz versinken, umhüllte ihn nur mit dem Strahlenkleid der Sehnsucht.

Eines Abends fühlte ich abermals stark die Anwesenheit meines Sohnes. Seine Stimme sprach zu mir. Es war wie ein innerliches Verschmelzen, das beglückende Bewußtsein unsterblicher Liebe.

An diesem Abend hing die Krone der weißen Trauerrose vor der Terrasse voll schneeweißer Blüten. Ich hatte noch, bevor ich das Haus abschloß, still davorgestanden. Als ich am nächsten Morgen hinaustrat, waren sämtliche Blüten in ein leuchtendes Rot getaucht. Sie hielten sich sehr lange. Erst nach dem Verblühen brachen wieder weiße Knospen hervor. —

Völlig versunken kniete ich eines Abends vor meinem Stuhl und sprach mit Gott und Christus. Als ich mich endlich erhob, sah ich auf dem Sitzkissen des Stuhles, einen Herzschlag lang, einen Kranz blühender Rosen liegen. —

Ein anderes Mal stand, nach tiefer Versenkung, ein Kreuz vor mir, am Querbalken hing wiederum ein blühender Rosenkranz. —

Es war der siebente Geburtstag meines Jungen nach seinem Fortgang. Schon am Morgen empfand ich ein tiefes Glücksgefühl, das sich bis zum Abend nur noch steigerte. Die letzten Rosen aus dem

Garten umrahmten sein Bild. Auf der Schallplatte erklang unser Lied ‚Die Himmel rühmen des Ewigen Ehre'. Eine Weihestunde der Liebe. Still löschte ich die Kerze ... Warme Ströme durchrieselten mich. Und dann wußte ich es: Er ist da ... Helles Licht strahlte auf. Ich sah das Aufblitzen und Leuchten, obgleich seine Gestalt nicht erkennbar, war sie mir doch voll bewußt.

Ich sprach mit ihm, ich fühlte ihn, seine Liebe durchströmte mich.

«Mein Junge», bat ich, «gib mir doch ein Zeichen deiner geistigen Anwesenheit, ein Streicheln, ein Berühren, ein kleines Erinnerungszeichen.» Nichts geschah. Aber dann, ganz plötzlich in Sekundenschnelle, sah ich einen kleinen, jedoch klar erkennbaren, vielleicht 30 cm hohen Pinguin neben seinem Lichtschein auftauchen und wieder versinken.

Gleich darauf verging alles in Dunkelheit. Nur ein blauer Nebel blieb im Zimmer, bis auch er versank. Mein Pingi! Deutlicher konntest du mir deine Anwesenheit nicht kundtun. Hab Dank ...

Ostersonntag

Mir ist's, als sei mein Körper in ein Nichts aufgelöst. Ich empfinde ihn nicht — mein Geist muß über ihm stehen.

Die noch zaghafte Seele umfängt das gnadenreiche Erleben des Sichauflösens alles Irdischen, das Hinabgleiten in die Tiefe göttlicher Liebe. Hier versagt jedes Wort.

Wie könnte man imstande sein, die Höhe der Glückseligkeit, das Erschauern vor einer übermenschlichen Gnade erklären zu können? Und ich will es auch nicht. Es ruht in mir wie in einem Reliquienschrein. Kein Schlaf, kein Traum, ich erlebe alles bei vollem Bewußtsein, bis sich Körper und Seele wiedervereinen in unaussprechlicher Dankbarkeit.

Aber es gab und gibt auch immer wieder Stunden am Tage, in denen ich glaube, all dieser Güte nicht wert zu sein, so daß ich mich selbst bis ins Tiefste demütige. Dann scheint es mir unmöglich, jemals auch nur annähernd die Stufe einer irdischen Vollendung erreichen zu können. Der aufwärtsstrebende Geist hadert mit Seele und Körper, fühlt sich gebunden, gefesselt von kleinlichen Gedanken. So gerät alles in Unordnung, bis eine glättende Hand darüber hinwegstreicht, oder ganz plötzlich eine neue, schöne Aufgabe entstehen läßt. Darum ist es wichtig, täglich, ja jede Stunde an sich zu arbeiten. Manchmal denke ich, jetzt möchte Gott mit mir zufrieden sein, aber schon im nächsten Augenblick schäme ich mich solcher Gedanken, denn wir sollen uns wahrlich nicht bemühen gut zu sein, nur um ein Lob zu erhalten, sondern aus innerem Herzensbedürfnis heraus den Weg so zu gehen, wie er uns vorgeschrieben ist.

Wer betet, legt sein Herz vor Gottes Füße.

Wer andere ersucht, für ihn zu beten, gibt sich selbst das größte Armutszeugnis.

Das Gott wohlgefälligste Gebet ist das Handeln nach Seinen Geboten. —

Wenn ich abends beide Hände erhebe, um alles, was an Kraft und Liebe in mir ruht, in die Weite der Welt hinauszustrahlen, ist es mir oft, als ständen sie in Flammen. Mächtig ist der Strom in mir. — Vor einigen Tagen wurde eine Frau bei der Behandlung fast ohnmächtig, so stark durchflutete es sie, als ich meine Hand auf Magen und Galle legte. Es war jedoch schnell vergessen, als sie sich kurz darauf erheben konnte, frei von allen schmerzhaften Krankheitssymptomen. Immer wieder ist es beglückend, wenn Nervöse oder Ruhelose unter meinen Händen still einschlafen und neu gestärkt erwachen.

Es sind dieselben Kräfte, mit denen ich schon als junge Schwester begnadet war. Jedoch das größte seelische Erlebnis war die Erlösung einer Frau von Besessenheit. Ich hatte mich sehr um Hilfe bei sogenannten Exorzisten bemüht, erhielt aber nur Absagen. Da bat ich Gott um Hilfe, machte mich stark und fest im Glauben und — siegte! Der dunkle Eindringling entfloh und ist nicht wieder erschienen. Ich habe in tiefster Erschütterung vor Gott gekniet und für die Rettung der Unglücklichen gedankt. —

Ich glaube, daß jede Seele sich selbst erlösen muß durch ihren Willen zum Guten, und weder Messen noch Gebet imstande sind, ihr zu helfen, wenn sie nicht selbst das Licht sucht. Sie darin mit seelischer Kraft zu unterstützen, sei meine Aufgabe. Daher ist es ebenso töricht wie sinnlos, wenn ein Mensch glaubt, es sei unbedenklich für ihn, einen ihm selbst bewußt sündigen Lebenswandel zu führen, weil er sein Seelenheil gut bewacht weiß durch die Gebete dieses oder jenes Gottläubigen. ‚Gott sei mir Sünder gnädig' kann nur dann Erhörung finden, wenn es aus einem demütigen, reuevollen Herzen, das bereit ist den rechten Pfad zu suchen, emporsteigt. Nicht aber bei dem, der sich auf das Gebet anderer verläßt, sei es im Diesseits oder im Jenseits, und fortfährt, fröhlich seinen Lüsten weiter nachzugehen.

Ich faltete oft die Hände, um zum Abschluß der stillen Stunde noch ein Vaterunser zu sprechen, für Kranke, Trostsuchende, Jenseitige und arme Seelen, die an der Materie hängen und nicht den Weg aus dem Irdischen finden können. Immer wieder fühle ich es, wie gerade sie sich an mich herandrängen möchten. So hatte ich einmal ein Traumerlebnis, dessen Deutung ich erst langsam begriff:

Ich befand mich in einem fahrenden Eisenbahnzug, wahrscheinlich im Gepäckraum, denn es gab dort keinerlei Sitzgelegenheit außer dem Stuhl, auf dem ich saß. Vor mir standen unbeweglich, Schulter an Schulter, Offiziere in feldgrauen Uniformen. Sie kehrten mir alle den Rücken zu. Nur rechts von mir stand einer, der sich sehr flegelhaft benahm, so daß ich endlich in die Worte ausbrach: ‚und das sind die Männer, für die wir gebetet haben!' — Höhnisches Geschrei und dann: ‚So bete doch für uns! Bete! Bete!'

Sofort bestieg ich den Stuhl und sprach mit lauter Stimme, recht aus dem Herzen heraus, das Vaterunser. Als das Amen verklang, hielt der Zug. Die Männer stiegen alle, einer nach dem anderen aus dem Wagen. Jedoch an der Tür wandte sich jeder Einzelne mit aufgeklärtem Antlitz mir entgegen und legte die Hand an die Mütze, dankend.

Es besteht wohl kein Zweifel, daß es sich um arme Seelen handelte, denen ich durch mein Gebet geholfen hatte. —

Eines Abends war viel helles Aufstrahlen um mich, ein Wogen und Wallen wie Nebel im Mondlicht. Als ich die Lippen öffnete, erschrak ich. Das war nicht ich, die da sprach! Eine kraftvolle, alles beherrschende Stimme betete durch mich das Vaterunser, erfüllte den ganzen Raum, als wollte sie die Wände sprengen, bis empor zu Gott ... ‚Denn Dein ist das Reich und die Kraft und die Herrlichkeit ...'. Es schien eine Stimme aus dem Himmel. Das

Gefühl, in einen Trancezustand zu fallen, war mir nicht neu. Da ich in meinem Alleinsein Angst davor habe, riß ich mich immer selbst wieder heraus. Aber dieses Mal hatte meine mediale Kraft einem Jenseitigen genügt, um durch mich zu sprechen. Oh, daß es viele gehört hätten! Es war wie eine Offenbarung.

Am nächsten Tag sandte ich starke Ausstrahlungen zu Frau Dora Kehle, der Gattin des verstorbenen Sehers und Heilers Janos Kehle. Gleichzeitig bat ich den Jenseitigen, sich seiner erkrankten Frau anzunehmen. Ihr Foto hielt ich zwischen meinen beiden Handflächen. Aus dieser Versunkenheit wurde ich aufgeschreckt durch einen kurzen, starken Knall hart neben mir. Es war wie eine Explosion. Im nächsten Augenblick durchströmte mich Friede und Zuversicht. Ich wußte und fühlte es: Janos Kehle steht an deiner Seite.

Die starken Explosionsgeräusche und das anschließende Gefühl, nicht allein zu sein, wiederholten sich häufig. Ebenfalls die Anwesenheit armer Seelen an meinem Bett. Ich erwache dann spontan von dem seltsam gedämpften Weinen und Wimmern tiefster Verzweiflung. Es müssen wohl immer die richtigen Worte des Trostes und der Wegweisung sein, die ich ihnen gebe, denn sehr schnell erfüllt Friede den Raum, und die Lider fallen mir zu, als habe eine Hand darüber gestrichen.

Heute erlebte und hörte ich wieder die göttliche Stimme in mir. Es war nur kurz, aber von solcher Kraft und Liebe, daß ich glaubte, vergehen zu müssen.

Beschreiben kann man das nicht und es steht mir auch fern, es irgendwie erklären zu wollen, was jetzt wie ein Mysterium in mir ruht, jedoch gleichzeitig eine Aufgabe klarlegt, deren Erfüllungsmöglichkeit mich mit heiligem Schauer durchpulst.

Von dem letzten, tief in mir ruhenden Befehl, vermag ich nur wenige Worte zu wiederholen: ‚Du stehst unter dem Gesetz der Liebe. Alles wurde in dich hineingelegt. Nun öffne das Heiligtum und laß hinausströmen, was göttliche Gnade dir gab, denen zu helfen, die glauben, in Jammer und Verzweiflung vergehen zu müssen.‘ —

Ich erwachte in der Nacht von einem unbeschreiblichen Glücksgefühl. Es entstieg dem Gedanken: Jetzt — jetzt endlich ist deine Seele frei. Alles liegt hinter dir ... empor zu Gott — in die Unendlichkeit der ewigen Liebe!

Immer wieder stammelten meine Lippen die Worte: Vater, lieber Vater, ich komme! Ich fühlte mich völlig gelöst vom Irdischen. Und dann begann es in meinem Körper zu kreisen wie ein (bildlich gesagt) elektrischer Strom, der mich in unbeschreiblicher Schnelligkeit in Form einer doppelten Acht durchflutete. Immer wieder, immer wieder. Nicht bedrückend, sondern lösend, auflösend und zugleich maßlos beglückend. In voller Klarheit dachte ich: Ist es ein harmonisches Loslösen der Materiegeister oder der blitzartige Rhythmus der Kundalini? Und dann, ganz plötzlich der Gedanke: Es ist aber alles dunkel um mich. Wo ist der Lichtschein meiner Freunde aus dem Jenseits, die versprachen, mich zu holen? Im gleichen Augenblick hörte ich die mir so bekannte Stimme: ‚Du hast noch eine Aufgabe zu erfüllen!‘ Darauf fühlte ich deutlich, wie sich ein Schleier hob und sich über mir wie Nebel auflöste. Die Aufgabe! Wann? Wann?

Ich war zeitig zur Ruhe gegangen. Meine Gedanken weilten wie immer in tiefer Dankbarkeit bei Gott. Das große geistige Erleben begann mit allen Zeichen der Kundalini, überflutete mich und wurde zu einer der stärksten Liebesverbundenheiten mit Gott, die ich bisher erlebte. Eine von den glutheißen Füßen bis zum Kopfe aufsteigende Welle nach der anderen durchströmte mich. Oft schwebte ich, mein Körper verschwand, schien sich aufzulösen, sich zu erstrecken in endlose Weiten.

Fünf Stunden lang befand ich mich in diesem Zustand höchster Glückseligkeit. Meinen Händen entstiegen Strahlenbündel, Worte gingen über meine Lippen, wie in einem einzigen Lob- und Dankgebet. Dann muß ich plötzlich eingeschlafen sein. Erwachte wieder und ließ mich abermals von diesem Strahl der Liebe tragen, der jetzt eine Klarheit in mir auslöste, die alles irdische Denken überflutete.

Es begann in einer Nacht voller Verheißung. Ich lag still, völlig gelöst, willenlos; getrieben von einer unsichtbaren Kraft, erhoben sich meine Arme seitwärts und wurden schmerzhaft auseinandergerissen. Dasselbe Strecken geschah mit den Beinen, nur daß sich hier die Füße übereinanderlegten, so daß ich in vollkommener Kreuzstellung lag. Und dann durchraste mich der Schmerz. Mein Gott und Vater! War es ein Schrei, ein Aufstöhnen? Tränen liefen mir übers Gesicht. Ich wußte es sofort: die Wundmale Christi! Wenn ich es auch nur wie eine Vision empfunden hätte, daß ich das Leiden Christi auf mich nehmen mußte, als Prüfung meiner großen Liebe zu ihm, die Schmerzen an Händen und Füßen sowie an der Brustseite, blieben als Tatsache.

Es erschien mir wie eine Erlösung, daß sie unsichtbar waren. Nur hin und wieder zeigte sich in den Händen eine leichte Rötung. Ich habe es keinem Menschen anvertraut.

Um 3 Uhr morgens erwachte ich ganz plötzlich. Ich setzte mich aufrecht und hörte eine Stimme am Fußende meines Bettes. Eine Stimme, so erfüllt von Klang und Schönheit, wie ich sie noch niemals vernahm: «Mariomasch!» Sofort wußte ich es, der Ruf galt mir und antwortete: «Hier bin ich.» Ohne weiteres Überlegen erhob ich mich, kleidete mich an und wartete. Aber nichts geschah. Nur Friede und Ausgeglichenheit erfüllten mich wie ein lichter Mantel. Ich habe lange gegrübelt, was dieser Ruf bedeutete.

Am Morgen bat ich Gott tief und innig um eine Antwort. Ohne einen Augenblick zu überlegen ergriff ich darauf, als würden meine Hände geführt, ein Lorberheft, schlug es auf und las einen Satz aus Dr. Sterns Aufsatz «Du Einzelner».

Gottes Einzelne sind die bei ihrem himmlischen Namen Gerufenen.

Es war die Antwort auf meine Frage. —

In den weihevollen Stunden der abendlichen Stille meines Hauses schien es mir immer häufiger, als öffne sich der Himmel vor mir. Und meine Seele zog es empor.

Noch an sich selbst gefesselt
liegt seelenlos mein Ich,
die himmelsferne Hülle,

das Erdenkleid für mich.
Tief staunend, in Verwund'rung
steh ich gebannt davor.
Wie fremd, wie fern und lautlos
zieht's mich zum Licht empor.
Kein Schreiten und kein Gehen,
ein Schweben, fessellos.
Nur Fühlen und Empfinden
und Staunen, heilig groß. —
Ich schweb' auf stillen Wegen,
die keiner ahnt noch sieht,
lautlos dem Ziel entgegen
und jede Schranke flieht. —
So trag ich mein Erleben,
den Glanz, den Himmelsschein
als Sehnsucht, bis zum Ende,
verklärt in mich hinein.

Die Stimme aus dem Jenseits

‚Herr, laß mich in Demut versuchen, nach Deinem Vorbild zu handeln, zu raten und zu helfen. Siehe, ich bin noch immer nicht stark genug, jeden Gedanken in die Form zu pressen, die für ihn zum Heiligenschrein wird, weil er aus Deiner Liebe und Barmherzigkeit gebildet wurde. Oft stehe ich ratlos und weiß nicht, wie ich den Weg gehen soll, der mir doch vorgeschrieben wurde, bevor ich noch die Erde betrat.

Immer wieder ist es Deine Liebe, die mich lenkt und führt, aber ich weiß, daß ich nur vor Dich hintreten kann, wenn ich zu sagen imstande bin: Herr, das habe ich geschafft, das habe ich nach der heiligen Weisheit Deines Willens in mir selbst wachsen und groß werden lassen. Bist Du zufrieden mit mir und der Tätigkeit meines Herzens und meiner Hände?' —

Nach einer langen Zeit der inneren Entwicklung und des Reifens erhielt ich überraschend die mich so sehr beglückenden und erhebenden Worte meines geistigen Führers in die Feder diktiert: «Kein Weg ist durch Gnade zu erreichen, wenn nicht ein völliges Verbundensein mit allen überirdischen Kräften besteht.

Der Glaube an deine Führung ist so stark, daß kein Fragespiel mehr besteht. Nimm hin die Gnade, umhülle dich mit dem Lichtmantel der Liebe und laß alles an dich herantreten, was du im tiefsten Herzen schon so lange ersehnst und erhoffst.

Sobald die Stunde gekommen ist, in der dir die Augen geöffnet werden, gibt es kein Stillstehen mehr. Dann treibt es dich weiter, höher hinauf. Aber Geduld mußt du lernen, viel mehr Geduld! Du meinst, weil du alt geworden bist, bestände nicht mehr viel Zeit, um zur Ausführung all der Aufgaben zu gelangen, die vor dir stehen werden. Dem ist nicht so, denn wir brauchen nicht deine körperlichen, sondern deine geistigen Kräfte. Darum sollst du noch wachsen. Es darf kein Fehltritt sein, sobald du aufgenommen bist in die große Gemeinde. Raste nicht, zage nicht, sondern laß dich führen, so wie du es bisher getan hast.»

Nachdem ich diese Ermahnung erhalten hatte, begann ich langsam zu begreifen, daß ich jetzt nur noch durch meine geistigen Kräfte im Dienst der Nächstenliebe aufgehen sollte. Freilich, ich hatte geglaubt, mein Weg sei abgeschlossen, ich hätte bereits alles gesagt, was suchenden Seelen Halt geben könne. Es war Torheit, diesen Gedanken aufsteigen zu lassen. Es gibt keinen Stillstand für die geistige Entwicklung eines Menschen, weder auf Erden, noch im Jenseits.

Geduld! Ich versuchte es immer wieder, und siehe, es schien mir zu gelingen! Mein geliebter Geistführer soll nicht umsonst diese Worte in mich hineingelegt haben! Gott weiß, wie ernst ich meine Aufgabe nehme.

Kurz darauf erhielt ich folgende Durchsage:

«Es ist der Preis deines Lebens hier auf Erden, den du aufs Spiel setzest und du bist bereit, ihn zu zahlen. So laß es Gewißheit in dir werden, daß der Schritt zur Selbstverleugnung gegenüber der leidenden Menschheit hinter dir liegt. Jetzt halte dich bereit, die Oberhand zu behalten gegen alles, was sich dir und deinen geistigen Kräften entgegenstemmen wird. Siehe, du warst berufen und auserwählt von der Seite des Lichts, damit bist du aber auch den Widerständen der Dunkelheit ausgesetzt.

Fürchte dich nicht, wir werden dir helfen.»

Eine Stunde der Weihe

So stehe ich jetzt völlig in Kontakt mit dem gütigen Führer und Lehrer an meiner Seite. Da ist keine Frage, die er unbeantwortet läßt und von der Lichtseite des Jenseits aus beurteilt.

Kein irdischer Meister wäre imstande, mir das zu geben, mich so liebevoll zu ermahnen und zu leiten wie dieser große jenseitige Freund.

In einer Stunde der Weihe empfing ich folgende Worte:
«Hoch stiegen deine Wünsche, als verlören sie jede Erdgebundenheit, als gäbe es für sie kein Halten vor Dingen, denen deine Seele noch fernsteht, fernstehen muß, bis sie sich gelöst hat von allem, was dich an diese Erde fesselt.

Still ist es um dich, still wie in einer Landschaft, deren Schönheit überstrahlt ist von der Sonne des ewig-jungen Tages. Nun gib dich ganz hin der Weihe dieser Stunde, denn siehe, sie wird dir gegeben zum Einklang mit den Dingen, die dich wohl ganz erfüllen, aber nicht den letzten Weg zeigen werden, den zu gehen es dich immer wieder in die Höhe treibt. Wohin auch deine Gedanken schweifen, sie vermögen sich nicht zu lösen von dem einen Wunsch, frei zu sein, frei, so wie es dich in den Augenblicken erfüllt, wenn du dich zu lösen vermagst von allen irdischen Belastungen.

Wie deine Seele erfüllt ist von dem Wunsch, mahnende und erhebende Worte in sich aufzunehmen, so ist auch dein Verstand durchströmt von der Überzeugung eines unsichtbaren und greiflosen Verdienstes bei der Unterordnung der Gedanken an einen Aufbau, der sich wieder zu vereinen sucht mit Dingen, deren Existenzen vorhanden und doch nicht greifbar sind . . .

Es kann nicht jeder den Sinn erfassen, der in dem immer fortschreitenden Werdegang einer irdischen Veranlagung und dem göttlichen Willen liegt. Oft sind es Geringfügigkeiten, die sich hemmend dazwischendrängen, und nur der wahrhaft Geführte und Geleitete ist imstande, die Ursache mit der Wirkung zu vereinen durch eine einzige Geste: dem Vertrauen. Wie wenig liegt in der Mutmaßung, der menschliche Verstand sei abhängig von einer höheren Leitung — sofern er nicht selbst den Wunsch in sich trägt, sich völlig hinzugeben, sich ganz aufzulösen in den Willen einer Kraft, die endlos das Weltall durchströmt, alle Kräfte ernährend, alle Handlungen in sichere Geleise fügend.

Selig der Mensch, dem es eine wunderbare Gnade erscheint, gesichert von solchen Kraftströmen und begleitet von der alles durchdringenden göttlichen Liebe, keinen anderen Halt zu begehren, als dieses Ruhen im Höchsten. Aber auch hier darf das eigene Selbst nicht ausgeschaltet werden. Während es alle Kräfte in sich hineinströmen läßt, sammelt es Güter in sein Selbst, um sie aufzubauen, auszuarbeiten, zusammenzufügen. Der tätige Mensch hat niemals das Verlangen, glücklich zu sein im Schutzwall göttlicher Liebe, er strebt danach, sie auszubauen zum Wohl und Nutzen Anderer, die nicht dieser Gnade für wert befunden wurden.

Aber der göttliche Strom fließt weiter, auch durch unzählige Massen, die, in sich selbst erstarrt, nicht einmal mehr an eine Bewegung innerhalb ihres Verstandes, wie viel weniger in ihrem Gemüt glauben. Und dennoch steht der Wunsch, das Ende begreifen zu können, auch bei ihnen wie ein Signal der Erlösung. Es ist nicht immer das menschliche Begriffsvermögen, das imstande ist, eine klare Linie zu ziehen zwischen Wollen und Können. Darum geht die Waage hoch und nieder, je nach der augenblicklichen Bereitschaft und dem Ausmaß an geistiger Kraft oder Schwäche, die Wege ermittelt, die allen bisherigen Mutmaßungen verborgen blieben.

Nicht ein einziger Tag, nicht eine Stunde steht der Weg denen offen, die aus Vorsicht für ihres Leibes Wohl den ersten Ansturm als eine Beleidigung ihres Selbst betrachten und von außen her die Dinge erfassen wollen, von deren Existenzen sie nichts anderes erkennen, als das Gefühl der Unvollkommenheit, der Trägheit, der Gedankenlosigkeit.

Alle Gnade, die von oben kommt, gleicht der unbewußten Empfängnis eines reinen Gemüts, einer Versicherung göttlichen Willens. Darum ist es notwendig, alle Hindernisse fortzuräumen, damit der Weg nicht beschattet ist von dunklen Weggenossen, deren Ziel weitab liegt im Tal der Nebel.

Siehe, Wünsche steigen viele aus den Tiefen sehnsüchtiger Herzen, die wohl bereit sind den Weg zur Höhe zu gehen. Nur Flügel fehlen ihnen, so meinen sie, das Ziel zu erreichen, die letzten Stufen zu überwinden.

Laß alle deine Gedanken zusammengehen mit diesen Wünschen, damit sie verinnerlicht werden und nicht haltlos umherirren und surren wie Mücken im Sonnenlicht. Denn was nützt alles Wünschen, sofern man nicht des Wegweisers achtet, der genau das Ziel angibt, das jedem Einzelnen gesetzt wurde, bereits als seine Seele hier unten eine Wohnung suchte, in der sie sich entfalten konnte.

Aber es sind nur Wenige, die dieses Ziel im Auge behalten, da sie über den Begierden und Lüsten des Lebens, das aus dem Auge verlieren, was ihnen mitgegeben wurde als Mahnung:

‚Vergiß das Beste nicht.'

Du hast es erreicht. Dein Fuß rastet und deine Seele hebt den Blick empor, dorthin, wo der Wegweiser steht in seiner schlichten Klarheit. Nun laß alle Wünsche in dir ruhen, sende sie nicht aus ins Ungewisse, halte sie zusammen, damit sie sich vereinen zum Ewigkeitsgedanken, zum Zielgedanken, zum Zielpunkt alles Strebens. Es darf nicht sein, daß der umgeformte Gedanke zu einer Einheit zusammenschmilzt, bevor ihm nicht die Leuchtspur der Liebe voraneilt, wegweisend und ganz ausfüllend.

Um dich ist das Leben mit seinen unzähligen Wirrnissen, in dir ist Klarheit und festes Vertrauen auf alles, was dir mitgeteilt wird aus höheren Sphären. Gesegnet bist du, so empfangsbereit zu sein, immer wieder vertrauend und voll Freude die Worte der Ermahnung zu hören. So laß das Wünschen auf sich beruhen und gehe still den Weg, den du in dir trägst wie eine Erkenntnis höherer Mächte.»

(Antwort auf meine Bitte, mich auch weiterhin zu führen)

7. 1. 64

So du den Weg gehst, den ich dir vorschrieb, bedarf es keiner Worte und Ermahnungen mehr, denn alles, was ich in dich hineinlegte, fand guten Boden, und es genügt nur ein Wiederholen der eigenen Eingebungen, die dich dorthin leiten, wo das Ziel für dich gesteckt wurde.

Sei ohne Sorge, es geht dir nichts verloren, denn deine seelischen Kräfte genügen, um dich weiter zu führen und zu leiten. Siehe, es geht oft ein Mensch an sich selbst zugrunde, weil er es nicht versteht, die Gaben auszunützen, die in ihn hineingelegt wurden. Er achtet nicht der leisen Stimme in seinem Herzen, er vergißt das Ziel seiner Erdenfahrt und schwankt von einer Überzeugung in die andere Wie kann solch ein Mensch glauben, wir ständen ihm nur zur Seite, um seine Fehler wieder in das richtige Geleise zu bringen! Wir sind nicht dafür da, das Zerstörte immer und immer wieder aufzurichten, sondern um die große Sicht freizulegen, in der jeder sich selbst erkennt und so den Weg gehen kann, der vor ihm erschlossen wurde. Die Menschheit ist und muß auf sich selbst angewiesen sein, wir könen nur Mahnbilder aufstellen und ins Herz hineinlegen, was für viele unverständlich bleibt.

Ausklang

Es ist ein schwerwiegendes Wort, du sollst alle Menschen und alle Kreatur auf Erden lieben. Warum muß das sein?
In jedem Einzelwesen lebt Gott. Ob Seine Kraft, Seine Liebe, Seine Güte unterdrückt werden oder nicht, – Gott ist das »Ich« jedes Einzelnen. Und du sollst dich jedem Lebewesen verbunden fühlen, denn in ihm liebst du Gott.

Ich gehe durch meinen Garten, begleitet von Perra, der treuen Dobermannhündin. Sie befindet sich bereits im 16. Lebensjahr, ist aber, trotz langsamen Steifwerdens der Beine, noch voll Freude und Lebensbejahung. Wahrscheinlich hängt es zusammen mit meinen Ausstrahlungen und den heilsamen Schwingungen meines Pendels, einem Topas an einer Silberkette, — mit dem ich auch sonst die unwahrscheinlichsten Dinge unternahm. Zum Heiligtum wurde er mir, als ich durch ihn den Kontakt zu meinem Jungen fand.

Da ich jedoch jeden krampfhaften Versuch, mit den uns Vorangegangenen in Verbindung zu kommen, ablehne, versprach ich sofort, jede weiteren Versuche zu unterlassen.

Darf ich ihn, auch nur für einen Augeblick, abhalten von seinem heiligen Werdegang, zurückreißen wollen in eine Welt von Schein und Trug? Nein, mein geliebtes Kind, steige empor, Stufe um Stufe . . . eines Tages werden wir uns wiedersehen. Nur meine sehnsüchtigen Gedanken umschließen dich bis in alle Ewigkeit.

Meine Perra! Sage niemand, es gebe keine Liebe zwischen Mensch und Tier. Dieses edle Geschöpf mit den seelenvollen Augen stand mir nach dem Fortgang meines Jungen näher, als noch irgendetwas in der irdischen Welt.

Im Winter, wenn der Sturm Eisstücke gegen die Fensterladen schlug, erhob sie sich häufig und legte den Kopf auf meine Bettkante. Draußen, durch Sturm und Wetter, heulte ein Hund. Sie sah mich still an; mir wars als verstände sie mich. ‚Nicht wahr, der arme Hund da draußen! Seine erbärmliche Hütte bietet keinen Schutz gegen Sturm und Kälte, aber die Menschen liegen in ihren warmen Betten'. —

Aber nun ist es Sommer und wir gehen Seite an Seite durch all das Blühen. Die Weite des Himmels steht über uns.

Vielleicht gehöre ich zu den wenigen Menschen, die keine Sehnsucht nach ihrer Jugend in sich verspüren. Meine Jugend verblaßt völlig vor dem Blütenreichtum meines Alters. —

Das Summen der Bienen erinnert mich an den Tag, da ich zu einem alten Imker wanderte, um mich von den Bienen stechen zu lassen. Ich litt damals, vorübergehend, an Rheuma im Arm. Darauf mußte ich eine Haube aufsetzen und die Hand aufs Flugbrett legen. Er selbst trat hinter den Korb und schlug mit einer Weidenrute auf die vor dem Flugloch versammelten Bienen. Natürlich stürmten die Wächter heraus, in braunen Mengen. Aber was geschah? — Sie setzten sich friedlich auf meinen nackten Arm, spazierten geschäftig auf und ab und dachten nicht daran, mich zu stechen. — Später besaß ich selbst eine kleine Imkerei.

Wie emsig fliegen sie hier von Blüte zu Blüte, um Vorrat zu sammeln! Sollten wir nicht aus den Wundern der erwachenden Natur Kräfte in uns aufspeichern, um dann aus ihnen zu schöpfen, wenn wir abgehetzt, müde oder innerlich abgestumpft sind?

Über uns entsteigt der Kehle einer Lerche maßloser Jubel. Sie kennt weder menschliche noch göttliche Gesetze, nur Daseinsfreude, Daseinsberechtigung. Aber in der Art, wie das kleine Geschöpf sie aus sich herausströmen läßt, liegen alle Gesetze der Natur aufgeschlossen: Ich lebe, — ich liebe, — denn alles Leben ist Liebe!

Es ist Herbst geworden. Unter der großen schattigen Lärche in meinem Garten, dicht neben dem Vogelplanschbecken, ruht jetzt die Freundin meiner letzten Lebensjahre. Perra! —

Sie kam unter ein Lastauto.

Noch immer wieder übermannt mich die Sehnsucht nach ihrer Liebe, Treue — und dem Verständnis, das sie jeder meiner Gefühlsregungen entgegenbrachte. Wie oft habe ich Gott gebeten, sie vor mir sterben zu lassen, damit sie nicht einsam zurückblieb. Er tat es; und nun ist es doch so schwer.

In den ersten Nächten stand sie klagend an meinem Bett. Dann konnte ich sie streicheln und ihr gut zusprechen. Später sah ich sie in Sekundenschnelle neben einer lichten hohen Gestalt stehen. Bis auf die Augen war sie schneeweiß.

Perra! — Werde ich dich wiedersehen? —

Es war ein Spätnachmittag voll Licht und Wärme.

Ich stand am Fenster und blickte auf den See hinunter. Eine seltsame verträumte Stimmung hatte von mir Besitz genommen.

Ein Geräusch hinter mir. — Die Tür öffnete sich. Die schemenhaft eintretende Gestalt war mein Schwiegervater. Langsam schritt er mir entgegen. Wie in einer großen Selbstverständlichkeit streckte ich ihm meine Hand entgegen. —

«Weißt du denn nicht, daß ich dir alles verziehen habe»?

War es ein Aufseufzen? — Die Gestalt verschwand.

Abermals öffnete sich die Tür. Ich erkannte sofort meinen Vater.

Auch ihm streckte ich die Hand entgegen.

«Ich habe dir längst verziehen.»

Lautlos versank er wie in einem Nebel.

Zum dritten Mal öffnete sich die Tür. Es war seine zweite Frau.

Lächelnd trat ich ihr entgegen. «Der Haß in mir war ausgelöscht, bevor du gehen mußtest. Ich habe dir alles vergeben.»

Dann stand ich allein. Mir wars, als schwebte ich, ein ungeheures Glücksgefühl im Herzen, zum Licht empor.

Es kamen viele Trost- und Hilfesuchende in mein Haus, und immer wieder beglückte es mich, helfen zu können.

«Wie haben sie es nur gemacht, noch jetzt, im Alter, so unwahrscheinlich gesund zu sein?» fragte mich ein junger unglücklicher Mensch.

«Darf ich eine Gegenfrage stellen? Rauchen Sie?»

«Ja.»

«Essen Sie Fleisch? Trinken Sie Kaffee, Tee oder Alkohol?»

«Aber ja, natürlich.»

«Nehmen Sie Medikamente ein, Schlafmittel und so?»

«Ja.»

«Lassen Sie sich durch Fehlschläge entmutigen?»

«Das kommt darauf an —; jetzt zum Beispiel —;»

«Nun setzen Sie hinter jede Frage ein «Nein», dann haben Sie, im weitläufigen Sinn die Antwort auf ihre Frage.»

Absichtlich fügte ich nicht hinzu «Es ist aber meine große Liebe zu Gott, die meiner Seele Schwingen verleiht und mir die Kraft gibt, nicht müde, alt und kümmerlich zu werden.»

Vollkommene irdische Harmonie umfaßt beides: Körper und Geist. Darum darf weder das eine noch das andere die Oberhand gewinnen.

Heute erhielt ich aus Brüssel Nachricht über meine Aufnahme als Schriftstellerin und Dichterin in dem großen Nachschlagwerk: Who is who in Europe (wer bedeutet etwas in Europa?) das, wie sie schreiben, biographische Angaben über hervorragende Persönlichkeiten aus allen Gebieten enthalten wird.

Und ausgerechnet mich bringt man da hinein.

Wissen die Menschen wirklich etwas von mir und dem Werdegang meiner Seele? Es gibt für mich auf Erden nur *eine* geöffnete Tür, und die steht fern jedem menschlichen Ehrgeiz.

Nichts Irdisches bedrückt mich. Nichts Materielles erfüllt mich. Mein Innerstes lehnt jede Anregung ab, die sich von außerhalb herandrängen möchte.

Ich bin frei! — Nur Sehnsucht bleibt. —

Mein himmlischer Vater, habe ich immer recht gehandelt? Habe ich meinen langen Lebenstag so ausgenutzt, wie er mir vorgeschrieben war? Habe ich Sonne, Sturm und Regen gleichermaßen in mich aufgenommen und als geistiges Gut in mir verarbeitet?

Noch weiß ich nicht, wohin Deine Hand mich führen wird, welchen Auftrag ich noch zu erfüllen habe. Jedoch bis zuletzt werde ich dem Gedanken leben, das eigene Ich zurückzustellen vor der Not anderer. Wo ich auch abgeglitten oder gestrauchelt bin, eines steht als Gewißheit in mir:

Ich habe immer der Liebe gelebt, der Liebe zu Gott, den Menschen und aller Kreatur.

Sterben im Licht

Herr, laß mich nicht wie Abendrot vergehen,
aufleuchtend und am Horizont verblassend.
Kampf war mein Leben,
Ringen um das Große,
das Reine, Göttliche.
So möcht' ich sterben,
als Kämpfer und als Sieger, nicht als Mensch,
der still versagt, weil seine Kraft erlahmte.
Ich möchte sterben, — noch mit meinem Tod
der Menschheit dienend, wie mein Auftrag war, —
als ein Symbol der höchsten Glaubenskraft.
Laß mich das Alter nicht wie eine Last,
die jeder auf sich nehmen muß, erleben.
Nein, laß mich brennen, einer Kerze gleich,
noch einmal rückwärts meinen Pfad erhellend,
die Höhen und die Tiefen meines Lebens
als eine Forderung an mich verstehen.
Hab' ich sie, Herr, in Deinem Sinn erfüllt,
dann wird die Kerze in sich selbst erlöschen,
um neu als Licht am Himmel aufzustrahlen.
Laß mich nicht welken, still, wie eine Blume,
die ihren Glanz und ihren Duft verhaucht.
Laß leben noch in meiner Todesstunde
den Geist der Liebe,
jener Leuchtspur gleich,
die noch erstrahlt, wenn Dunkelheit sie trägt.
Laß keinen Schrei menschlicher Todesangst
dem Mund entfliehn, der nur zu lächeln pflegte.
Ein Dankgebet sei wie ein letzter Gruß
an *Alles*, was auf Erden mich beglückte.
Und ein Triumphgesang erfülle ganz
die Saiten meiner himmelsnahen Seele!

Nachtrag

Das Jahr 1965 gab mir die Kraft, mich bis zur höchsten Höhe hinaufzuschwingen. Überschüttet von göttlicher Liebe und Gnade, die mich bis an die Grenzen irdischer Seligkeit trägt, strömte mir alles entgegen.

Immer wieder war es mein Geistführer, der mich von Stufe zu Stufe weiterführte, so daß ich heute in vollkommener Harmonie mit den höchsten Sphären stehe und mein Wissen darüber das Irdische weit überragt.

Er war es, der mich durch die wunderbare Tatsache, daß er selbst es war, der sich mir als *Karl Ibel* verkörperte einen Schutzwall um mich legte, denn meine Liebe zu ihm bewahrte mich vor Torheiten und Entgleisungen. Unsichtbar begleitete er mich durch mein Leben und ließ mich erst jetzt, im medialen Schreiben, die Wahrheit begreifen. Damals entnahm er seinem himmlischen Namen *Abiellkartum* den irdischen «Karl Ibel».

Es ist mir völlig verständlich, daß derjenige, der abhängig ist von seinem menschlichen Verstand und nicht von der Empfangsbereitschaft seiner Seele, diese Worte nicht verstehen kann. So möchte ich nur noch als Letztes in dieser Chronik die Worte niederschreiben, die ich im medialen Schreiben von Franz von Assisi erhielt ...

den 6. 2. 65

«Lieber Franz von Assisi, ich fühle mich seltsam verbunden mit dir. Willst du mir einige Worte sagen?»

«Ja ich will es, denn ich bin dir wahrlich nahe. Es ist ein Schweigen um dich, das wie Andacht ist und sich zur höchsten Höhe hinaufzuschwingen imstande ist. Wie ein Quell im Sande ist deine Liebe, sie erfrischt und erquickt, was versickern will.

Liebe Seele, ist es nicht wie ein Wunder, daß es Dinge gibt zwischen Seelen, die sich ineinanderfügen, wie Blätter in einer Hülle, und sich öffnen müssen, um zur Entfaltung zu kommen, ohne daß eine Hand sie berührt? Wunder, alles Wunder; diese

Kraft des Entstehens, des sich Öffnens, der Entfaltung. So ist es jeder Seele Verlangen zu verschmelzen, um zur Reife zu gelangen.

Siehst du das Licht in der Dunkelheit? Schalte dich aus, versinke in den Strom, der dich geleitet, bis in die Erfüllung.

Dieser Strom heißt «Liebe».

Wie nahe du mir stehst, kannst du nicht wissen, aber die Liebe zu Gott und aller Kreatur ist das bindende Glied zwischen uns. Ich weiß es, wie wenig nahe dir der Gedanke liegt, aufzunehmen in den Grund deines Herzens die Versuchung des Zweifels, des Argwohns.

Es ist alles klar in dir und voll tiefstem Glauben. So hast du mich gefunden und so werde ich dich, der ich dich erkannt habe, weiter überschatten mit dem Licht meiner Liebe. Fühle sie in dir wie ein Leuchten, wie eine Stimme, der jeder Laut zur Verheißung wurde.

Gnade soll über dich ausgeschüttet werden. So laß mich der Bote sein, denn es wird bald Licht um dich werden, so viel Licht, wie du es dir nicht erträumen kannst. Betrachte dein Leben wie einen Auftrag, nicht wie einen Eigenwillen, der sich nicht hineinfügen läßt ins Ewige, weil ihm die Richtung verloren ging. Es geht nicht um den Einsatz, sondern um die Aufgabe, die *Alles* verlangt und zusammenbrechen muß, wenn der Gedanke an eine unerfüllte Form sich zergliedern läßt, weil ihr die innere Bindung fehlt. Es gibt keinen Aufenthalt auf einer Wanderschaft, wenn der Trieb zur Höhe vorhanden ist. — Nur die Tiefe verlangt Rast und Überlegung.

Wohl dir, es wirft keinen Schatten vor Deine Füße, was nicht dem Licht entstiegen und von ihm durchdrungen ist.

Sorge dich nicht um die Erfüllung deines Auftrags. Stelle alle Gedanken zurück, die dich hindern könnten beim hohen Aufstieg. Du weißt, was ich dir sagte: Wir kommen und holen dich, denn du gehörst zu uns. Sei überschüttet von Liebe und bleibe dir selbst treu!»

INHALT

ERSTER TEIL: ZWISCHEN SAAT UND ERNTE

Ungefähr 2 Jahre alt, Hamburg 1890.

Als junge Schwester in Oberhausen, 1912.

Kriegsjahr 1918, El Paso, Texas

1915, Steppe in Mexiko.
Alte Indianerniederlassung.
Starke Od-Ausstrahlung.

1921, Bremen

Erich Wehe, Hamburg, kurz vor seinem Tod.